영아발달의 이해

홍길회 ∣ 한경님 ∣ 박애경

창지사

머리말

한 인간을 잘 키우는 일은 개인과 가정에 국한된 문제가 아니라 국가 및 사회의 주요한 책무이기도 하다. 최근 들어, 여성의 취업률 증가와 가족구조의 변화 등으로 가정에서 머물던 영아들이 어린 시기부터 유아교육기관에 맡겨지고 있어 영아발달에 대한 관심은 날로 높아지고 있다.

2014년부터 시행된 영유아보육법에서는 보육교사 자격을 취득하기 위한 양성과정에서 영아발달을 종래의 유·아동발달 과목과 독립하여 필수 교과로 선정하였고, 그에 따라 영아발달은 그 내용에 있어 태내기, 신생아기, 영아기의 발달을 세부적으로 다룰 필요성이 증가하였다.

최근 보육기관에서 발생하는 안전과 아동학대 문제는 사회적으로 큰 충격을 가져왔고, 이는 인간의 미래를 예측할 수 있는 근거를 마련하는 민감한 시기이므로 그에 끼치는 영향을 염려하지 않을 수 없다. 또 우리 사회의 저출산 예방정책에도 나아가 국가의 장래에도 위기가 아닐 수 없다.

이럴 때일수록 질 높은 보육을 담당하는 전문적인 교사의 손길을 더욱 필요로 할 것이다. 무궁무진하게 잠재되어 있는 영아의 성장과 발달의 가능성을 제대로 지원할 수 있는 전문적인 영아교사가 되기 위해서는 최신의 지식뿐만 아니라 영아가 어떻게 발달을 하는지, 무엇을 필요로 하는지를 파악하는 것이 필요하며, 이를 바탕으로 영아와 역동적인 상호작용이 이루어져야 할 것이다.

'세 살 버릇 여든까지 간다'라는 속담이 말해 주듯이 인간의 발달에 있어 결정적 시기는 초기 3년이라 할 수 있다. 실제로 많은 영아기 연구에서 애착을 중심으로 출생 초기 발달이 그 이후 발달에 영향을 미친다는 사실이 밝혀지면서 영아기는 유·아동기 못지않게 중요성을 높이 평가받고 있다. 즉, 삶의 시작 단계인 영아기는 독립된 개체로서 성장할 준비를 한다는 점에서 매우 중요하다. 영아기에 습득한 태도, 지식, 기술 등은 앞으로 삶을 만들어갈 토대가 되며, 영아가 경험하는 건강한 관계는 영아가 앞으로 사랑하고 학습하는 능력을 형성하는 데에 초석이 되기 때문이다.

본 『영아발달의 이해』는 총 3부 12장으로 구성하였다.

1부는 영아발달의 기초를 다루었는데, 1장에서는 영아기의 발달 특성과 중요성을, 2장에서는 영아발달을 위해 영아와 역동적인 상호작용이 매우 중요함을 인식하고 여러 이론 중 영아의 경험에 영향을 미치는 관계중심이론, 교류이론, 생태학적 체계이론, 마음이론, 구성주의이론, 자아개념형성이론을 다룬 점이 특징이라 할 수 있다.

2부에서는 태내기(3장), 신생아기(4장), 신체 및 운동(5장), 두뇌 및 인지(6장), 의사소통 및 언어(7장), 정서(8장), 사회성(9장) 영역에서의 주목할 만한 발달을 소개하였다. 각 발달 영역에서 영아의 발달적 경향과 반응적 상호작용으로 발달을 촉진할 수 있는 구체적인 전략을 제시하였고, 특히 3장에서는 우리나라 전통적인 태교를 통해 선조들의 지혜를 현대에 적용할 수 있도록 정리하였다.

3부는 영아발달과 보육을 주제로, 10장은 영아의 개별적 특성뿐만 아니라 생태학적 맥락에서 영아를 이해하고 영아에게 미치는 영향을 살펴보았고, 11장은 영아기 발달의 문제에 관한 내용으로 특별한 욕구를 가진 영아의 특성과 장애영아를 위해 교사가 사용할 수 있는 조기 개입방법을 제시하였다. 12장에서는 영아기 건강과 영양의 중요성, 관리, 그리고 안전의 중요성과 안전사고 관리 및 교육에 대해 알아보았다.

이 책이 유아교육, 보육, 아동학, 사회복지 등을 전공하는 학생 및 관련 분야 종사자들은 물론 자녀를 양육하는 부모들이나 관심 있는 사람들에게 도움이 되길 바라며, 특히 예비교사들에게 교사의 자질을 갖추고 영아를 잘 교육하기 위한 자료로 활용되어 영아의 전인적 발달을 지원할 수 있는 능력을 갖춘 전문적인 영아교사, 나아가 영아와 함께 성장하는 교사가 되기를 기대해 본다.

끝으로 이 책의 출간을 결정하고 훌륭한 편집으로 완성도를 높인 창지사 사장님을 비롯하여 관계자 여러분께 감사드린다.

2015년 2월

저자

차례

PART 3 영아발달과 보육

PART 1

영아발달의 기초

| 1장 |

영아발달의 이해

1. 영아기의 개념 및 특성

1) 영아기의 개념

영아의 정의는 학자에 따라 출생에서 18개월 혹은 만 2세 미만까지로 일컬어지며, 이어지는 19개월에서 36개월까지를 걸음마기로 정의하는 학자도 있다. 일반적으로 출생에서 만 2세 미만까지로 일컬어지며, 발달의 연속성에 따라 출생 전 태아기와 36개월까지의 걸음마기를 포함함으로써 영아에 대한 이해를 충분히 할 수 있을 것이다. 그러므로 여기에서는 수정에서부터 신생아기를 포함하여 생후 36개월까지를 영아기라고 하고자 한다.

첫째, 태내기(prenatal period)는 난자와 정자의 수정되는 순간부터 출생까지 약 280일의 기간이다. 이 시기에 신체의 성장이 일생 중 가장 빠른 속도로 이루어지며, 인간으로 생존하는 데 필요한 기본적인 신체구조와 기관을 만들어가게 된다.

둘째, 신생아기(neonatal period)는 출생 후 약 한 달 동안의 시기이며 새로운 환경을 경험한다는 의미에서 매우 중요한 단계이다.

셋째, 영아기(Infancy)는 생후 1개월부터 만 2세까지의 시기로 발달의 각 영역에서 급속한 성장을 이루는 시기이다. 이 시기는 다시 출생에서 8개월의 초기 영아기(young infant), 9개월에서 2세 미만의 후기 영아기(mobile infant)를 의미한다.

이 기간의 영아는 독립된 개체로서 성장할 준비를 하게 된다. 즉, 신체발달이 급속히 이루어지며, 의사소통이 가능할 만큼 언어능력이 된다. 또한 독립적으로 생활할 수 없으므로 신체적 · 심리적으로 성인에게 의존하며, 부모나 형제자매 등 돌보는 사람에게 애착행동을 보이며 부모와의 애착관계형성을 통해 이후의 사회성발달의 기초를 형성하고 인지발달의 촉진을 위한 감각자극이 요구되는 시기이다.

2) 영아기 발달의 특성

영아의 발달은 수정에서부터 신생아기를 포함하여 생후 36개월까지의 인간의 성장과 발달의 모든 측면을 다루는 심리학의 한 분야이다.

영아의 발달은 성장, 성숙, 학습, 사회화 중 특정 개념만을 가지고 설명할 수 없고 이러한 개념들을 포괄하여 설명해야 한다. 즉, 영아발달이란 성장, 성숙, 학습 및 사회화를 통하여 영아기 동안(수정에서부터 신생아기를 포함하여 생후 36개월까지) 신체적·인지적·사회·정서적 측면에서 양적 또는 질적으로 변화하는 것을 의미한다.

발달은 한 인간이 태어나 성장하고 적응해 가는 삶의 생생한 기록이다. 발달이란 수정에서부터 사망할 때까지 인간의 전 생애에 걸쳐서 진행되는 변화 양상과 과정을 의미한다. 즉, 발달(development)은 '변화(change)'라고 할 수 있으며, 그 특성은 체계적이고 연속적이라는 것이다. 신체, 운동기능, 지능, 사고, 언어, 성격, 사회성, 정서, 도덕성 등 인간의 모든 특성을 변화한다. 이러한 변화, 즉 발달은 무질서하지 않고 체계적이며 일정한 순서와 패턴에 의해 질서정연하게 일어난다.

영아기 발달의 일반적 특성은 다음과 같다(김익균 외, 2005).

(1) 기초성

기초성이란 어릴 때일수록 초기 경험이 그 이후의 발달을 위한 기초가 된다는 의미이다. 즉, 인생의 초기인 영유아기의 신체적·정서적·사회직·인지적·성격적 발달은 인간의 일생을 결정하는 기초가 된다는 의미를 지닌 것이다. 그리하여 영유아기의 경험으로 이루어진 발달의 결과는 일생 동안 지속된다. 예를 들어, "세 살 버릇 여든까지 간다.", "될성부른 나무는 떡잎부터 안다."라는 말은 바로 기초성을 강조한 말이다.

(2) 적기성

인간발달과업을 성취하는 데는 가장 적절한 시기가 있어서 그 시기에 그 발달과업이 이루어지지 못하면 다음 발달에 지장을 주게 된다. 즉, 그때가 성취할 수 있는 가장 적기이며, 이 기회를 놓치면 다음에는 그리 적시적인 효과가 없나는 것이나. 그러므로 발달에 필요한 최적기에 적절한 자극을 제공하여 발달을 촉진하는 것이 중요하다. 예를 들어, 아비뇽 숲에서 발견된 늑대소년의 경우 언어획득의 민감기가 존재함을 알 수 있다.

(3) 누적성

누적성이란 어떠한 적절한 시기에 결손이 생기면 다음 시기의 발달에 좋지 못한 장애가 되며, 이러한 결손은 계속 누적되어서 더욱 심각한 결손으로 나타날 수 있다는 것을 말한다.

앞 단계에서 잘못되면 다음 단계에서는 그것이 원인이 되어 더 잘못되고, 잘못에 잘못이 누적되어 또 다음 단계에는 더욱 잘못된다는 것이다. 예를 들어, 에릭슨의 초기 어머니와의 관계에서 신뢰감을 형성한 영유아는 이후 사회생활에서도 밝고 원만한 대인관계를 유지할 수 있게 된다. 그러므로 영유아발달에서 초기의 발달이 중요하며 결손이 누적되면 즉시 교정하거나 보충하는 것이 필요하다.

(4) 불가역성

불가역성이란 최적기에 발달을 이루지 못하면 일생 그 발달과업을 성취하기가 거의 불가능하고 그 시기 이후에는 온전하게 회복하기가 어렵게 된다는 것을 말한다. 발달의 손상은 그 후의 노력으로도 회복하기가 어렵다. 그래서 불가회복성이라고도 하며 '돌아오지 못하는 강' 이라는 말은 바로 불가역성을 의미하는 말이다.

2. 영아기의 중요성

인간의 발달은 일생 동안 이루어지지만, 기초성, 적기성, 누적성, 불가역성 등의 발달 특성으로 영아기의 발달이 더욱 중요하다. 인간의 발달단계 중 생애 초기 3년은 가장 많은 학습을 요구하고 결과적으로 가장 많은 변화를 초래한다.

영아기는 매우 빠른 발달이 일어나는 경이로운 시기이다. 신체발달을 보면, 누워만 있던 아기에게 이동하는 능력이 생기고, 손가락으로 작은 물건을 다루면서 놀이를 할 수 있게 된다. 언어발달 면에서는 울음으로 자신의 욕구를 표현하다가 한두 단어로 의사표현을 하고 나중에는 좀 더 완성된 문장으로 의사소통을 하게 된다. 정서적으로는 부모와 강한 유대감을 형성하면서 이를 바탕으로 점차 다른 사람들과도 관계를 맺게 된다. 평생 발달의 관점에서 볼 때, 영아기는 한 개인의 이후 발달을 이끄는 뿌리가 생성되는 시기이다. 심리학자들의 이론을 보면, 프로이트는 영아기에 입을 통한 욕구가 잘 채워지고 배변훈련이 관대하게 이루어지는 것이 긍정적인 성격발달에 도움이 된다고 하였다. 에릭슨은 부모가 아기의 기본적인 욕구들을 적절하게 해결해 주면 아기는 세상에 대한 기본적인 신뢰감을 형성하고, 점차 자율성을 발달시킬 수 있다고 설명했다. 애착이론에서는 아기가 자신을 돌봐주는 양육자에게 애착을 강하게 형성하는 시기가 바로 영아기이며, 이 시기에 안정된 애착을 형성하는 것은 인지·사회·정서발달의 토대가 된다고 했다. 피아제도 아기들이 이 시기에 손과 입으로 여러 물건을 다루면서 사고가 점점 더 복잡하게 발달한다고 설명하였다.

어떤 영아는 건강하고 먹을 것이 충분하며 안전하고 사랑받는다고 느끼고, 부모나 다른 사람들에게 반응적으로 대접받고 가족의 소중한 구성원이라고 느낀다. 그러나 어떤 영아는 굶주리거나 심각한 상황에 놓이고, 폭력적인 환경에 둘러싸이거나 학대당하며 방치된다. 이러한 초기 경험은 의심할 바 없이 중요한 차이를 만든다. 이 기간을 어떻게 보내는가는 영아와 가족뿐만 아니라 지역사회와 세계의 행복과 안녕의 대부분을 결정하게 된다. 우리는 영아의 생애 초기 3년간의 경험이 그 아

영아기는 인간발달의 출발점으로 인간의 전 생애에 걸쳐 기초자료를 제공하는 중요한 시기이다.

이가 현재와 미래에 어떤 사람이 될 것인가에 지속적인 영향을 미친다는 것을 확실히 알고 있다. 그러므로 영아기의 경험이 학습능력, 자존감, 유능감, 타인을 사랑하고 배려하는 능력에 영향을 미친다. 급격한 성장·발달이 이루어지는 생애 초기 3년간 영아를 양육하고 돌보고 교육하는 일은 현존하는 가장 중요한 일 중 하나다.

구체적으로 영아기가 다른 연령에 비해 더 중요한데 그 이유를 살펴보면 다음과 같다(양옥승 외, 2012).

첫째, 영아기의 경험은 인생에 중요한 영향을 미친다. 태어나서 3세까지 영아가 경험한 모든 것은 전 생애에 걸쳐 이후의 발달에 결정적인 역할을 한다(Caplan & Caplan, 1983; Shore, 1977). 즉, 영아기의 경험은 아동기에 잠재적인 영향력을 미치며 영아기의 적절한 보호와 교육의 질은 인간발달을 위한 기초를 마련한다는 점에서 중요하다.

둘째, 영아기의 발달속도는 다른 어느 시기보다 빠르고, 변화의 폭도 큰 시기이다. 특히 영아기는 뇌발달에서 매우 중요한 시기인데, 만 2세까지 두뇌발달의 60% 이상이 형성된다. 이처럼 두뇌발달의 급격함을 볼 수 있다. 따라서 영아기 발달단계에 따라 두뇌발달을 자극할 수 있는 적절한 보호와 자극은 아동기의 학습능력과 적응에 밀접한 영향을 주게 된다. 즉, 영아기는 발달의 속도가 빠른 시기이고 짧지만, 능력의 발달 비중으로 보면 가장 중요한 시기이다.

셋째, 영아기의 발달은 긍정적이고 지원적인 관계형성을 통해 이루어진다. 영아기에 부모나 교사와 형성하는 애착관계는 영아의 인지·정서·사회성발달의 기초가 되며 신뢰감을 형성하게 되고 긍정적인 삶에 대한 태도와 자세를 형성하는 데 중요한 역할을 하게 된다. 따라서 영아와 따뜻하고 긍정적이고 개별적이며 온정적인 관계를 이루어야 한다. 영아기는 욕구충족과 만족을 얻기 위해 성인에게 전적으로 의존하는 시기이다. 그러므로 성인이 제공해 주는 범위 내에서만 가능하므로 성인의 역할이 더욱 중요하다.

3. 영아발달 연구의 역사와 방법

부모와 아동발달 전문가가 오랫동안 태아기와 영아기의 중요성에 관해 경험으로 알아왔던 것들이 과학적으로 증명되고 있다. 초기의 영아 연구는 생물학적 진화에 관한 이론적 관심에서 출발하였으나 이를 뛰어넘어 영아 자체로서 연구되기 시작하였다. 이전 영아의 연구의 가장 큰 문제점은 영아는 언어로 혹은 행동으로 자신을 잘 표현하지 못한다는 점이었다. 영아를 대상으로 직접적인 연구를 하는 데 제약이 많으므로 부모를 통해 간접적으로 연구하는 방법을 택하였으나 이 역시 부모의 주관성 때문에 한계가 있었다. 따라서 영아 연구의 관건은 영아를 직접 관찰하거나 실험할 수 있는 적절한 방법론의 개발이었다. 현대로 오면서 영아 연구자들은 다양한 방법론을 개발하였고, 이는 영아 연구의 기폭제가 되었다.

울기, 빨기, 응시, 눈으로 물체 추적하기, 머리 돌리기 등 영아의 행동과 심장박동, 뇌전도, 두뇌 활성화 등 신체적 반응을 종속 측정치로 하여, 습관화-탈습관화, 시각적 신호, 지연모방, 강화수반 패러다임 등의 연구방법이 개발되어 이용되었다. 특히 비디오 장비를 이용하여 사회적 참조, 낯선 상황 절차, 얼굴 표정, 감정표현 등을 연구함으로써 연구의 객관성이 높아지고 반복 연구가 가능해졌다(Rochat, 2001). 이렇게 다양한 기법과 기술들이 개발됨에 따라 영아 연구는 현대로 오면서 현저히 증가하였고, 영아의 능력에 대한 논의도 수정되었다. 이전의 무기력하고 무능한 존재로서의 영아는 연구를 통해 능동적이고 유능한 영아로 그 이미지를 바꾸었다. 영아 연구의 증가는 발달에서의 유전과 환경에 대한 논쟁을 다시 불러일으켰으며 초기 경험의 연속 및 비연속성의 문제를 다시 생각하게 했다. 이런 영아 연구의 흐름은 최근까지 이어지고 있다.

1) 서구 사회의 영아발달 연구의 역사

(1) 그리스 로마시대

고대 그리스의 문헌에 의하면 영아에게 애정을 보이는 것을 꺼리고 이상적인 시민으로 양육되었다. 튼튼한 아이를 얻기 위해 영아가 출생하면 영아를 살펴보고 건강하지 못하면 산에 버리도록 하여 국가의 영아살해(infanticide)가 성행하였다. 또한 로마시대 문헌들을 보면 영아들에 대해 가혹한 양육방법을 보여주고 있다. 생후 몇 개월간 영아들을 침대에 눕힌 채 무릎, 팔꿈치, 손목과 발목을 붕대로 꼭 싸두었다. 영아들을 지나치게 연약해지는 것을 막기 위해 매일 찬물로 목욕을 시키고 목욕을 시킬 때 영아의 두개골을 둥글게 만들기 위해 머리를 주무르고 턱과 코와 엉덩이도 모양을 잡아당겼으므로 영아들은 목욕하는 것을 싫어하였다(Fogel, 2001). 또한 영아기 부모에게 애착을 형성하는 것을 막기 위해 애정표현을 삼갔으며, 이러한 가혹한 양육법은 자녀에 대한 부모의 애정부족 때문이 아니라 미숙한 미개인을 인간으로 만드는 데 필수적인 방법이라는 부모의 신념 때문이었다.

(2) 중세 르네상스시대

유럽을 중심으로 한 중세기 초 로마제국이 멸망하고 기독교의 확장이 시작되었다. 많은 사람이 도시로 이동하기 시작하였고, 집단으로 거주하면서 질병으로 인해 많은 사람들이 생명을 잃게 되고, 특히 면역력이 약한 영아와 산모의 사망률이 높아져 고아들이 많이 발생하게 되었다. 교회는 인도주의적 관점에서 영아살해와 유기 학대로부터 영아를 보호하였으며 자녀양육에 대한 믿음과 태도에 영향을 주기 시작하였다. 영아무덤에 비석을 등장하면서(Gies & Gies, 1987) 부모는 영아에게 잘못을 하게 되면 고해를 해야 했다(Fogel, 2001).

또한 영아발달과 영아양육에 관한 내용이 처음으로 문서로 남겨졌다. 성 어거스틴(Augustin)은 『참회록』에서 자신의 영아기에 대해 기록하여 영아기의 수유, 울음, 수면, 깨어 있던 시간 등이 자세히 기록하였다. 여기에 실린 내용은 오늘날의 영아

중세 영아의 그림

르네상스의 화가 라파엘의 성모자

관찰과 유사하다(Fogel, 2001).

중세 후반에는 출생과 초기 영아의 보살핌에 대한 조언을 주는 의학서적이 나타났다. 그러나 영아살해는 아직 그대로 이루어졌으며 비록 부모가 참회하고 고통을 받아도 영아살해는 오늘날처럼 죄는 아니었다. 13세기 유럽에서는 영아살해의 대안책으로 고아들의 입양이 교회가 운영하는 휴식소가 등장하였다. 이것은 모든 생명이 신성하다는 신념과 세례를 받지 않은 자는 천국에 들어갈 수 없다는 기독교 믿음에 의한 것이었다.

르네상스에 들어서면서 영아들은 성인으로부터 분리되어 독특한 개인으로 인정하기 시작하였으며, 그림에서도 변화가 나타났다. 중세 초에는 영아의 그림이 마치 성인의 모양과 비슷하였으나, 중세 후반부터는 영아와 아이들이 어른과 다르게 표현되기 시작하였으며 영아의 초상화가 등장하였다. 주로 아이들이 놀잇감을 가지고 노는 모습으로 묘사되어 나타나기 시작하였다(Koops, 1996).

(3) 17~19세기

17세기에 접어들면서 근대교육의 기틀이 마련되었다. 코메니우스(Comenius, 1592~1670)는 교육사상 최초로 아동들이 자신의 능력에 알맞게 교육받고 양육되어야 한다고 주장하였다. 연령을 기초로 유아기의 발달단계를 영아기, 유아기, 걸음마기, 감각능력기, 행동습득기, 집단교육기로 구분하여 최초로 발달단계에서 영아기를 제시하였다. 또한 그의 저서 『대교수학(Didactia Magna)』(1657)에서 "인간의 교육은 인생 최초의 시기에 행하는 것이 가장 적절하고, 그 시기를 잃고서는 행할 수 없다."라고 주장함으로써 영아기의 교육을 특별히 강조하였다.

17세기 말 영국의 철학자 로크(Locke, 1632~1704)는 백지설(tabula rasa)을 주장하며 인간을 태어날 때 누구나 동등한 상태이므로 현재 발견되는 차이점은 모두 환경과 경험 때문이라 하였다. 그러므로 아이들에게는 교육이 필요하다고 생각했다.

루소와 『에밀』의 표지

아동에 대한 생각의 변화는 18세기에도 계속되었다. 자연주의자였던 루소(Rousseau, 1712~1778)는 인간의 본성을 선하기 때문에 자연이 이끄는 대로 두면 바르고 건강한 발달이 이루어진다고 강조하였으며, 사회가 인간의 성격형성에 부정적인 영향을 미친다고 주장하였다. 루소는 그의 저서 『에밀(Emile)』에서 신이 만물을 창조할 때 모든 것이 선했지만 인간의 손에 건네지면서 모두가 타락한다고 주장하였으며, 에밀을 통해 아동들을 교육하기 위한 실제적인 방법들을 제시하였다.

18세기 말엽부터 19세기에 이르러 많은 철학자와 생물학자, 교육학자들이 자신의 자녀를 관찰하고 아동 전기(Baby Biography)를 발간함으로써 아동발달 연구에 귀중한 자료를 제공하였다(Vasta, Haith, & Miller, 1995). 대표적인 연구로 페스탈로치(Pestalozzi, 1746~1827)는 자신의 아들을 전기로 루소의 견해처럼 아동은 선하게 태어난다는 점과 인간발달에 있어 아동의 능동적 역할을 강조하였다. 그 후 다윈(Darwin, 1809~1882)이 아들 '도디'의 성장과 행동을 관찰하였으며, 프랑스의 비네(Binet, 1857~1924)도 딸을 통해 정신과 성격유형에서의 개인차를 밝히려 하였다.

또한 피아제(Piaget, 1896~1980)도 자녀들을 관찰, 면접하여 아동의 행동과 사고발달의 과정을 밝히고자 하였다.

19세기는 영국의 자연학자 다윈(Darwin, 1809~1882)의 1859년 『종의 기원(Origin of Species)』은 진화론적 사고는 인간발달에 대한 가장 혁신적이고 영향력 있는 견해로 아동발달이 어떻게 이루어지는가에 대한 사고의 출발점이 되었다. 또한 그 당시 생물학자에게 많은 영향을 미쳤으며 인간의 태내발달이 인류의 진화과정 매우 비슷한 발달단계를 거친다는 것을 발견하였다(Wertheimer, 1985). 이처럼 다윈의 저서는 아동행동의 모든 면을 주의 깊게 관찰하도록 하였으며 과학적인 아동연구의 기틀을 마련하였다.

(4) 20세기 이후

20세기에 들어와서 영아발달에 대한 과학적 연구가 증가하였다. 게젤(Gesell, 1880~1961)은 최초로 일방경(one-way mirror)을 사용하여 영아와 아동의 신체발달과 운동발달을 관찰한 사람이다. 게젤은 영아와 아동의 발달 특성과 행동을 측정하여 나이에 적합한 발달 평균인 규준(normal approach)을 제시하였으며, 의미 있는 아동발달에 관한 지식을 제공하였다. 게젤과 반대로 왓슨(Watson, 1878~1958)은 아이들에게 올바른 양육을 제공하면 아이들은 모든 행동을 습득할 수 있다고 하였다.

게젤

성인들이 미리 설계해 놓은 틀에 아이들을 맞추려고 강요하지 말고 아이들에게 천천히 스스로 성장할 기회를 주고 그로부터 교육의 단서를 얻으라.

한편 프로이트(Freud, 1856~1939)는 행동보다 심리적 경험에 관심을 가졌으며, 영아기와 유아기의 경험을 성격형성의 가장 중요한 시기로 강조하였다. 에릭슨(Erikson, 1902~1994)은 인간의 성격발달을 사회문화적 영향을 강조하면서 영아기가 신뢰감과 자율성을 통해 이후 사회정서발달에 영향을 미치는 기초임을 강조하였으며, 로렌츠(Lorenz, 1903~1989)는 영아기가 인간의 발달단계에서 가장 중요한 시기라는 결정적 시기(critical period)의 개념을 제시하였다. 결정적 시기에 형성된 특정 행동은 평생 영향을 미친다고 주장하였다. 이후 보울비(Bowlby, 1907~1990)는 영아와 어머니가 맺는 특별한 정서적 유대감은 성인기에 이르기까지 모든 인간관계에 영향을 미치는 것을 연구를 통해 나타났으며, 에인스워스(Ainsworth)의 '낯선 상황' 실험은 구조화된 관찰을 통해 영아애착을 측정하여 영아 연구에 더 많은 관심을 갖게 하였다. 피아제(Piaget, 1896~1980)는 자신의 자녀를 관찰함으로써 아동의 사고의 발달을 잘 보여주는 인지발달이론을 발달시켰다.

2) 한국 전통사회의 영아발달 연구의 역사

한국의 전통사회에서 아동기는 15세 무렵까지로 보는데, 그 이유는 성인기로 접어들어서는 의식인 관례(冠禮)의 연령, 『예기(禮記)』에서 15세를 성동(成童)으로 정한 점 등에 근거한다(신양재, 1995; 유안진, 1990). 한국의 전통사회에서 아동은 태내에서 잉태되는 순간부터 하나의 인격체로 존중받았으며 한국식 나이에 한 살 더하는 것이 단적인 예이다. 비록 태어나지 않았지만 잉태되는 순간부터 교육이 필요하다고 보았기 때문에 태교의 중요성을 강조하였다. 태어난 뒤에도 부모는 사랑과 헌신적 돌봄으로 자녀에 대한 관심과 교육에 정성을 다했다. 조선시대의 인간발달 단계를 10단계로 나누고 그 중 아동기에 해당하는 5단계는 태아기(胎兒期), 유유아기(乳幼兒期), 유아기(幼兒期), 동몽전기(童蒙前期), 동몽후기(童蒙後期)로 나누었다.

한국의 육아는 태교에서부터 시작되었다. 태교는 자녀의 성품과 인격을 형성하는데 중요하게 작용한다고 믿었으며 자녀를 갖는 과정에서부터 부모가 되기 위한 심신의 준비를 충분히 하여야 한다고 하였다. 또한 생후 21일(삼칠일) 동안 금줄을 쳐서 신생아를 보호했으며, 잡귀를 막기 위해 외부인에게 보여주지 않았다. 아동 초기까지 부모와 한방에서 자면서 어머니 품 안에서 재웠다. 생후 1년이 되면 돌상을 차려주어 젖을 떼고 이유를 시작하는 아기의 미각발달을 도왔다. 3~5세가 되면 배변훈련과 놀이지도 등 조부모의 자상한 가르침이 이루어졌다. 그러나 5~7세경에는 엄한 가르침으로 인사나 언어, 금기 등에 관한 기본지식과 예절을 가르쳤다.

한국의 전통사회에서는 부모나 아동은 가정이라는 가족공동체의 구성원의 관계로 보고 아동을 가정의 올바른 구성원이 되도록 하기 위해 부모에게 아동을 교육할 의무가 있다고 보았다. 부모는 자식을 자애롭지만 엄격하게 가르쳐야 한다고 보았고, 부모-자녀관계는 대등한 관계가 아닌 서열적인 관계였다. 이러한 부모-자녀관계는 아동의 연령과 성별에 따라 변화를 보였다. 자녀가 10세가 되기 전에는 성별에 관계없이 어머니에게 자녀양육의 책임이 있었으며 교육에 있어 보호와 사랑, 그리고 자애로운 양육을 제공하였다. 그러나 10세 이후가 되면 아버지가 교육에 참여함으로써 엄격함이란 덕목이 강조되었으며 아동에게 성인과 같이 행동하기를 기대하였다.

한국 전통사회에서 아동의 성장과 발달을 상세히 관찰하고 기록한 문헌으로 자신의 손자를 출생에서부터 16세까지(1551~1566) 직접 양육하면서 관찰한 경험적 양육과정을 기록한 묵재 이문건의 『양아록』이 있다. 이 문헌은 최초의 아동전기인 페스탈로치의 아동전기보다 200여 년이나 앞선 것으로 출생에서부터 16세까지의 발달과정을 종단적으로 기록한 것으로 과학적·교육적으로 가치가 매우 크다. 내용은 아동의 성장과정에서 단계적으로 나타나는 신체적 특징과 질병, 아동의 정서상태와 이에 대한 자신의 교육방법과 내용을 세밀하게 기록하였다.

3) 대표적인 영아기 발달 연구

(1) 영아용 검사법

영아의 정상발달 정도나 발달상의 문제를 발견할 수 있는 발달선별검사로 검사의 목적은 발달적 위험이 높은 영아를 찾아내어 진단을 내리는 것보다는 추가적인 정밀검사의 필요성을 파악하는 데 있다.

① 아프가 척도(Apgar Scale)

아기가 태어나면 부모들은 우선 아기의 외모를 살펴보게 된다. 그러나 의료진들은 단순한 아기의 외모가 아니라 아기의 건강상태를 살핀다. 아프가 척도(Apgar,

1953)는 여의사인 아프가가 개발한 것으로 출생 직후 신생아의 건강상태를 전반적으로 확인하기 위한 척도이다. 검사내용으로는 외모(피부색깔), 맥박(심장박동), 표정(울음 및 반사자극, 민감성), 활동성(근육운동·강도), 호흡(숨쉬기) 등 5개 영역으로 구성되어 있다. 검사는 출생 후 1분과 5분에 두 차례 실시하며, 각 특성은 0~2점으로 채점하여 10점 만점이다. 채점 결과 7점 이상은 양호한 신체 상태이며, 6점 이하는 신체기능이 완전하지 못하므로 도움이 필요하고, 4점 이하이면 생존과 관련된 위급한 상태이므로 즉각적인 의료조치를 받아야 하며, 출생 후 20분이 지나도 3점 이하인 경우는 심각한 문제가 있음을 나타낸다.

② 브레젤톤(Brazelton) 신생아 행동평가척도(Neonatal Behavioral Assessment Scale)

신생아 행동평가척도(NBAS)는 신생아가 주위환경에 반응하는 방식을 측정하기 위한 척도이다. 출생 직후 3일에 실시하며 2~3일 후에 반복 측정한다. 이 검사는 26가지 자극상황에서의 반응과 20가지의 반사기능을 측정하며 구체적인 평가내용은 첫째, 사람과 환경에 대한 민감성과 행동의 상호작용 행동, 둘째, 반사능력과 근육상태나 손과 입의 협응능력의 운동행동, 셋째, 화가 난 후 진정할 수 있는 능력이나 현재의 각성상태에서 다른 상태로 변화시킬 수 있는 조절 성향의 생리적 조절, 넷째, 시각적·청각적 자극에 놀라거나 또는 이에 적응하는 능력으로 스트레스에 대한 반응이다. 그러므로 신생아의 행동평가척도는 단순히 자극-반응검사가 아니라 신생아의 능력을 통합한 전반적인 행동 특성을 반영해 준다. 이 척도에서 낮은 점수를 받으면 뇌손상이나 신경계 이상 가능성이 있으므로 조기에 적절한 중재가 필요하다.

③ 게젤 발달검사(Gesell Developmental Schedules)

영유아용 발달검사 중 가장 오래된 검사도구로 출생에서 60개월에 이르는 영유아의 발달적 진단을 하기 위한 도구이다. 검사의 내용은 적응행동, 대근육운동, 언어, 사회적 행동의 영역으로 구성되어 있으며, 검사의 목적은 행동적 규준을 통하여 영유아의 신경체계의 성숙을 발달적으로 평가하는 것이다.

④ 베일리 영아발달검사(Bayley Scale of Infant Development Ⅰ, Ⅱ)

BSID(Bayley, 1969)는 영아를 대상으로 발달적 위치를 평가하고 정상발달로부터의 이탈 여부와 그 정도를 확인하기 위한 것으로 지능척도, 운동척도, 행동평정척도로 구성되어 있다. 개정된 BSID(Bayley, 1993)는 1~42개월로 확대되었으며, 지능척도와 운동척도에 문항이 보완되고 영아의 연령에 따라 난이도 순으로 문항이 구성되었다는 것이 특징이다.

⑤ 카텔의 영아 척도(Cattell Infant Intelligent Scale)

CIIS(Cattell, 1940)는 20~30개월 영아들의 지능을 측정하기 위한 척도로 카텔이 게젤의 연구와 자신의 종단적 연구결과를 토대로 하여 제작한 것이다. 많은 문항들이 게젤의 척도와 유사하지만 개인-사회적 문항이나 대근육운동 문항들이 포함되지 않는다. 각 연령 수준별로 5개 이하의 IQ 점수를 얻을 수 있기 때문에 현재까지 사용되고 있다.

⑥ 덴버 발달선별검사(Denver Development Screening Test Ⅰ, Ⅱ)

DDST는 미국 Denver에 있는 콜로라도의과대학에서 제작된 발달 선별도구이다(Frankenburg & Dodds, 1967). 이후 1992년 수정·보완하고 재표준화된 DDST II는 125개 항목으로 사회발달 영역, 미세운동 및 적응발달 영역, 언어발달 영역, 운동발달 영역으로 구성되어 있다. 검사의 결과는 정상, 의심, 이상, 불능으로 분류하여 진단된다.

(2) 영아 실험방법

① 선호도 측정법

선호도 측정방법(paired-preference procedure)란 영아에게 동시에 두 개의 시각자극이나 다른 소리 자극을 같은 시간 같은 빈도로 제시한 후 어떤 것에 얼마나 더 오랫동안 주의를 기울이는가를 기록하는 방법이다. 영아가 두 종류의 자극 중 특정한 자극을 더 오랫동안 바라보면 영아가 두 자극에 대한 변별능력이 있다는 것을 의미한다. 이러한 특수한 실험을 통해 영아가 단순한 도형보다는 명암이 있는 도형과 사람의 얼굴을 더 선호한다는 것을 발견하였다(Fantz, 1963).

② 습관화 방법

습관화 방법(habituation method)은 친숙한 자극과 새로운 자극을 영아에게 제시했을 때 새로운 것을 더 많이 보는 영아의 경향을 활용한 연구방법이다. 영아는 한 자극에 반복적으로 노출되어 너무 익숙해짐에 따라 머리나 눈의 움직임, 호흡이나 심장박동수 등 자극에 더 이상 반응을 나타내지 않는다.

습관화 원리를 이용한 절차는 영아들이 친숙한 것보다는 새로운 시각적 혹은 청각적 자극에 주의를 더 기울이는 경향이 있다는 사실에 근거를 둔다. 습관화 절차는 친숙한 자극과 새로운 자극의 특징에 계속 변화를 가하는 방식(모양이나 색상이 서로 다른 시각 자극을 보여 주거나, 서로 다른 말소리를 들려주는 방식)을 통해 감각능력을 측정할 수 있다. 바레라와 마우러(Barrera & Maurer, 1981)는 습관화 절차를 사용하여 생후 3개월의 영아들이 미소 짓는 표정과 찡그리는 표정을 구별할 수 있음을 보여주었다.

습관화 이후 자극이 새로운 것으로 변화되면 그 자극에 주의를 기울이는 반응이 증가하는데 이를 탈습관화라고 한다. 영아들의 습관화 또는 탈습관화 과정을 보여주는 자극에 대한 반응은 빨기행동(영아가 새로운 대상에 주의를 기울이게 되면 빨기행동의 빈도가 증가한다)과 심장박동(제시된 자극에 흥미를 느끼면 심장 박동률이 감소한다)과 응시시간(새로운 자극을 더 오래 바라본다) 등의 변화를 통해 파악할 수 있다(Siegler, DeLoache, & Eisenberg, 2003). [그림 1-1]은 습관화-탈습관화 패러다임에서 응시 시간의 변화를 보여준다.

습관화 방법에서는 영아가 주의를 기울이는 자극의 측면이 무엇인지를 비교적 정확하게 파악할 수 있다. 예를 들어, 연구자가 특정한 물체에 반복하여 손을 뻗는 동작을 보여 주어 그 장면에 습관화되도록 한 후 새로운 물체로 바꾼 후 다시 손을 뻗는 동작을 보여줄 때, 아이가 물체에 집중하고 있었다면 새로운 물체로 변

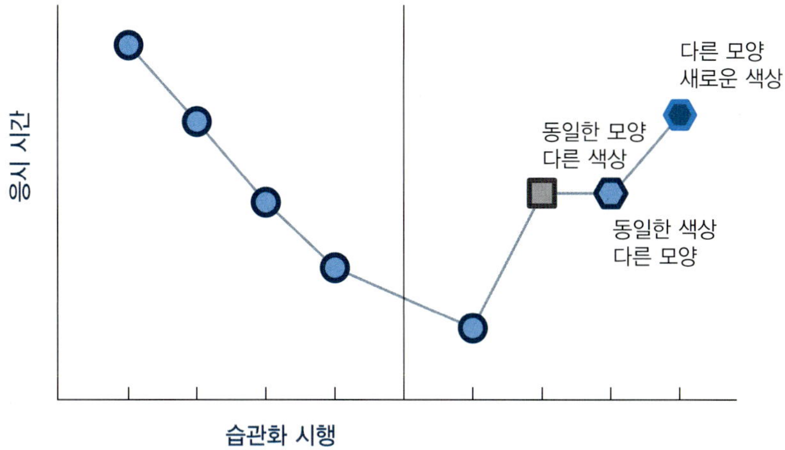

그림 1-1 습관화와 탈습관화 반응의 예시

- 동일한 색상, 동일한 모양의 자극이 반복적으로 제시되면 응시 시간이 감소한다(습관화).
- 색상이 다르거나, 모양이 다르거나, 색상과 모양 모두 다른 자극이 제시되면 다시 응시 시간이 증가한다(탈습관화).

경된 후 탈습관화가 이루어졌을 것이다. 반면 물체가 아닌 손을 뻗는 동작에 집중하고 있었다면 새로운 물체가 등장하더라도 탈습관화가 일어나지 않을 것이다(Woodward, 1998). 이처럼 자극의 여러 차원 중 어느 차원에 영아가 선택적으로 주의를 기울이는지 알아보는 데도 습관화 방법이 유용하게 사용될 수 있다.

③ 고진폭 빨기(high-amplitude sucking)

영아들이 청각적 자극에 주의를 기울이는 것을 측정하는 데 널리 이용되는 반응방식 중의 하나가 고진폭 빨기 행동이다. 어린 영아들은 빨기행동을 할 때 그 속도와 강도를 조절할 수 있으며, 음식이 주어지지 않더라도 자발적으로 빨기행동을 한다. 이러한 점에 착안하여 영아가 젖꼭지를 빠는 강도가 일정 수준에 이르러야 소리 자극을 지속적으로 제시하는 방식을 고안했다. 이 방식은 영아가 서로 다른 두 가지 소리를 구별하는지 알아보기 위해 설계된 습관화 절차에서 사용된다. 미리 정해 놓은 기준보다 빨기행동의 강도가 높을 때에만 소리가 계속 들리도록 하여, 만약 빨기 강도가 낮아지면 그 소리 자극에 습관화된 것으로 판단한다. 이후 새로운 소리가 제시되었을 때 영아가 다시 강하게 빨기 시작하면 이전에 제시된 소리와 새로운 소리를 구별할 수 있음을 의미하는 것으로 본다.

④ 경악법 연구

경악법(differential method)은 영아가 판단하기에 일어날 수 없는 일이 일어났을 때 놀라서 집중하고 더 오랫동안 바라보는 영아의 행동적 속성을 이용한 연구방법으로 영아의 반응을 집중시간, 미소, 안구운동, 심박수, 호흡변화 등으로 측정한다. 영아에게 물리적 사건을 습관화하여 학습하게 한 후 영아가 기대하지 못했던 사건을 제시하였을 때 영아의 반응을 관찰하는 기대위반(violation-of-expectation) 연구가 대표적이다.

⑤ 정신생리학적 측정

생리적 측정방법(physiological recording)은 영아의 생리적 활동, 즉 심장박동과 혈압의 변화, 동공확대 등과 같은 생리적 변화와 뇌파와 호르몬의 변화와 같이 자율신경체계를 통해 영아의 심리적 변화를 측정하는 방법이다. 이 연구방법은 실험연구나 관찰 연구에서 모두 사용될 수 있다. 영아의 깊이지각실험으로 심장박동 변화의 측정을 사용한 대표적인 예가 깁슨과 워커(Gibson & Walk, 1960)의 '시각절벽(visual cliff)'이다. 영아의 깊이지각능력을 알아보기 위해 영아의 몸에 심장박동을 측정할 수 있는 기기를 부착하여 관찰하였더니 생후 1, 2개월 영아의 경우도 심장박동의 변화가 옴을 알 수 있었다(Campos, Langer, & Krowitz, 1970).

(3) 영아 행동측정방법

① 관찰방법

관찰은 아동을 대상으로 하는 역사적으로 가장 오래된 연구방법이다. 영아들은 관찰자를 크게 의식하지 않고 자연스러운 행동을 보이며, 언어적·비언어적 행동의 관찰을 통해 정보를 얻을 수 있기 때문에 널리 사용되고 있다. 관찰법에는 자연관찰법과 구조화된 관찰법이 있다. 자연관찰법은 자연적인 일상의 상황에서 영아의 행동을 관찰하는 것이며 구조화된 관찰법은 관찰장면과 관찰조건을 인위적 상황을 만들어 그 상황을 영아가 알지 못하는 상황에서 영아의 행동을 관찰하는 것이다. 객관적이고 정확한 관찰을 위해 일화기록, 행동목록(체크리스트), 평정척도 등의 관찰기록방법을 사용하며, 녹음이나 녹화를 한 후 관찰장면을 분석하기도 한다. 관찰법은 의사소통이 원활하지 못한 영아들의 연구에 유용하지만 관찰자의 관찰능력과 전문성에 따라 해석의 차이가 있을 수 있다.

② 실험법

실험법은 연구목적과 관련변인을 선정하여 실험절차를 체계적으로 조작하여 그 효과를 확인하는 방법이다. 즉, 실험집단과 통제집단의 변화를 비교하여 독립변인의 영향을 밝히는 방법이다. 실험법은 완벽한 변인 통제가 어려우며 윤리적인 문제가 뒤따른다.

③ 자기보고법

자기보고법은 특정한 주제에 대한 질문에 답을 얻는 방법이다. 질문지들이 쓰여진 형태의 질문지법, 구두로 제시되는 면접법이 있으나 영아 연구에서는 주로 부모나 양육자를 대상으로 간접적으로 자료를 얻는다.

(4) 육아일기

육아일기(baby biographies)는 연구자가 부모로 자녀의 성장과 발달에 대한 개인적 기록이다. 대표적인 육아일기는 루이 13세의 주치의인 헤럴드(Jean Heroard), 독일의 철학자 티더만(Dietrich Tiedemann), 진화론자 다윈(Charles Darwin) 그리고 피아제(Jean Piaget)이다. 육아일기는 보통 자기 사녀, 오직 한 아이에 국한되므로 자녀의 발달을 지나치게 편향되거나 체계적이지 않은 관찰을 하는 경우가 있어 일반화하기 어렵다. 또한 이론적 편견으로 인해 그 이론을 지지해 줄 일화나 자료만을 보고하는 경향이 있다.

| 2장 |

영아기 발달이론

영아가 유능하고 배려할 수 있는 성인으로 자라기 위해서는 가족과 교사의 민감하고 적극적인 반응이 필요하다. 즉, 잘 자라기 위해 영아는 자신을 보호하고 양육하는 데 도움을 줄 애정적인 성인이 필요하다. 영아를 존중하고 영아의 감정을 살려 줄 수 있는 반응적인 성인-영아 관계는 영아의 안정감, 자존감, 자신감, 학급 동기를 증진시키는 데 필수적이다. 영아의 특성 및 능력과 생태 사이에는 끊임없는 상호작용이 이루어지며, 이 모든 것은 함께 혹은 개별적으로 영아가 맺는 관계의 질에 영향을 미친다. 또한 영아가 경험하는 건강한 관계는 영아가 앞으로 사랑하고 학습하는 능력을 형성하는 데에 초석이 된다.

이 장에서는 영아발달을 설명하는 여러 이론들 중에서 영아와 환경, 즉 양육자와 물리적 환경 간의 상호작용이 중요한 역할을 한다고 보는 이론들에 관해 살펴보고자 한다.

1. 관계중심이론

관계중심이론(Relationship-based theory)은 뇌발달에 대한 현재의 지식, 학대나 방임 등과 같은 적대적 관계의 영향에 대한 체험, 그리고 가장 중요하게는 우리 자신의 개인적 경험이 발달과 관련되어 있음을 보여주고 있다.

우리는 어려움 속에서 우리를 지탱할 수 있게 해주는 애정적인 관계의 힘을 익히 알고 있다. 그런가 하면 우리 대부분은 다른 사람이 우리를 알고 있을 때보다 안전하고 완전한 느낌을 갖게 된다. 여기서 다른 사람이란 우연하고 일시적인 만남의 낯선 사람이 아니라 오랜 기간 다양한 삶의 상황을 거치면서 함께 경험을 나누고 우리를 진심으로 이해하고 아껴주는 사람을 의미한다.

관계중심이론에서는 관계(relationship)는 하나의 행동이나 감정에 크나큰 의미와 중요성을 부여하며 발달의 원동력이다. 이 이론에 따르면 관계는 다음의 것들에 따라 달라질 수 있다(Wittmer & Peterson, 2006).

1) 상호작용의 내용

영아-부모 상호작용의 내용에는 매일의 일과, 놀이, 애정, 훈육, 공유하는 흥미와 경험이 포함된다. 상호작용의 내용은 상호작용이 시작부터 끝까지 즐겁거나 갈등 없이 이루어졌는가에 따라 두드러지게 긍정적이거나 부정적인 정서를 나타나게 된다.

2) 상호작용의 다양성

영아-부모의 상호작용은 기저귀 갈기나 음식 먹이기 등 일상적인 돌봄에서 대화나 노래를 하거나 산책하고 집안일을 하는 데에 영아를 참여시킴으로써 폭넓게 이루어질 수 있다. 어떤 부모에게는 일상적인 일과가 지루하고 반복적일 수도 있고, 다른 부모에게는 매번의 기저귀 갈아 주기도 친밀함을 나누는 새로운 기회일 수 있다.

3) 상호작용의 질

관계는 한 사람의 행동이 상대와 얼마나 조화를 이루느냐에 따라 달라진다. 영아-부모 관계의 질은 많은 부분에서 성인이 영아의 신호에 민감하게 반응하느냐에 달렸다. 여기서 민감성이란 신호를 받아들여서 정확하게 해석하고, 적절한 반응을 선택하여 적시에 전달하는 것이다(Ainsworth, Bell, & Stayton, 1971).

4) 여러 유형의 상호작용이 일어나는 상대적 빈도로부터 나오는 질

행동은 관계 속에서 의미가 있다. 이것은 행동이 일어나는 특정한 횟수 때문이 아니라 웃고 만지고 얼굴을 비벼대는 행동과 함께 행동의 빈도를 의미한다. 만약 만지는 등의 신체접촉이 상대적으로 자주 일어나기는 하지만 부모가 원할 때만으로 한정된다면 신체접촉이 덜 자주 일어난다. 그러나 이러한 신체접촉은 영아가 접촉을 원하는 신호를 보낼 때 언제나 그에 대한 반응으로 이루어지는 것보다는 덜 만족스러울 것이다.

5) 상호작용의 상호 보완성 대 상호성

상호작용의 상호 보완성은 부모나 영아 중 어느 한쪽이 다른 한쪽을 일방적으로 보충·보조해 주는 것이 아니라 서로가 서로에게 보충이나 보조해 주는 것이다.

상호적 상호작용은 두 사람이 유사한 행동을 하는 특성을 갖는다. 예를 들어, 어머니는 자녀를 통하여 모성본능을 충족시키고 어머니가 되는 것이며, 어머니와 자녀는 대등하면서 서로 의존하고 서로를 필요로 한다. 어머니는 자녀는 이 상호 교류 가운데서 각각 자기를 성장·발달시키고, 서로 간의 대립, 갈등을 겪으면서 정체성(identity)을 확립해 나간다. 이와 같이 부모-자녀관계에서도 대인적 상호성을 통하여 상호의 기본적 신뢰를 발전시켜 간다. 즉, 상호적 상호작용은 영아의 행동을 촉진하는 것으로 영아와 부모가 조율할 수 있는 서로의 목적을 위해 (상호 보완성) 서로의 행동을 조절할 수 있는 상호적인 관계의 기초가 되는 것이다.

6) 친밀감

친밀한 관계는 따뜻한 정서적 분위기, 가까이 하고자 하는 바램, 상대의 존재로 인해 느끼는 안정감, 상대의 안녕을 위한 행동으로 나타난다.

7) 대인관계에 관한 인식

관계는 관계가 자신에게 미치는 영향에 대해 어떻게 인지하는지에 따라 달라진다. 이러한 인식이나 관계의 영향은 그 사람의 정서적 공감과 자신과 상대방에 대한 인지적 이해에 따라 좌우된다.

8) 헌신(Hinde, 1992)

오래 지속되는 관계에서 상대방을 위해 기꺼이 행동하고 상대방의 안녕을 위해 기꺼이 노력하는 마음이다. 이것은 서로가 함께 있지 않을 때에도 매우 강력한 관계를 만들어 준다.

영아는 다양한 관계의 네트워크 안에 존재한다. 즉, 엄마-영아, 아빠-영아, 엄마-아빠, 엄마-할머니, 아빠-이웃, 엄마-고용주, 그밖에 영아의 안녕에 영향을 주고받는 관계들 속에 존재한다. 관계중심이론은 한 쌍의 관계의 질이 다른 쌍의 관계의 질에 영향을 미친다는 것이다. 예를 들어, 부모와 영아가 긍정적인 관계를 맺고 있다면 그 영아는 자신의 교사와 맺을 관계에 대해 유사한 기대를 하게 된다. 이 두 관계는 모두 영아의 또래와 상호작용에 영향을 미칠 수 있다. 부모와 영아 간의 사이에서 따스한 정이나 혹은 확고한 신뢰가 존재하다면 이는 나중에 영아의 선생님 혹은 친구들과의 관계에서도 부모에게서 느낀 정과 신뢰를 기대하게 된다는 것이다. 위트머와 피터슨(Wittmer & Peterson, 2006)은 영아기 발달과 관계중심을 [그림 2-1]과 같이 제시한 바 있다.

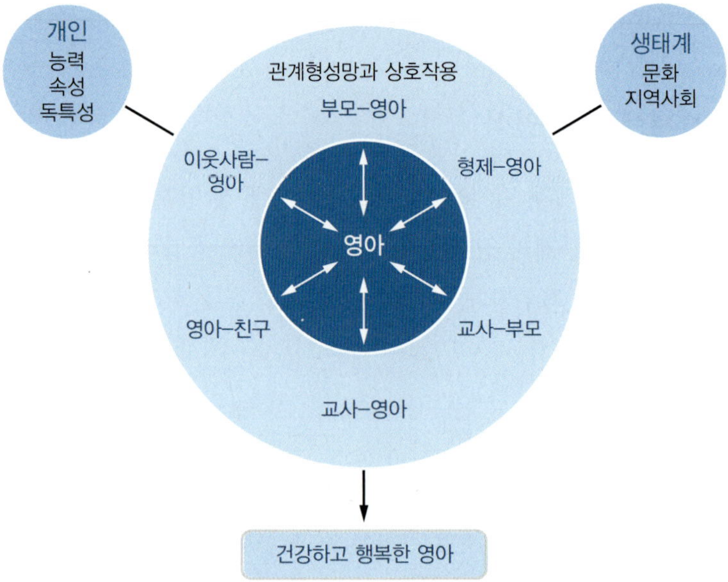

그림 2-1 영아기 발달과 관계중심 모형

출처: Wittmer & Peterson(2006). p. 3

[그림 2-1]에서와 같이 영아는 나름대로의 능력(신체운동, 언어, 사회관계, 정서 표현, 인지능력 등)과 속성(성, 외모, 장애, 계층, 종교 등)을 가진 특별한 존재이다. 생태계는 개인들이 함께 공동체 사회를 이루고 문화를 형성하며 살아가는 사회문화적 환경을 말한다. 그러므로 역동적인 상호작용이 일어나는 생태계 속에서 부모-영아의 관계가 영아발달에 영향을 주고 이 영향력은 부모-교사의 관계, 교사-영아 관계 등에 영향을 주게 되는 것이다.

2. 교류이론

사메로프와 챈들러(Sameroff & Chandler, 1975)에 의해 처음으로 제안되었으며, 생물학적 위험요인을 가지고 태어난 영아들이 매우 다른 발달의 과정을 보이는 이유를 이해하고자 하는 데서 시작하였다. 교류이론은 영아의 특성과 환경의 특성, 영아와 환경 간의 지속적이고 역동적인 상호 영향을 강조한다. 예를 들어, 영아는 성별, 기질, 신체적 건강, 인지 및 기타 능력에 대한 유전적 성향, 부드럽게 어루만져 주기를 바라는 소망 등의 생물학적·유전적 특성과 부모, 형제자매, 확대가족, 또래, 친구, 학교, 지역사회 등과 같이 영아의 삶에서 가장 중요한 사람들의 행동과 심리적 자원 등의 환경적 특성의 영향이 지속적이고 역동적으로 존재하는 것이다.

사메로프와 챈들러는 영아의 생물학적 상태는 단지 발달에 미치는 하나의 요소일 뿐이며, 영아에 대한 부모의 이해와 적절하고 유용한 부모의 반응이 발달에 더 중요하다고 하였다. 예를 들어, 조산아의 경우 어떤 부모는 아기의 신체적인 스트레스에 대해 이해하고 아기에게 반응하며, 아기의 감각에 지나친 부담을 주지 않도록 조심스럽게 접촉을 하게 될 것이다. 시간이 흐르면서 차츰 아기는 보다 건강하게, 자신이 이해받고 존중받음을 느끼면서 성장하게 되며 점차 아기는 열정적이고 정서적 파트너로 성장하게 될 것이다. 그러나 다른 부모는 아기에 대해 초조해하고, 아기가 무기력하게 느낄 수 있다. 이러한 불편한 내적 감정으로 인해 절대적인 필요 경우에만 접촉하고 반응한다면 아기는 아마도 사랑받지 못한다고 느끼고 다른 사람들과 함께 하는 것이 불편하다고 느끼며 성장하게 될 것이다.

사메로프와 맥켄즈(Sameroff & MacKenzie, 2003)은 중재의 기초가 되는 세 지점을 제시함으로써 영아와 양육자 간의 양방적이고 상호적인 관계를 설명하였다. 교류는 세 부분은 연달아 일어나며 중재가 일어날 수 있다. 먼저 영아가 자신의 외모나 행동을 통해 부모를 자극한다. 다음으로 부모는 영아가 보내는 메시지 대해 의미를 부여한다. 마지막으로 부모는 특정한 양육의 형태로 반응하게 된다. [그림 2-2]에 제시한 바와 같이 중재는 영아와 부모 또는 교사 간의 역동성은 교정을 통한 영아의 변화, 부모가 부여하는 의미의 변화, 재교육이나 기술 및 지식의 증가를 통한 부모의 양육 반응의 변화라는 세 지점 중 어디에서든지 변화될 수 있다(Sameroff & Fiese, 2000).

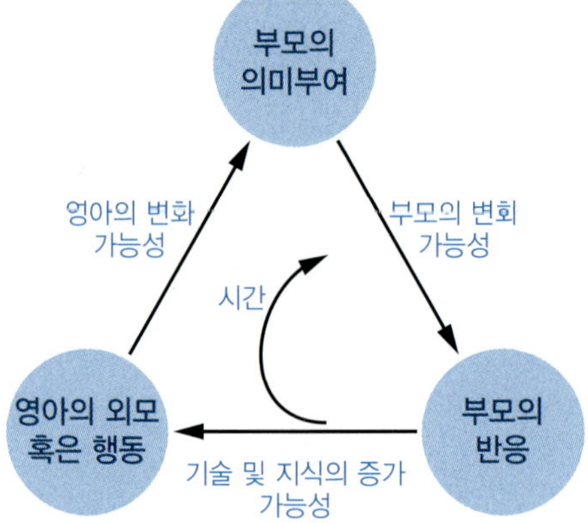

그림 2-2 발달의 교류이론과 중재의 지점
출처: Sameroff & MacKenzie(2003), p. 19

교류이론은 영아와 부모가 지속적으로 서로의 경험에 영향을 미치는 과정을 명확하게 보여준다. 보육기관에서 지내는 건강하고 튼튼한 영아는 예측할 수 있는 환경에 익숙해지고, 부모 및 가족과 강력한 정서적 유대관계를 맺으며, 부모와 떨어져 있는 동안 애정 어린 지원을 받을 수 있다면 부모와 떨어져 있는 것도 잘 견뎌낼 수 있다. 반면에 까다롭고 불규칙한 수면 패턴을 가지고 있고, 잘 먹지 않는 영아는 부모와 떨어져 있는 동안에 좋은 의도를 가진 교사라고 할지라도 지속적으로 도움을 주는 것을 매우 어렵게 만들 수 있다.

교류이론은 주변 환경이 영아와 성인에게 미치는 영향뿐만 아니라 영아와 성인이 서로에게 미치는 영향에도 초점을 맞추고 있다.

3. 생태학적 체계이론

브론펜브레너(Bronfenbrenner)의 생태학적 체계이론은 인간의 발달 현상은 아동을 둘러싸고 있는 복잡한 수준의 체계와의 관계 속에서 이해되어야 함을 강조한다.

브론펜브레너

생태학적 체계이론은 사람과 사람 사이의 관계를 넘어 지역사회 및 사회 전반이 영아에게 미치는 영향을 보여준다. 최초의 관계는 일생 돌봄을 제공할 수 있는 사람과 함께해야 하고, 영아는 지속적으로 상호작용할 수 있는 안정된 가족이 필요하다는 신념이다. 생태(개인적 환경과 물리적 환경)는 영아가 경험하는 관계에 영향을 미치며 영아를 중심으로 가까이 있는 체계일수록 직접적인 영향을 미친다.

[그림 2-3]에서 생태학적 체계이론은 일반적으로 영아를 중심에 두고 퍼져나가는 일련의 동심원의 형태로 묘사된다. 생태학적 체계 이론의 장점은 영아발달에 대한 보다 넓은 문화와 사회의 영향을 보여주며 원들이 계속해서 바깥쪽으로 이동한다는 것이다.

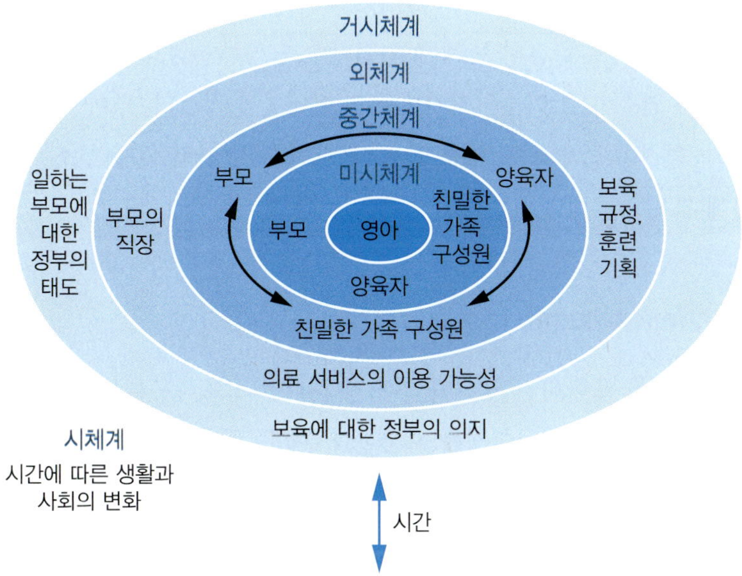

그림 2-3 브론펜브레너의 생태학적 체계이론

출처: Bronfenbrenner(2002), p. 97

1) 미시체계(microsystem)

가장 안쪽의 원인 미시체계는 영아와 가족 간의 직접적인 관계를 나타내며, 관계중심이론에 가장 밀접하게 연관되어 있다. 영아에게 직접적 영향을 주는 환경맥락으로 가족 구성원, 친구, 교사 등 미시체계는 영아가 깨어 있는 시간 중 많은 부분을 함께 보냄으로써 영아의 삶에 직접적인 영향을 미치는 체계이며 영아 또한 그들에게 영향을 미친다. 이러한 점에서 미시체계 안에서의 영향이 양방적이고 상호 교류적이다. 그러나 미시체계는 영유아기에 매우 중요하나 청년기에는 그 중요성이 사라진다.

2) 중간체계(mesosystem)

두 개 이상의 미시체계 간의 상호관계를 의미하며, 교류이론과 밀접하다. 예를 들어, 부모와 교사와의 관계, 부모와 형제관계, 부모와 이웃관계 등을 들 수 있다.

일반적으로 이들 체계 간의 관계가 밀접할수록 영유아의 발달이 순조롭다. 즉, 미시체계 간의 연결이 잘 이루어지지 않으면 어려움을 갖는다. 영아의 경우 중간체계의 원활한 연결이 중요하다. 예를 들어, 부모와 교사 간의 원활한 소통은 영아가 보육기관에 적응하는 데 중요하게 영향을 미친다.

3) 외체계(exosystem)

외체계는 영아를 포함하지 않으며 영아에게 직접 상호작용을 하지 않지만 영아에게 간접적 영향을 미치는 환경을 포함한다. 예를 들어, 가족의 친구, 부모의 직장, 부모의 친구들, 보육기관 운영진, 대중매체 등이 속한다.

4) 거시체계(macrosystem)

거시체계는 특정한 환경이 아니라 영유아가 살고 있는 사회와 문화의 이념, 가치, 법률, 제도, 규칙, 관심, 도덕관, 사회의 정책 등을 말하며, 이러한 요인들은 미시체계, 중간체계, 그리고 외체계에 영향을 줌으로써 영아에게 간접적 영향을 미친다. 예를 들어, 과거 우리나라의 아름다운 미의 기준이 둥글고 통통하다면 현대는 마르고 키가 큰 기준으로 변하여 미의 선발기준이 바뀌고 있는 것을 알 수 있다.

브론펜브레너의 접근은 거시체계의 변화가 외체계에 영향을 주고, 외체계에서의 변화는 중간체계에 영향을 주어 다시 미시체계에 영향을 준다는 것을 나타낸다. 이러한 것은 영유아발달에 관한 연구가 미시체계에 국한되지 않고 확대되어야 한다는 것을 시사하고 있다.

5) 시간체계(chronosystem)

모든 것을 포함하고 있는 체계로 시간적으로 한 시점의 사건이나 경험이 아닌 전 생애에 걸쳐 일어나는 변화와 사회역사적 환경이 여기에 속한다. 시간적 요소는 부모의 이혼이나 동생의 출생과 같은 외적인 사건을 나타낼 수도 있고, 영아의 성장과 성숙을 나타내는 내적인 것일 수도 있다.

환경이란 영유아에게 항상 일정하게 영향을 주는 정지된 상태가 아니라 늘 변화하며 역동적이다. 동생의 출생, 부모의 직장 이동, 보육시설의 취원 등 중요한 사건들이 영유아와 환경과의 관계를 변화시키고 발달에 영향을 주는 새로운 환경을 만들게 된다. 이러한 환경의 변화가 그 시기가 언제였는가 또한 중요한 요인이 된다. 예를 들면, 동생을 언제 보았는지, 걸음마기인지, 초등학교 입학한 뒤인지 전혀 다른 영향을 미친다. 뿐만 아니라 어느 시대에 태어나서 성장하였는지에 따라 영아 자신의 발달과 삶에 영향을 받는다.

4. 마음이론

마음이란 사람과 다른 사물들을 구분해 주는 중요한 요인이다. 우리는 사람의 행동은 그들의 마음, 즉 그 사람이 갖고 있는 믿음, 바람, 의도 등과 같은 마음의 상태(mental state)에 의해 일어난다고 생각한다. 이처럼 사람들은 각기 다른 마음상태를 가지고 있으며 이 마음 상태에 의해 행동하게 된다는 것이 마음이론이다.

마음이론(theory of mind)이란 용어는 프리맥과 우드러프(Premack & Woodruff, 1978)가 침팬지 연구에서 처음 사용하였는데, 자신이나 다른 대상에게 마음 상태가 있다고 이해하는 능력을 의미하며(Wellman, 1990), 인간의 행동이 바람, 의도, 믿음, 욕구 등과 같은 마음 상태에서 비롯된다는 것을 이해하고 그 마음 상태를 추론하는 능력이라고 하였다(Astington, 1993).

믿음, 바람, 의도 등과 같은 마음상태는 몇 가지 중요한 특성이 있다(Woodruff, 1990). 첫째는 마음은 사물과는 달리 겉으로 만질 수도 없는 정신적이고 비물질적인 것이다. 둘째는 마음은 사적이고 개인적이다. 따라서 자신의 마음과 생각은 다른 사람의 마음, 생각과 다를 수 있다. 마지막으로 마음의 가장 중요한 특성은 마음이 표상이란 점이다(김혜리, 1997).

2세경부터 마음 상태의 일부 특성을 알기 시작하여 4,5세경에는 상위표상능력이 발달하여 마음이 표상이라는 사실, 즉 마음의 표상적 특성까지 이해하게 된다.

마음의 특성을 이해한다는 증거를 보이기 훨씬 전부터 영아들은 사회적으로 반응한다. 신생아들은 출생 초기부터 특정 방향의 시선, 특히 자신을 향한 시선을 선호한다. 다른 어떤 자극보다 사람의 얼굴자극을 선호하며(Blanks & Salaptek, 1993; Johnson & Morton, 1991; Nelson, 1987), 사람의 얼굴을 주의 깊게 관찰한다. 예를 들어, 사람의 얼굴 표정과 행동은 생후 수일이 지난 후부터 모방하나(Meltzoff & Moore, 1983), 다른 물리적 사물의 움직임은 모방하지 않는다(Legerstee, 1991). 생후 3개월부터는 사람이 보이는 생물학적 움직임과 다른 움직임, 예를 들어 기계적인 움직임이나 무선적인 움직임을 구별한다(Bertenthal, 1993). 생후 6개월 정도부터 어머니와 외부 대상을 번갈아 주의를 집중하며 바라볼 수 있다. 예를 들어, 사람의 행동이 의도성이 있는 것임을 이해하게 되면서 영아들은 점차 보다 많은 상호작용을 시작하게 된다.

생후 9~12개월부터 되면서 영아들은 다른 사람의 표정을 보고 자신의 행동을 조절하는 사회적 참조(social referencing)행동을 시작한다. 타인이 바라보는 대상을 따라서 볼 수 있다. 예를 들어, 다른 사람이 무엇을 보고 있는지 그 시선방향을 확인하고 자신의 시선을 그곳에 맞추는 눈길감시(gaze monitoring, gaze following)를 하기 시작하며(Butterworth, 1991; Scaife & Bruner, 1975), 자신이 보고 있는 대상을 상대방이 보도록 하기 위해서 몸짓, 소리, 눈짓 등의 신호들을 사용하는 사회적 참조행동과 손가락으로 그 물건을 가리키면서 상대방의 눈길을 살피는 서술적 지시(protodeclarative pointing)도 가능해진다(Carpenter, Nagell, & Tomasello, 1998; Franco, 2005). 이는 다른 사람과 동일한 대상에 대해 주의를 공유하고자 하는 영아의 의도를 나타내는 행동이다. 이러한 행동은 영아가 다른 사람의 지각적 상태를 이해하고 있음을 보여 주는 것이다. 또 영아들은 상대방이 하는 행동을 잘 이해할 수 없을 경우 상대방의 눈길을 살핀다. 예를 들어, 어떤 사람이 사과를 보고 있은 것을 보면 우리는 그 사람이 사과를 먹고 싶어한다는 것을 짐작할 수 있다. 따라서 타인이 무엇을 보고 있는지 알아내고 그 대상을 함께 주시함으로써 타인의 마음을 이해할 수 있게 될 수 있을 것이다. 이후 월령이 증가함에 따라 상호주의의 양은 폭발적으로 증가한다(정윤경, 곽금주, 2005; Bakeman & Adamson, 1984). 이러한 전조 능력 중에서 다른 사람과 함께 어떤 대상을 주의하는 상호주의하기 능력은 마음이해와 타인과의 상호작용에 있어 필수적인 요소라 할 수 있다. 그러므로 영아기의 상호주의를 많이 할수록 4세 때 다른 사람의 마음을 더 잘 이해한다.

하이더(Heider)는 순수심리학(native psychology)이라고 하여 영아를 이미 호기심을 갖고 태어나며 경험을 통해 지식을 구성해 가는 능동적 존재라고 하였다. 예를 들어, 출생 후 첫 경험(젖 먹기)을 통해 젖을 먹고 싶다(desire)–소리 내어 울면 젖 준다(belief-knowledge)–울어야지(intention-젖 줄 것을 기대하면서)–운다(behavior)의 인지적 도식을 갖게 된다고 보았다. '울면 젖 준다.'는 지식이 형성되기까지 영아는 본능적으로 desire(욕구)-belief(신념)-intention(의도)-behavior(행동)의 과정을 반복하면서 이론을 만들어가는데 이를 마음이론이라 하였다. 영아가 타인의 입장에서 조망하고 수용할 수 있다면 지식이 공유되고 확장될 수 있다는 것이다. 이러한 영아의 틀린 믿음(false beliefs)은 4세가 되어야 타인 조망이 원활해진다.

5. 구성주의이론

영아의 인지적 욕구에 적합한 학습이론으로 구성주의는 우리가 어떻게 지식을 구성하고 확장해 나가며, 이러한 지식이 어떻게 우리 행동에 영향을 미치는지를 밝히는 이론이다.

구성주의는 개인이 환경으로부터 얻은 정보에 따라 행동함으로써, 즉 환경과 상호작용함으로써 자신의 주변 세계를 이해해 나가는 것이다. 그러므로 지식 구성에 있어서 영아는 주체적 역할을 하는 능동적 존재인 것이다.

인지란 영아가 환경(사물이나 사건)에 능동적으로 작용할 때 이미 알고 있는 것에 비추어 해석해 나가는 구성적 과정이다. 안다는 것은 일반적으로 생각하듯이 지식을 습득하거나 과제를 성공적으로 수행하는 것이 아니라 성장하는 영아들이 자신의 환경과 교류하면서 그 과정에서 개별 사실들 간의 관계를 스스로 파악하여 구성함으로써 계속해서 창조된다는 것이다. 한마디로 앎이란 환경과 능동적인 개인 사이의 상호작용을 통해 '구성'되는 과정이라는 것이다.

피아제(Piaget)는 인간이 지닌 환경에 대한 인식이나 세상에 대한 지식은 자신의 인지적 활동의 결과에 달렸고, 인간의 지식과 지능은 개인과 환경 간의 상호작용에 의해서 그 개인 내부에서 점차적으로 구성된다고 하였다. 그러므로 피아제의 인지발달은 개인이 환경에의 적응을 통하여 새로운 인지구조를 구성해 나가는 과정이다. 이 구성은 인간이 생득적으로 가지고 태어나는 조직화(organization)와 적응

(adaptation)이라는 기능과 더불어 인지구조를 균형 있는 상태로 유지하고자 하는 평형화(equilibration) 때문에 가능하다. 아주 어린 영아라도 이미 알고 있는 것이 있으며, 이를 바탕으로 동화와 조절의 과정을 거쳐 지식을 점진적으로 구성해 나간다고 하였다. 영아가 새로운 경험을 하게 될 때 인지적 갈등을 느끼며 이를 해소하고자 하는 욕구가 일어나며, 영아는 반성적 과정을 통해 인지적 구조를 재조직하고 기존의 지식을 재구성해 나간다고 하였다. 여기서 지식은 개별적이고 일시적이며 발달적인 것임을 알 수 있다.

우리는 경험을 통해서 자신의 지식을 쌓아 가고 경험이나 신념, 가치, 사회문화적 역사 또는 기존 인식들이 인지구조의 한 단위인 인지 도식(schema)을 만들게 된다. 그리고 이러한 도식들은 동화(assimilation)와 조절(accommodation)이라는 적응 과정을 통하여 변화하고 확장되며, 더욱 정교해진다(Piaget & Inhelder, 1969). 그런데 우리가 경험한 실재(實在)는 독립된 것이 아니라, 우리들 각자가 부여한 의미에 의하여 성립한다고 보았다. 그러므로 어떤 사물을 보는 입장도 여러 가지가 있을 수 있으며, 어떤 사건이나 개념에 대해서도 서로 다른 많은 의미와 견해가 있을 수 있다. 예를 들어, 2세의 영아들이 여러 색으로 구성된 모양 퍼즐을 갖고 놀 때 영아들이 다양한 방식으로 놀이를 하는 것을 볼 수 있다. 퍼즐판에 모양을 맞추거나 같은 색끼리 모양 조각을 모으고, 또는 모양 조각들로 새로운 모양을 구성하는 등의 모습을 볼 수 있다. 이러한 현상은 영아들의 개별적 경험에 의해 이루어지고, 경험이 의미부여를 하는 원동력이 된 것이다.

또한 구성주의는 사회문화적 배경을 바탕으로 하고 있다. 우리의 지식구조는 자기가 속해 있는 사회와의 직접적인 교류에 의해서 이루어지며 사회로부터 결코 분리될 수 없는 것이다. 즉, 우리가 구성하는 지식은 우리가 다른 사람과 살아가는 데 유용하고 사회 공동체로부터 인정받거나 용납되는 지식이다. 이러한 지식은 한 인간의 삶의 과정에서 타인과 더불어 발생하며, 그 삶의 과정이란 곧 인간의 상징을 통한 상호작용 과정에서 나타나는 협동적 구성이라 설명하고 있다.

구성주의는 학습자의 주도적 학습활동을 강조하며, 교사는 학습환경을 제공하고 영아와 상호작용자로서의 역할을 해야 한다. 비고츠키(Vygotskys)는 근접발달 영역(ZPD) 개념을 설명하면서, 영아가 현재의 실제적 발달 수준에서 변화를 기대하는 잠재적 발달 수준으로 발전하는 데는 교사와 아동 간 혹은 아동과 아동 사이에 사회적 상호작용이 필요하다고 강조하였다.

6. 자아개념형성이론

말러(Margaret Mahler, 1897~1985)는 자연적인 놀이 상황에서, 생후 3년간에 걸쳐 대상관계의 출현을 관찰하면서, 정상적인 아이와 엄마를 종단적으로 연구하였다(Mahler, Pine &Bergman, 1975). 말러의 이론에서 유아는 독립적이고 자율적인 존재가 되고자 하는 욕구와 다시 어머니와의 공생적 융합(symbiotic fusion) 상태로 되돌아가고자 하는 욕구 사이에서 분투하는 존재로 기술된다(Mentzos, 1982; 이용승, 2002).

말러는 36개월 이전까지의 영아의 성장과 발달에 있어서 부모와의 상호작용 측면을 강조하며 영아의 자아개념 형성과정을 자폐단계, 공생단계, 분리-개별화단계로 구분하였으며, 분리-개별화단계는 분화단계, 실험단계, 개별성 확립과 정서적 대상항상성 형성의 시기로 이루어져 있다.

첫 번째 단계는 정상적인 자폐단계(Normal autism phase)로 출생 후부터 생후 2개월에 해당하는 최초의 발달단계이다. 신생아는 반사반응을 통해서 환경과 상호작용한다. 자폐적 단계(autism phase)에 있는 영아는 어머니를 의식하지 못하여 생리적 긴장, 즉 배고픔을 줄이기 위해 생리적 반사에 의해 어머니의 젖을 찾는다. 자폐기에 속한 아기에게는 대상이 존재하지 않는다. 이때의 근본적 목표는 생리적 평형을 유지하는 것이다. 신생아는 오직 자신의 만족과 긴장감소 그리고 욕구충족에만 집중하고 있다. 신생아는 이러한 만족이 외부세계로부터 주어지는 것이라고 느끼기보다는 그 자신이 무조건적이며, 전능상태에서 온다는 원초적 환각상태에 있다.

이때 신생아는 철저하게 쾌락의 원리에 의해서 활동한다. 영아는 대상에 대한 인식이 전혀 없는 상태로 살아가게 된다. 애착은 부모로부터 아기에게 향하는 일방향적인 것이나 이러한 애착은 아기가 이후 형성하게 되는 관계성의 모체가 된다.

두 번째 단계는 모자공생단계(Symbiosis phase)로 생후 2~6개월에 해당한다. 공감각적 경험을 통해서 인지와 기억, 운동 협응력 등의 신경계가 발달되면서 이루어진다. 공생관계의 첫 신호는 사회적 미소이며 어머니가 아기를 안아주는 것이다. 공생단계의 영아는 아직 분화능력이 부족하기 때문에 자기 자신을 어루만져주고 먹여준다고 혼동하기도 한다. 이러한 미숙한 분화능력은 아기와 어머니 간의 상호 신호 받기 패턴을 통해 보다 성숙된다. 즉, 아기는 즐거움과 고통, 좋은 것과 나쁜 것의 양극성을 경험한다.

생후 2개월이 되면 자폐의 껍질에 금이 가기 시작하고 다른 긍정적인 심리적 껍질 혹은 막이 형성되기 시작한다. 이 방어막은 심리적으로 엄마와 아이라는 두 개의 독립체를 공생적 궤도로 에워싼다. 두 달째부터 영아는 어렴풋하게나마 욕구를 만족시키는 대상을 인식하게 된다. 이것이 정상적 공생(normal symbiosis)의 시작이다. 이 기간에 영아는 자신과 엄마가 두 개의 통일체로 이루어진 하나의 전능한 체계인 것처럼 활동하고 행동한다.

영아는 자기의 욕구를 만족시키는 어떤 존재를 희미하게 인지하기 시작한다. 마치 자기의 부분인 것처럼 어머니를 지각한다. 어머니와 하나라는 느낌은 영아가 기본적인 만족감을 얻는 대상관계를 형성할 수 있게 하고, 이 만족감이 경험되어야 평생 동안 자기신뢰, 자기존중감을 발달시킬 수 있게 된다(Blanck & Blanck, 1986).

세 번째 단계는 분화단계(Differentiation phase)은 6~10개월 사이를 말한다. 영아가 어머니와 분화되기 시작하는 때이다. 운동기술이 증가하고 근육골격과 신경계가 성숙되면서 아기는 기동적으로 된다. 공생의 최고조에 이르는 5~6개월경이 되면, 영아는 자신의 몸을 엄마로부터 약간 떼어 거리를 두며, 엄마의 무릎에서 미끄러져 내려올 만큼 운동기술이 발달하여 엄마로부터 떨어져 나와 엄마의 발치에서 논다. 영아가 깨어 있는 시간이 점점 길어지면서 점차 외부에 관심이 확대된다. 영아는 어머니의 신체로부터 자신의 몸을 약간씩 거리를 두게 되며, 팔다리의 기술이 발달되어 어머니의 무릎에서 내려가고 어머니의 발 근처에서 놀게 됨으로써 어머니로부터 떨어지기 시작한다. 6개월경에는 어머니의 머리, 귀, 코 등을 잡아당기는 등 촉감을 느끼면서 탐구하는 행동이 절정을 이루는 시기이다. 이 시기 영아는 어머니의 몸과의 접촉 욕구를 잘 나타내고, 부드러우며, 유연하고, 따뜻한 접촉감을 주는 대상을 찾는다. 7~8개월 정도가 되면 영아는 소재 이식 지점인 엄마를 '뒤돌아 확인하는' 시각적 패턴을 보인다. 이것은 엄마로부터 신체적·정신적으로 분화가 시작되었음을 알리는 중요한 표식이다. 영아는 다른 사람을 유심히 쳐다보며 엄마와 다른 사람, 익숙한 것과 익숙하지 않은 것을 비교하는 것처럼 보인다. 영아는 안경, 귀고리, 옷 등과 같은 것들이 엄마의 몸에 속한 것인지 그렇지 않은지를 관찰한다.

네 번째 단계는 실험단계(Practice phase)로 영아가 어머니에게 의존해 있다가 잠깐씩 떨어지는 것을 연습하는 시기이다. 초기 실험단계는 영아가 기거나 무엇인가 붙잡고 서 있는 방식으로 엄마로부터 물리적으로 떨어질 수 있다는 것이 특징이다. 이 실험단계는 자유롭게 똑바로 서서 걷을 수 있을 때 제대로 시작된다. 영아는 점차적으로 과감하게 엄마로부터 멀어지며, 자신의 행동에 몰두하여 엄마의 존재를 잊어버린 듯 보인다. 그러나 주기적으로 돌아와서는 물리적 또는 감정적 접촉을 통해 정서적 '재충전(refueling)'을 한다. 어떤 엄마들과 아이들은 독립적인 기능을 소중히 여겨 거리적으로 멀리 떨어져서 재충전을 할 수 있다. 즉, 그들은 언어적 수단을 통해 접촉을 계속한다. 실험단계는 두 살 중반이 될 무렵, 자유자재로 걷을 때 정점에 이른다. 이 시기의 영아들은 자신의 전능성에 대한 믿음이 최고점에 이른 듯 보인다. 이 믿음은 엄마의 마술적인 힘을 자신이 공유하고 있다는 감각으로부터 나온다. 9~16개월에 분화와 겹쳐서 진행되지만 분화의 절정이다. 초기에는 기거나 무엇을 잡고 일어섬으로써 어머니로부터 신체적으로 떨어져 나갈 수 있는 능력을 나타낸다. 이 시기는 자유로운 직립보행으로 시작되며, 10개월에는 이제 막 생겨나는 운동기능과 자아의 다른 타율적인 기능에 관심을 가지고 주위의 물리적 환경을 탐색하는 일에 몰두한다. 영아는 숙달의 즐거움을 만끽하며 자신의 능력과 위대함에 도취되는 것처럼 보인다.

가까이 다가갔다 멀어졌다 하는 연습게임은 까꿍놀이로 발전한다. 놀이는 자기 주도와 뛰기라는 새로운 자아기능을 즐겁게 연습함과 동시에 어머니와의 융합과 분리를 연습하는 기회가 된다. 이러한 맥락에서, 영아의 까꿍놀이 행동은 어머니에게 함입(陷入)되지 않고, 욕구충족 대상과 애정대상을 상실하고 되찾는 데 있어서 수동적인 자세에서 능동적인 자세로 전환한 것으로 볼 수 있다. 영아가 잘 해낼 수 있다는 기대와 믿음을 영아의 안전감 발달에 매우 중요한 자극제가 되고, 영아의 마술적 전능감이 자율성 및 자아존중감으로 발달하는 데에 중요한 영향을 미친다.

도움 없이 직립보행한다는 것은 인간의 개별화에 있어 가장 위대한 첫 단계이다. 똑바로 선 자세는 영아에게 쌍에 대한 완전히 새로운 시각을 준다. 대략 10~18개월까지는 영아의 개인적 역사에 있어 아주 소중한 시기이다. 이 시기의 영아는 세상에 대한 사랑에 홀딱 빠져 취한 듯 보인다. 자기애가 최고점에 이르지만 상처 입고 움츠러들기도 한다. 이 시기 영아들의 특징은 자신들의 행동, 점차 확장되는 세상에 대한 탐험, 넘어져도 끄떡없는 것 등에 대하여 자기애를 부여한다는 것이다. 이 실험단계 동안 '아니' 라고 말하는 단계, 즉 부정적인 행동의 단계는 영아의 엄마와의 공생관계로부터 벗어나 개별화되는 과정에서 나타나는, 행동반응을 보이는 시기이다. 영아들이 점차로 독립을 주장함에 따라 엄마들은 일정한 반응을 나타내 보인다. 엄마의 태도는 정상적으로 영아로 하여금 마술적 전능성을 포기하고 그 대신 기꺼이 분리와 자율성의 기쁨으로 전환되도록 힘을 내게 하고 도와주는 데 중요한 역할을 한다. 그러므로 부모는 아이와의 정서적 접촉을 유지하면서 아이의 분리 노력을 조심스럽게 촉진하는 것이 가장 바람직하다.

다음은 친화단계(Rapprochement phase)는 16~24개월을 일컫는다. 이 시기는 분리에 대한 인식이 증가하면서 불안을 느껴 의도적으로 어머니에게 재접근하는 시기이다. 영아는 의존과 독립에 대한 욕구를 동시에 표현한다. 분리에 대한 자각이 증가하면서 영아는 차츰 자신이 원하는 것을 어머니가 항상 원하지 않는다는 것을 알게 된다. 즉, 대상세계를 전적으로 좋게 또는 전적으로 나쁘게 구별하여 지각하며 이를 분열이라고 한다. 이러한 분열은 대인관계에서뿐만 아니라 심리 내적으로도 일어난다.

인지능력의 성장과 가정생활의 분화를 통해, 이제 영아는 더 많은 분리불안을 경험한다. 분리되어 있는 자기에 대한 인식에 도달하면서 영아는 실험단계에 미결로 남겨 놓았던 엄마와의 친밀관계를 추구하는 욕구를 더 많이 갖게 된다. 말러는 이 새로운 시기를 친화단계라고 불렀다. 영아가 자신이 새롭게 획득한 기술과 경험을 엄마와 공유하기를 원하는 시기이다. 초기 친화는 17~18개월쯤에 절정에 달해 엄마와 신체적으로 분리되었다는 것을 받아들이고 엄마와 활동을 공유한다는 기쁨을 갖기도 한다. 또한 친화단계는 낯선 사람들에 대하여 불안한 반응을 보이는 것이 특징이다. 서로 갈등을 일으키는 욕망들 사이에서 갈팡질팡하는 모습, 부모가 떠나는 것에 대하여 문제를 느낌, 그리고 엄마에게 매달리는 것과 같은 특징들도 보인다. 이런 영아는 엄마의 부재를 해결하기 위해 다양한 방법, 예를 들어 중간 대상을 사용하여 부모를 내면화하기 혹은 부모와의 동일시 등을 고안해 낼 것이다. 언어가 급격히 발달함에 따라 영아는 내가와 나를 이라는 단어를 모두 사용하게 된다. 이는 자기-대상 분화능력이 생겼음을 의미한다.

마지막으로 개별성 확립과 정서적 대상항상성(emotional object constancy) 형성 시기로 24~36개월을 일컫는다.

주로 3세 정도에 일어나며 끝나는 시점이 분명하지 않다. 이 시기의 두 가지 중요한 과제는 어느 정도의 대상항상성을 갖는 것과 개별성을 강화시키는 것이다.

정서적 대상항상성(emotional object constancy)의 형성은 엄마에 관한 긍정적 내적 이미지 수립에 달렸다. 긍정적 내적 이미지는 엄마가 신체적으로 부재하여도 영아에게 안정감을 주며, 영아로 하여금 따로 떨어져 생활할 수 있도록 해준다.

또한 이러한 대상항상성단계에서는 언어적 의사소통이 점차적으로 다른 형태의 의사소통방식을 대체한다. 초자아의 전조가 시작되며, 자아와 자아의 기능이 상당한 발달을 보인다. 발달하는 자아의 가장 중요한 과제 중 하나는 공격적 욕구를 극복하는 것이다. 현실원리가 점차적으로 쾌락원리를 대신하고, 자아는 좀 더 현실을 검증할 수 있게 된다.

대상항상성이 형성되면 특정한 대상에 대한 정서적인 지각이 일관되게 나타난다. 다양한 상황이나 기분상태에서도 안정적으로 나타나는 자신만의 특성이 나타나는데 이를 개별성이라고 한다.

PART 2

영아의 발달

| 3장 |

태내기 발달

1. 생명의 시작

인간의 발달은 정자와 난자가 결합하는 그 순간부터 시작되며, 이 시기가 일생 중 그 어떤 시기보다 빠르게 성장한다. 그럼에도 불구하고 우리는 그 과정을 눈으로 직접 볼 수 없는 이유로 태내의 발달과정에 대해서는 큰 관심을 갖지 않았다.

1) 수정

남성의 정자와 여성의 난자가 결합될 때 생명의 시작이라고 하며 이를 수정(fertilization)이라고 부른다. 난자는 인체 내에서 가장 큰 세포이며, 모양은 타원형이다. 출생 전부터 여성(여태아)은 이미 5백만 개의 원시난자를 갖고 있는데, 이는 성장함에 따라 점차 감소하게 된다. 사춘기가 되면 3만 개 정도의 난자가 남게 되며, 이 중에서 약 400개가 가임기간에 성숙하여 배란이 된다. 성숙한 여성의 경우, 월경주기(약 28일)의 중간쯤에 양쪽 난소에서 한 달에 한 번씩 교대로 1개씩 난자가 배출되는 데 이것을 배란(ovulation)이라고 한다. 배출된 난자의 생존기간은 약 24시간이며 정자의 생존 기간은 약 72시간이다. 난자는 혼자 힘으로는 움직이지 못하고 융모의 수축운동에 의해 자궁까지 도달할 수 있다. 배출된 난자가 자궁을 향해 이동하는 중 정자와 만나면 정상적으로 수정이 된다. 수정의 기회는 생리 시작 14일경부터 시작이 되며, 이 기간에 수정이 이루어지지 않으면 월경이 되어 난자가 질 밖으로 나오게 된다.

남성의 정자는 사춘기 이후 고환에서 매일 100만 개 정도(매 초당 약 1,000개) 생산

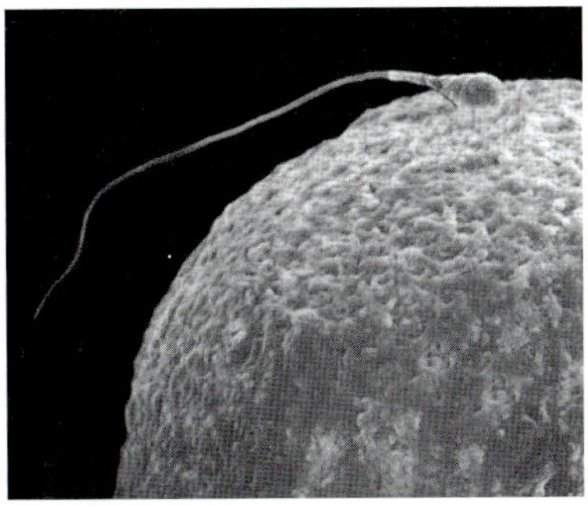

그림 3-1 정자와 난자의 만남
출처: http://navercast.naver.com/contents.nhn?rid=21&contents_id=5812

된다. 정자는 난자와는 달리 편모가 있어서 운동력을 지녀 난자가 있는 곳으로 활발히 헤엄쳐 간다. 1회 사정 시 수억 개의 정자가 나오는데, 이 중에서 난자와 만나 수정이 되는 것은 단 1개뿐이다. 정자는 올챙이 모양을 하고 있으며, 크기도 난자보다 훨씬 작다. 1개의 정자가 난자의 세포막을 뚫고 들어가면 정자의 꼬리 부분이 잘라지고, 정자의 핵과 난자의 핵이 결합하여 수정란이 된다. 수정란은 부모로부터 받은 유전정보를 지니고 빠른 속도로 성장해 나가며, 수정이 되는 순간 성별이 정해지고, 유전적 특성과 정상 여부 등 전 생애에 큰 영향을 미치는 여러 가지 발달 특성이 결정된다. 놀랍게도 새로운 생명체의 절반 정도만이 살아남아 출생에 이르게 되며, 그중 1/4은 유전자의 결함으로 수정 후 2~3일 내에 소실되고 나머지 1/4은 임신기간 중에 자연유산하게 된다(Wilcox et al., 1988).

일반적으로 수정은 한 개의 정자와 한 개의 난자의 결합으로 이루어진다. 그러나 한 개의 난자가 이분되어 일란성 쌍생아로 성장하거나 매우 짧은 기간에 두 개의 난자가 방출되어 두 개의 정자와 만나 이란성 쌍생아가 되기도 한다. 일란성 쌍생아는 유전인자가 같으므로 외모나 성격이 유사할 뿐만 아니라 같은 성으로 태어난다. 이란성 쌍생아는 서로 다른 유전인자를 가지고 있으며 성(性)이 같을 수도 있고 다를 수도 있다.

2. 유전

1) 유전인자와 염색체이상

(1) 유전인자

정자와 난자가 결합하는 순간 정자와 난자로부터 각각 23개의 염색체가 새로운 46개의 염색체로 배합이 형성된다. 인간의 모든 유전적 잠재성은 46개의 염색체에 의해 결정된다. 23쌍의 염색체 중 22쌍은 상염색체(autosome)이며, 23번째 쌍이 성 염색체(sex chromosome)이다. 정상적인 여성의 성염색체는 XX, 정상적인 남성의 성염색체는 XY이다. 즉, 이 염색체 속에 유전의 기본 단위인 유전인자(gene)가 있다. 이 유전인자는 DNA라고 하는 화학물질로 구성되어 있으며, DNA는 부모의 어떤 특성을 자손에게 전해지고 일생을 통한 성장과 발달을 한다.

(2) 세포분열

수정 후 인간의 성장과 발달은 세포분열에 의해 진행되는데, 인체에는 두 종류의 세포가 있다. 하나는 신체세포(body cells)와 다른 하나는 생식세포(germ cells)로서 세포분열에 의해 재생산된다.

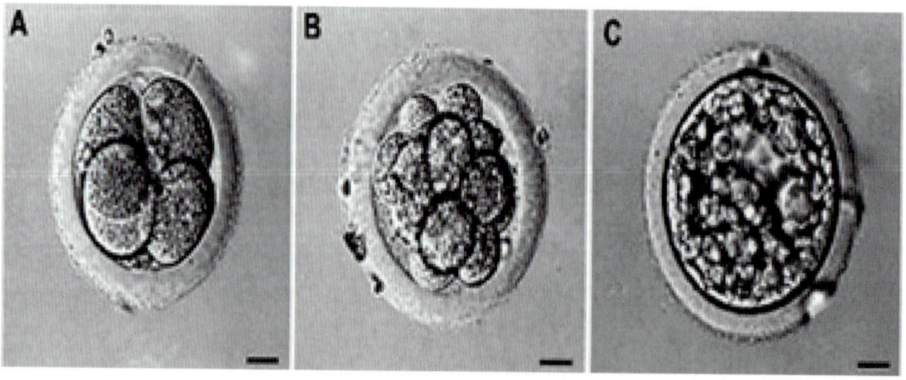

그림 3-2 수정란의 세포분열

① 유사분열

신체세포(body cells)는 유사분열(mitosis)에 의해 재생산되며, 골격, 신경, 근육, 소화기관 등을 형성한다. 유사분열은 염색체가 스스로를 복제(duplication)하는 과정으로부터 시작되어 분열이 완성되면 동일한 23쌍의 염색체를 가진 자세포를 형성한다. 여기에는 최초의 접합체가 들어 있던 것과 동일한 유전정보가 들어 있다. 이러한 과정은 낡은 세포를 대신해서 새로운 세포가 생성되면서 일생 계속된다. 출생 시 아기는 약 10조 개의 세포를 가지고 태어나 성인이 되면 수백조 개의 세포로 증가한다. 그러나 아무리 많은 세포를 갖게 되더라도 각 세포는 수정의 순간 접합체라는 단세포에 들어 있던 유전정보를 그대로 전달받게 된다.

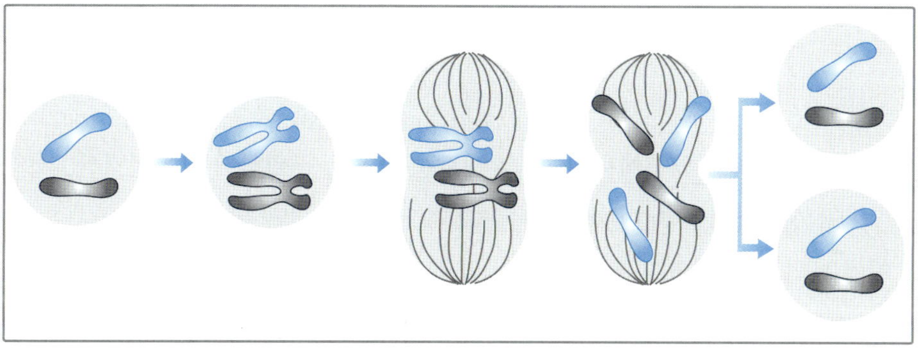

그림 3-3 유사분열

② 감수분열

생식세포(germ cells)는 감수분열(meiosis)에 의해 재생산된다. 감수분열은 유사분열보다 좀 더 복잡하다. 먼저 생식세포는 46개의 염색체를 복제한다. 그 다음에는, 유전자 교환(crossing-over)이 이루어지는데 감수분열을 하는 동안 수정란 세포 내의 염색체 간에 유전자가 교환되는 것이다. 유전자 교환현상에 의해 유전자 조합의 수는 무한대에 이르며 이 조합의 수는 지금까지 지구상에 태어난 인간의 수보다 많

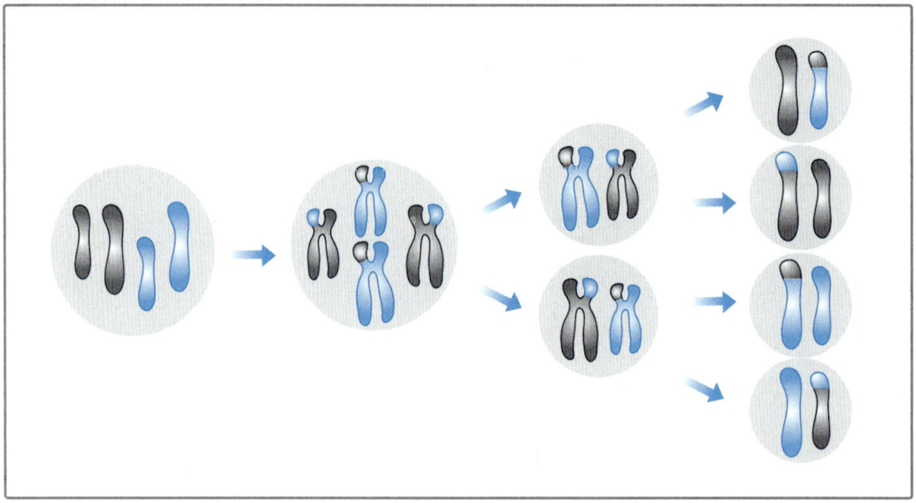

그림 3-4 감수분열

다. 이 지구에는 똑같은 사람이 둘 존재하지 않는(일란성 쌍생아는 제외) 이유이다. 마지막으로 복제된 염색체는 두 개의 새로운 세포로 균일하게 나누어져서 4개의 배우체를 형성하게 되며 이 배우체는 23개의 염색체를 갖게 된다.

인체 내의 모든 세포는 46개(23쌍)의 염색체를 갖고 있는데, 정자와 난자는 절반인 23개의 염색체를 갖는다. 왜냐하면 만약 정자와 난자가 46개의 염색체를 갖게 된다면 이들이 결합할 때 정상적인 염색체의 수인 23쌍이 아니라 46쌍이 되기 때문이다.

2) 유전 상담

(1) 태내 진단

태아가 출생하기 전에 산모나 태아를 위하여 태아의 성숙 정도, 건강상태, 신체 장애 및 결함 여부를 진단한 일은 매우 중요한 일이다. 태내 진단에는 임신 전 유전 검사, 자가진단, 태아진단 검사 등이 있다. 이러한 검사를 통해 심각한 결함이나 장애를 가진 태아를 조기에 발견해서 유산을 예방하거나 또는 산모에게 필요한 치료나 적절한 사전조치로 태아기에 발생하는 문제를 미리 예방하게 된다.

① 임신 전 유전검사

임신 전 유전검사에는 가계에 유전 결함의 문제가 있는지를 검사하는 가계도 분석법과 태아의 결함이나 장애에 대해 선천적 유전 가능성이 있는지의 여부를 검토하는 부모의 유전병 검사법이 있다. 가계도 분석법은 태아의 유전병 여부가 의심나는 경우에 가계의 역사를 추적 조사하여 상위 세대에 나타난 표현형(pheno type) 자료를 수집하고 분석을 통해 유전적 결함 가능성을 평가하는 것이다.

부모의 유전병 검사는 산모나 태아의 혈액검사를 통해 가계에 열성유전 인자의 보유 여부를 미리 알 수 있는 매우 유용한 검사이다. 태아의 기형이나 장애의 대부분이 부모의 높은 연령과 밀접하게 연관되어 있기 때문에 동시에 부모의 연령을 조사한다.

② 자가진단

임신이 되면 임산부의 자각 증상으로 임신을 자가 진단할 수 있다. 먼저 월경의 중단으로 월경이 예정보다 10일 늦어진 경우 의사의 진찰이 필요하다. 월경 중단 후 약 2주일 지나면 위가 거북하고, 식욕 없고, 메스꺼운 입덧이 시작된다. 또한 유방의 변화는 호르몬의 작용으로 유방이 팽팽하고 부풀고 단단해져서 약간의 통증이 있다. 임신을 하면 방광이 자궁의 압박을 받아 배뇨의 횟수가 증가하고, 배란이 되면 황체호르몬의 작용으로 기초체온이 상승하게 된다.

③ 태아진단검사

산모의 혈액에서 태아의 생성물의 채취해서 수준을 측정하는 검사로 AFT 검사가 있다. 보편적으로 초음파검사는 정상 임신 여부를 확인하고, 태아의 크기와 주요 기형 여부 및 태반의 위치, 양수의 양 등을 측정한다. 임신 16~18주가 되면 태아경 검사라고도 하는 초음파검사를 한다. 이 검사는 초음파를 자궁에 투사하여 반사된 화면으로 태아의 크기, 모양, 위치, 성, 쌍생아 여부 등 신체적 결함을 탐지하는 방법으로 임신 초기에 태아의 성장과 건강상태의 평가가 가능하다. 너무 자주 검사를 받게 되면 태아에게 부정적인 영향을 줄 수 있으므로 유의해야 한다.

융모검사는 융모막 채취법으로 임신 8~11주에 가능하며 가는 관을 질을 통해 자궁으로 십입하거나 복벽을 통해 삽입하여 융모조직을 채취하여 유전적 결함을 파악한다. 대개 24시간 이내에 결과를 알 수 있기 때문에 부모가 태아의 이상의 결과가 나왔을 때 임신을 유지할 것인지에 대해 깊은 생각을 할 시간을 가질 수 있다. 그러나 유산의 위험이 높고 태아의 사지기형과 관계가 있기 때문에 이상이 있는 아이를 임신할 위험이 있는 부모나 35세 이상 고령산모에게만 제한적으로 사용되고 있다.

양수검사는 양수의 양이 충분해지는 시기 즉, 최소한 임신 15~16주에 가능하며 가는 바늘로 자궁 안의 양수를 채취하여 태아의 성을 알아내고 염색체의 이상을 알아내는 유전인자 검사이다. 검사를 통해 유전병들(다운증후군, 타이삭스병, 낭포성 섬유증, 혈우병 등)을 진단할 수 있다. 주로 나이 많은 산모들의 산전 선별검사이다. 검사결과를 2주 후에나 알 수 있기 때문에 태아가 심각한 결함이 있는 경우라도 유산을 하기에는 너무 늦다는 단점이 있다.

(2) 유전질환 치료

오늘날에는 의학기술의 발달로 유전이상 질환을 치료하거나 증상을 완화시키는 것이 가능해졌다. 또한 심장, 신경관, 요도, 호흡기 계통의 유전적 질환은 수술로도 치료 가능하다. 예를 들어, 새로운 의학기술로 인해 자궁 내 태아에게 약물치료, 골수이식, 호르몬 치료를 함으로써 유전질환을 치료할 수 있다. 터너증후군이나 클라인펠터증후군을 가지고 태어난 아이들에게 호르몬 치료를 하여 좀 더 정상적인 외모를 갖게 되거나 혈우병, 겸상적혈구빈혈의 경우 정기적인 수혈을 받아 증상을 완화할 수 있다. 이와 같이 유전적 질환을 좀 더 일찍 발견하여 심각한 증상이 나타나기 전에 치료를 받게 되면 비정상적인 아이들도 정상에 가까운 삶을 살 수 있게 될 것이다.

3) 성의 결정

성의 결정은 여성과 남성으로 구분한다. 23쌍의 염색체 중 마지막 1쌍은 성 염색체인데, 이 성염색체에 의해 태아의 성이 결정된다. 23쌍의 염색체 중 마지막 한 쌍은 성염색체로 이 성염색체에 의해 태아의 성이 결정된다.

여성의 난자는 X 염색체만 있으나 남성의 정자는 X 염색체와 Y 염색체 등 두 가지 종류가 있으므로 정자의 염색체에 따라 성별이 결정된다. 즉, 난자와 정자가 결합할 때, X 염색체를 가진 정자와 난자가 만나면 여자아이가 태어나고, Y 염색체를 가진 정자와 난자가 만나면 남자아이가 태어난다.

3. 태내기 발달

1) 태내발달단계

정자와 난자의 수정이 이루어지면서 모체는 임신이 되며, 임신기간은 수정된 날부터 평균 266일, 즉 38주이다. 사람에 따라 다소 차이가 있으나, 대부분의 아기(70%)는 수정 후 34~40주에 태어난다. 수정란이 모체의 자궁 속에서 성장하는 기간을 태내발달 기간이라 하며, 태내발달 기간은 발아기, 배아기, 태아기의 3단계로 나뉜다.

(1) 발아기(germinal stage: 수정~2주)

발아기는 수정란이 자궁벽에 착상할 때까지, 즉 수정 후 2주까지를 말한다. 수정란은 수정이 이루어진 직후부터 세포분열을 하기 시작한다. 하나의 세포인 수정란이 둘로, 둘에서 넷으로, 넷에서 여덟으로 분열한다.

세포분열은 매우 신속히 이루어져 수정 후 3일에는 32개의 세포로, 그 다음날에는 64개의 세포로 분열된다. 이렇게 세포분열을 하면서 수정란은 나팔관을 지나 3,

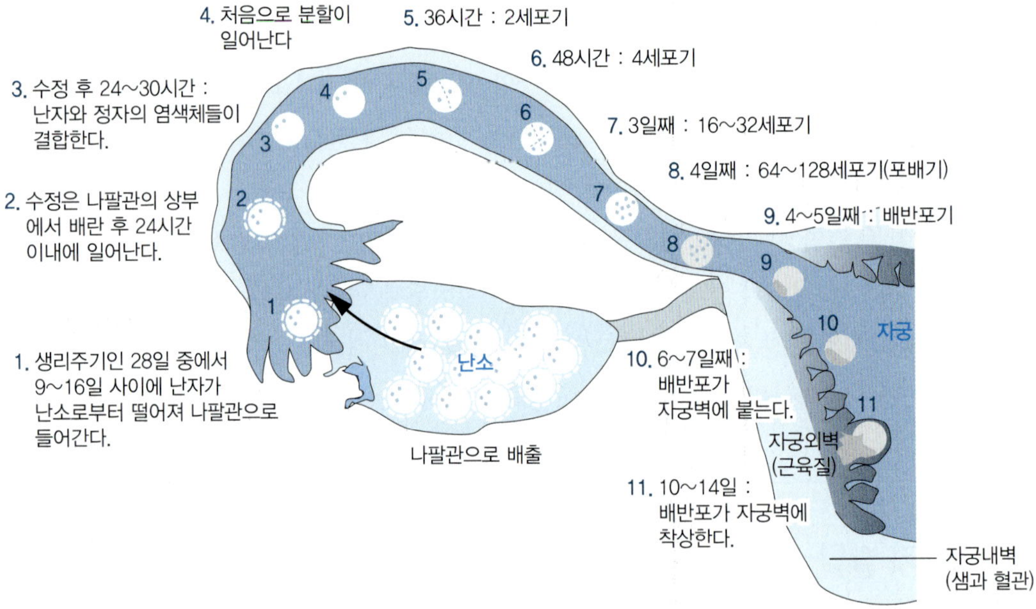

그림 3-5 발아기 과정

출처: 송길연 외(2001). p. 117

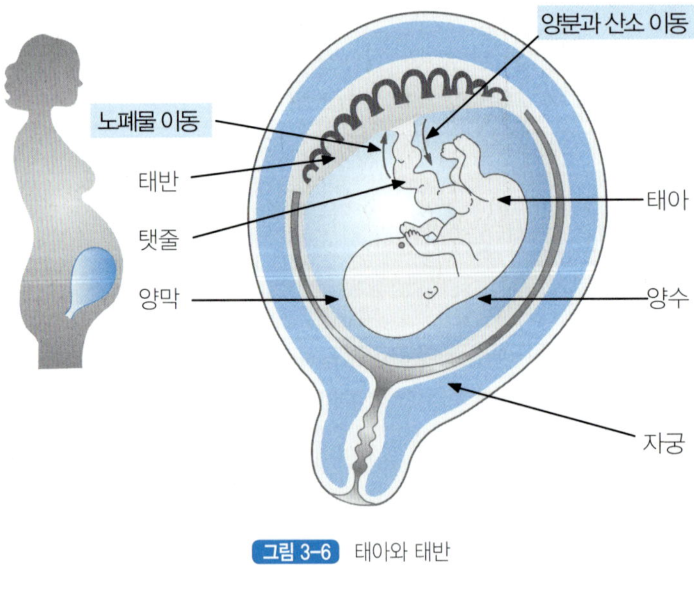

그림 3-6 태아와 태반

4일 후에 자궁에 도착하며, 수정된 후 7~14일에 자궁벽에 착상하게 된다. 이렇게 세포분열을 하면서 착상하는 동안 세포 수가 증가할 뿐만 아니라 세포의 기능도 세분화된다. 일부의 세포는 수정란의 보호막이 되고 일부는 태반과 탯줄을 이룬다.

태반은 모체와 태아를 탯줄로 연결되어 있으며, 연결된 혈관을 통해 태아가 필요한 수분과 산소, 그리고 혈액 등 태아의 발달에 필요한 모든 영양분을 모체로부터 공급받고 또 불필요한 배설물을 배출한다. 임신 초기 태반은 태아의 신장, 장, 간, 허파의 역할을 한다. 양막은 태아의 집과 같이 태아를 외부로부터 보호하는 역할을 하며 태아의 체중을 일정하게 유지해 준다.

(2) 배아기(embryonic stage: 2~8주)

배아기는 수정란이 자궁벽에 확실하게 착상하여 약 2～8주의 시기로 이때부터 수정란을 배아라고 부른다. 배아기는 수정란의 착상으로부터 6주까지, 즉 수정 후 2~8주이다. 이 기간에 배아는 주요 신체기관과 조직을 발달시킨다.

배아기 동안에 태아는 호흡기, 소화기, 신경계 등 신체기관이 빠른 속도로 발달

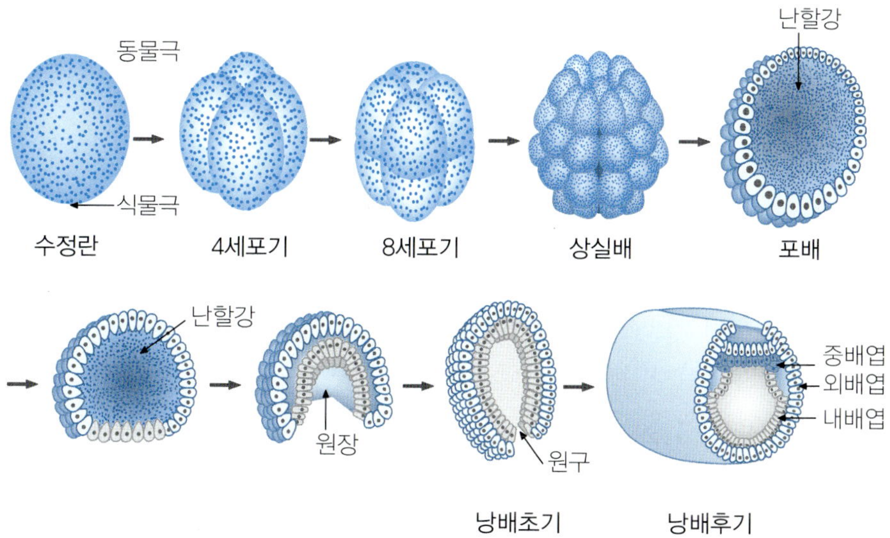

그림 3-7 수정란의 분열과정

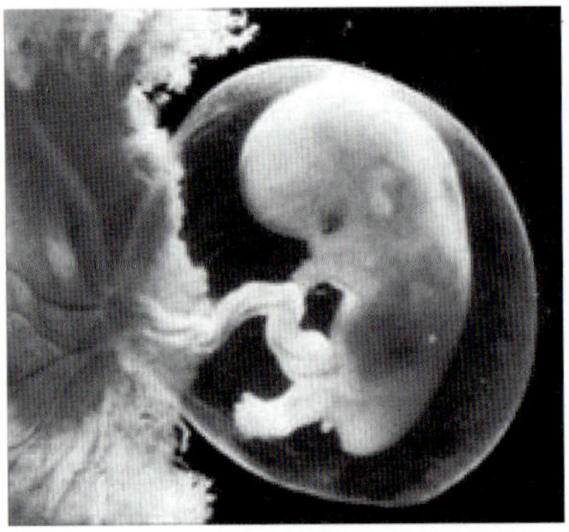

그림 3-8 탯줄로 연결된 7주된 태아
출처: Berk, L. E.(2008). p. 102

하기 때문에 이때 태내 환경의 영향을 가장 많이 받는다. 언청이, 기형아, 맹아, 농아 등 모든 출생결함은 임신기간 중 결정적 시기라 할 수 있는 첫 3개월 동안에 일어나며, 이때 자연유산이 가장 많이 일어난다. 그러므로 이 시기에는 태내환경에 대한 각별한 주의가 필요하다.

착상된 수정란은 외배엽, 중배엽, 내배엽의 세 개의 세포층으로 분화되기 시작한다. 외배엽은 신경계와 피부, 중배엽은 근육, 뼈대, 순환계, 내배엽은 소화계, 허파, 요로, 분비기관으로 발달하게 된다. 4주가 되면 심장이 뛰기 시작한다. 배아의 크기는 약 1cm 정도로 발달한다. 그러나 뇌와 신경체계가 발달하기 시작하며 척추, 팔과 다리가 뚜렷해진다.

임신 2개월이 되면 급속한 성장이 이루어지며, 눈, 코, 귀, 턱, 목이 생기며 팔과 다리, 손가락이 생긴다. 기본적인 골격을 갖추게 되고 생식융기가 나타나면서 태아의 성이 발달한다.

(3) 태아기(fetal stage: 9주~출생)

수정 후 8주경부터 배아가 배세포를 만들기 시작하면서 한 생명체의 구조분화가 끝난다. 이때부터 생명체를 태아라고 부르며 수정 후 9주부터 출생까지를 태아기라고 한다.

임신 3개월이 되면 남녀의 성별이 구별이 가능하며 태아의 움직임이 나타나고 소화기관이 발달하기 시작한다. 이제부터 태아는 손가락, 손톱, 눈꺼풀들을 발달시키기 시작한다. 태아는 새로 만들어진 눈꺼풀을 닫고 눈이 기본적으로 완성되기까지는 눈을 뜨지 않는다. 눈뿐만 아니라 다른 신체구조도 이 기간에 성인과 비슷해진다. 신체비율도 성인에 더욱 가까워진다. 임신 9주부터 뼈세포가 나타나기 시작하면서 배아(embryo)는 태아(fetal)가 된다. 12주부터는 시각발달, 청각발달, 두뇌발달, 감정발달이 급격히 이루어진다. 특히 청각은 태아의 감각 중 장 빠른 발달을 보

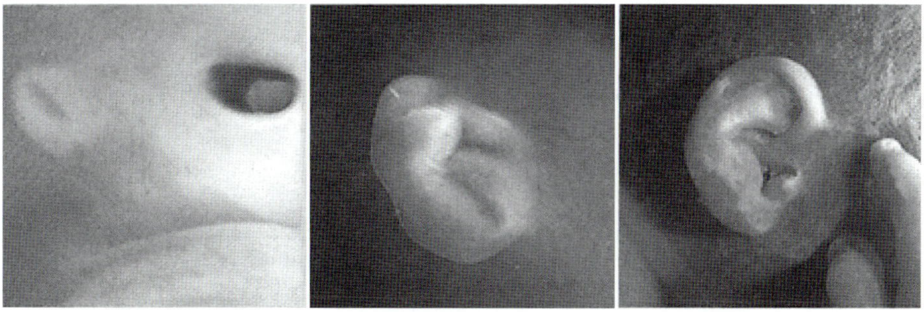

8주된 태아의 귀 4개월된 태아의 귀 5개월된 태아의 귀

그림 3-9 태아의 귀가 생기는 시기와 발달과정

이는 것 중 하나이다. 태아의 귀가 만들어지기 시작하는 것은 임신 6주부터로, 4개월이 지나 뇌가 형성이 되면 소리를 느낄 수 있게 된다.

임신 중기인 4~6개월 동안 엄마가 느낄 수 있을 정도로 태아의 발달은 빠른 속도로 이루어진다. 태아의 움직임은 엄마가 느낄 정도로 활발해지고 태아의 심장 박동을 들을 수 있다. 태지라고 하는 물질이 피부를 덮는데 이것은 오랜 시간 양수 속에서 보내는 동안 피부가 트는 것을 막아주고 배냇솜털은 태지가 피부로 고착되지 않도록 돕는 역할을 한다. 20주경에는 태아는 빛을 피하기 위해 손으로 눈을 가리려고 하는데 이는 시각이 나타나기 시작했음을 보여준다(Nilson & Hamberger, 1990). 수정 후 25주만에 태어난 미숙아도 큰 소리가 나면 놀라고 불빛에 대한 반응으로 눈을 깜박이는 반응을 보여주어 시각이 가능하다는 것을 보여준다(Allen & Capute, 1986).

임신 마지막 3개월은 모든 기관의 체계가 마무리되는 단계로 태아가 세상 밖으로 나올 준비를 하는 시기이다. 22~26주의 태아는 생존 가능 시기로 자궁 밖의 생존이 가능하다(Moore & Persuad, 1993) 그러나 7~9개월경에 태어나면 폐 속에 있는 작은 공기주머니가 부풀어져 산소와 이산화탄소를 교환하는 준비가 되어 있지 않기 때문에 원활한 호흡을 위해 산소 공급이 필요하다. 또한 지적 능력을 담당하는 대뇌피질이 커져 뇌가 급격히 발달한다. 임신의 마지막 9개월경 태아의 키는 더 이상 자라지 않지만 출생 후 모체 밖에서 생존할 수 있도록 지방이 저장되며, 심장박동이 증가하고 신체 내의 모든 기관이 활성화된다.

표 3-1 태아의 발달

개월	키(cm)	몸무게	발달의 특징
1	매우 작음	매우 작음	수정란은 외배엽, 중배엽, 내배엽으로 발달 소화관, 콩팥, 심장, 신경계통, 근육의 형성
2	2.5	14(g)	척추의 형성. 팔·다리의 발달, 심장박동의 시작 외부 생식기 출현. 모든 조직이 존재하게 됨
3	7.5	28(g)	두 눈의 위치가 멀고 눈꺼풀은 붙어 있음. 사지가 구분되고 손가락·발가락 형성, 주요 혈관 형성. 내부조직의 계속적 발달, 콩팥·간의 분비물 형성. 젖니가 될 부분이 생기기 시작. 성대의 형성
4	15	0.1(kg)	조직의 분화. 눈이 거의 완전히 형성, 콧대 형성, 겉귀 생김. 골화가 계속되고 부속기관 발달. 손톱발달. 머리가 전체 1/3. 살갗은 진한 빨간색. 급속한 뇌의 성장
5	25	0.4(kg)	태아가 움직임. 땀샘이 발달함에 태지가 살갗을 덮음. 내부기관의 계속적인 발달. 솜털이 나타남
6	31	0.6(kg)	눈꺼풀이 분리되고 속눈썹이 형성. 피부는 여전히 진한 빨간색. 피부에 주름이 많음. 심장박동이 뚜렷함
7	38	1.2(kg)	눈을 뜸. 머리와 몸의 비율이 좀 더 적절해짐. 미각을 식별할 수 있는 능력이 생김
8	41	1.8(kg)	7개월이 지난 태아는 태어나면 생존 가능. 몸무게, 키의 급속한 성장. 급속한 두뇌 성장. 손톱 성장. 피부의 주름이 줄어들고 피하지방 축적. 영구치가 될 부분으로 발달
9	45	2.1(kg)	두개골이 부드러워지고 피하지방 축적
10	50	3.2(kg)	손톱이 길게 자람. 계속적인 지방 축적. 피부에 솜털이 많음

출처: 조복희 외(2002). p. 101

2) 태내 환경

대부분의 신생아들은 건강한 상태로 태어나지만, 그중 선천성 결함을 갖고 태어나는 아기들도 있다. 태아에게 이상이 있으면 대게 자연유산 되는 경우가 많으나 그대로 결함을 가지고 출산하게 되면 이를 선천적 이상(congenital defect)이라고 한다. 선천적 이상이 일어날 수 있는 요인은 수정되는 순간에 발생되는 부모로부터 물려받은 유전병이거나 또는 염색체이상 등 유전적 요인과 수정 후 환경적 요인에 의한 것이다.

이러한 태내발달 기간 중 태내에 언제 영향을 주었는지에 따라 그 시기에 생성되는 신체적 이상이 있게 된다. [그림 3-10]에서 ▬ 부분은 신체적 이상이 나타날 확률이 높은 시기이며, 이 시기 이후에는 다소 감소한다.

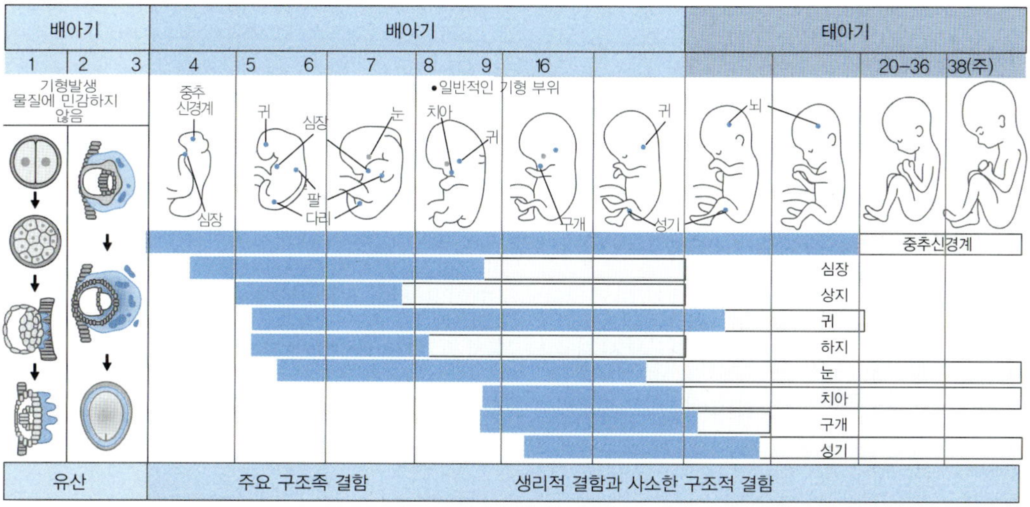

그림 3-10 태내발달의 단계
출처: Berk, L. E.(1999)

(1) 유전적 요인

① 유전인자 이상

유전적 요인에는 우성인자에 의한 결함과 열성인자에 의한 결함으로 나타나는 유전인자의 이상과 성염색체와 상염색체의 염색체의 이상이 있다.

일반적으로 정상 유전인자는 비정상 유전인자에 비해 우성이다. 그러므로 대부분의 유전병은 열성인자 의한 것이며 우성인자에 의한 유전병은 매우 드물다. 우성인자에 의한 유전병은 보균이 가능한 열성인자에 의한 유전병의 경우와 달리 반드시 발병하게 되어 있다. 그리고 발병하면 대개의 경우 자녀를 낳을 때까지 오래 살지 못하기 때문에 이 유전자 형질은 영원히 사라지게 된다. 이것은 우성인자에 의한 유전병이 드문 이유이다. 그러나 때론 이 상황이 뒤바뀌어져서 비정상 특성이 우성인자에 의해 전달되는 경우가 있는데 바로 헌팅턴병(Huntington disease)이 그것이다. 헌팅턴병은 비정상 특성이 우성인자에 의해 전달되는 경우로 주로 35세 전후에 발병되기 때문에 자신도 모른 채 자식에게 결함을 줄 수 있다. 그러나 이 병의 감식이 가능하기 때문에 가족의 병력에 근거하여 또는 유전자 검사를 통해 확인하기 때문에 드물게 나타난다. 아동기, 청소년기 성인기까지는 별문제가 없지만 중년기가 되면서 신경세포가 손상되기 시작해서 환각, 불안, 망상, 우울증 등이 수반되는 정신장애와 근육이 무력해지는 운동기능 장애가 나타난다. 증상은 사지를 떨고 몸통과 머리가 뒤틀어져 마치 춤추는 모양을 하게 되는 질병으로 매우 서서히 진행되지만 점차로 신체적·정신적으로 자신을 돌볼 수 없게 되고, 걷는 것이 불가능하며, 음식물을 삼키지 못하고, 인지적 기능을 완전히 상실하게 되어 결국에는 사망에 이르게 된다.

건강해 보이는 사람도 열성인자에 의한 질병의 보유자일 수 있다. 열성인자에 위한 결함은 양쪽 부모로부터 같은 열성인자를 물려받은 경우에만 나타난다. 예를 들면, 한쪽 부모만 결함이 있는 열성인자를 가지고 있을 때에는, 자녀에게는 그 결함이 나타나지 않는다. 그러나 그 자녀들의 자녀는 그 결함을 나타낼 수도 있고 보유자일 수도 있는 확률이 반반이다.

혈통을 보존한다는 의도에서 근친혼이 옛 왕조시대에 흔히 있는 일이었다. 그러나 오늘날에는 근친혼을 지양하고 있다. 그 이유는 같은 조상으로부터 물려받았을지 모르는 열성인자로 인한 유전병을 줄이기 위한 것이다. 우리 전통사회에서 행해졌던 '백리 밖의 결혼', '동성동본금혼', '월삼성(越三姓)'과 같은 결혼 관행들도 열성인자끼리의 결합을 방지하고, 건강한 자녀를 출산하고자 하는 우생학적 목적에 근거한 것이다.

열성인자에 의한 결함으로는 다음과 같은 것이 있다.

- 페닐케토뉴리아(phenylketonuria, PKU) : 페닐케토뉴리아는 열성인자에 의한 유전병 중 가장 보편적인 것이 페닐케토뉴리아이다. 페닐케토뉴리아는 단백질 분해과정에서 페닐알라닌(phenylanine)을 티록신(thyroxine)으로 분해하는 요소가 부족해서 정상적인 신진대사에 문제가 발생하는 것으로 선천적 대사장애 유전병이다. 페닐케토뉴리아는 지능장애(심한 경우 지능지수가 50 이하), 행동장애를 나타내고 잘 흥분하고 발작을 일으키기도 한다. 임신 중 진단이 가능하며, 최근에는 생후 1개월 내 신생아 선별검사로 페닐케토뉴리아가 발견되면 페닐알라닌의 섭취를 제한하는 식이요법을 함으로써 정신지체를 피하게 도와준다. 단백질이 없는 음식을 이용하여 식이요법으로 치료가 가능하나 단명한다.
- 겸상적혈구빈혈(sickle-cell anemia) : 겸상적혈구빈혈은 주로 아프리카인들에게서 발견되는 유전병이다. 다른 지역에서보다 아프리카에 많이 나타나는 이유는 아프리카에는 말라리아가 빈발하는데 겸상적혈구빈혈 보균자들은 말라리아에 잘 걸리지 않기 때문이다. 일반적으로 적혈구는 원반모양이지만 겸상적혈구빈혈의 경우는 그 모양이 낫(sickle)과 비슷하며 적혈구 속의 비정상적 헤모글로빈이 적혈구의 모양을 변형시킨 것이다. 이러한 모양을 가진 적혈구는 정상 적혈구보다 수명이 짧기 때문에 적혈구의 수가 모자라서 빈혈의 원인이 되고, 신체로 산소를 운반하지 못하므로 목숨을 잃게 된다. 겸상적혈구빈혈이 있는 경우 아동기에 심장병이나 신장병으로 죽게 되고, 특히 폐렴이나 호흡기

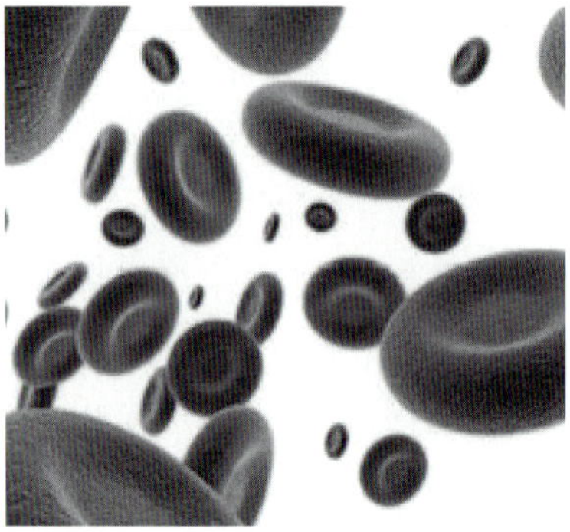

정상 적혈구

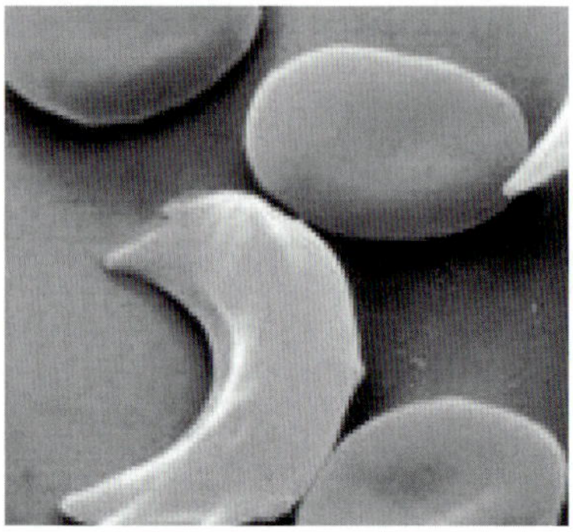

겸상적혈구빈혈의 적혈구

질환에 걸리기 쉽다.

- 테이삭스병(Tay-Sacks disease) : 테이삭스병은 신진장애로 인해 뇌세포의 지방을 분해하는 효소의 결핍으로 지방이 뇌에 축적되면서 중추신경계가 붕괴되어 신체장애, 정신장애, 발달지체 등을 나타낸다. 출생 시에는 정상으로 보이지만 6개월부터 발달지체 현상을 보이고, 대개 초등학교에 입학하기 전에 사망한다.
- 낭포성 섬유증(cystic fibrosis) : 점액이나 침, 땀을 생산하는 선(gland)에 이상이 생겨 신체가 너무 많은 점액을 만들어내고, 이것이 폐, 간, 췌장 등의 소화기관에 쌓이게 된다. 낭포성 섬유증 환자는 호흡기 질환에 잘 걸리고, 땀에 염분이 지나치게 많아 쉽게 탈수현상을 일으킨다. 새로운 항생물질의 발견으로 낭포성 섬유증 환자의 수명이 10년 정도 연장되었는데, 이들의 평균 예상 수명은 30세 정도이다(Wolfson, 1996).
- 혈우병(bleeder disease) : 혈우병은 혈액을 응고시키는 물질이 부족해서 조그만 상처에도 쉽게 출혈이 되고, 일단 출혈이 되면 지혈이 곤란한 선천적 장애이며 질병에 대한 저항력이 약하다. 임신 중 진단이 가능하며 남아 3,000명당 1명 정도 발생한다. 여성에게는 드물고 출혈을 예방하기 위한 신체관리가 우선이며, 출혈이 심할 경우에는 수혈하게 된다.

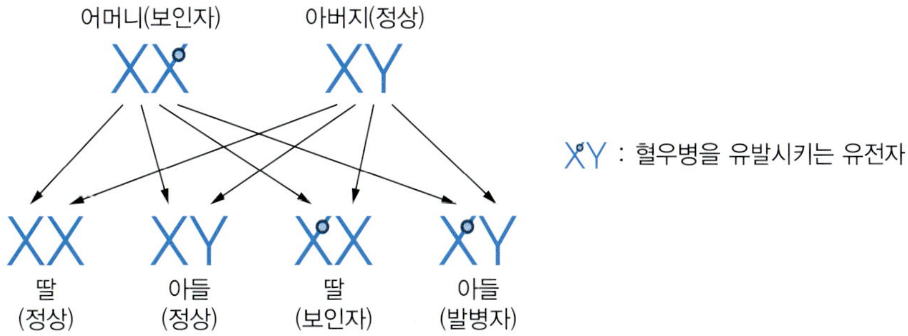

그림 3-11 혈우병의 유전자

② 염색체의 이상

염색체의 이상에는 성염색체의 이상과 상염색체의 이상이 있다.

여성의 성염색체이상에는 다음과 같은 증상이 나타난다.

- 터너증후군(Turner Syndrome, XO) : 터너증후군은 여성의 성염색체의 이상으로 X 염색체가 하나밖에 없는 XO형이며 전체의 염색체 수는 45개이다. 난소가 기능을 제대로 하지 못하여 여성 호르몬이 부족하고 여성 호르몬의 부족으로 사춘기가 되어도 2차 성징이 나타나지 않아 사춘기가 되어도 어린 아이의 모습을 그대로 유지하며 키가 작고 살이 쪘으며, 손가락과 발가락이 짧고 굵으며, 가슴은 넓고 유방은 작고 발달하지 않으며, 심장과 신장의 기형을 나타낸다. 지능은 50~70 정도로 언어지능은 정상이지만 공간지각 능력은 평균 이하인 경우가 많고, 쓰기에 어려움을 보이는 경우가 많다. 성격은 다정하고 잘 흥분하지 않는 편이며, 학습속도가 느리고, 대인관계가 미숙하며, 자기주장이 부족하다. 어느 정도의 여성적인 외모를 유지하기 위하여 여성 호르몬 에스트로겐을 복용할 수 있으나 생식력이 없다.
- 초자(超雌)증후군 : 초자증후군은 외형상으로는 정상적인 여성의 외모를 갖추고 있으며, 생식능력도 가지고 있다. 그러나 지능이 낮으며, 특히 언어적 추론

능력이 떨어진다. 이러한 결함은 2세때에 나타나기 시작하며, 여분의 X 염색체가 많을수록 더욱 현저하게 나타난다.

- XXX 염색체 결함 증후군(triple X syndrome) : 다중증후군이라고도 하며 성염색체가 세 개의 XXX로 구성되어 있다. 발생빈노는 터너증후군의 약 3배 정도 높으며 여성 400~1,250명당 1명 정도로 나타난다. 상대적으로 키가 큰 것을 제외하고는 외형이나 성적인 발달 면에서 별다른 차이가 없으며 생식력을 갖추고 있어서 정상적인 염색체 수를 갖고 있는 아이를 출산할 수 있다. 그러나 성격 특성이 불완전하게 발달되고, 정신장애와 정신병적 행동이 출현할 가능성이 높다. 지능은 평균보다 약간 낮은 편이며 생후 2세 정도가 되면 걷기, 말하기와 같은 연령별 발달이 지체되면서 발견할 수 있다. X 염색체의 수가 늘어감에 따라 이 증후군에서의 발달지체와 지적 결함도 더욱 심해진다.

남성의 성염색체이상에는 다음과 같은 증상이 나타난다.

- 클라인펠터증후군(Klinefelter syndrome) : 클라인팰터증후군은 정상적인 남성 염색체에 X 염색체가 하나 이상 더 첨가되어 나타나는 XXY, XXXY로 이루어져 있으며 남아 900~1,000명당 1명 정도 나타난다(Bee, 1997). 남성적 특성이 약하고 남성 생식기관을 가지고 있지만, 생식은 불가능하며, 고환이 작고, 키가 크고 마르며, 사지가 길다. 또한 X 염색체가 하나 더 있기 때문에 사춘기에 가슴과 엉덩이가 커지는 등 여성적인 2차 성징이 나타난다. 성격은 내향적이고 수동적이며 수줍고 자존심이 낮으며, 성에 관심도 없고 정서적으로 불안한 특성이 보인다. 지능이 낮은 경우가 많은데 특히 언어지능에 대한 결함이 20~30% 정도 나타나며 X 염색체의 숫자가 증가할수록 더 심각하게 나타난다.
- 초웅(超雄)증후군 : 초웅증후군은 정상 남성보다 키가 훨씬 크고, 특히 치아가 큰 것이 특징이며, 사춘기에 여드름이 심하게 난다. 비정상적으로 적은 수의 정자를 생산하지만 생식능력은 있다. 범죄율이 높고 성인기에 정신분열증의

발병률이 높다. 한때 초웅증후군의 남성은 지능이 낮고, 폭력적인 것으로 생각되었지만, 연구결과 이러한 가정은 잘못된 것으로 판명되었다(Shafer & Kuller, 1996).

- XYY증후군(XYY syndrome) : 수퍼메일증후군(Supermale syndrome)이라고도 하며, 남성적 특징이 강조되며 남아 100명 중 1명 정도에서 나타난다. 정상적인 남성(XY)보다 키와 체격이 크며 치아가 넓으며, 때때로 여드름이 심하게 난다. 생식력은 이들 남성 중 대다수가 비정상적으로 정자수가 적기는 하나 대체로 수정 가능하다. 같은 연령층의 정상적인 아이들과 비교하여 언어적 측면에 결함을 보인다.

상염색체(autosomes)는 성염색체를 제외한 22쌍의 염색체를 말한다. 상염색체의 이상으로는

- 다운증후군(Down syndrome) : 다운증후군은 상염색체이상 중 제일 흔한 형태로 800명 중 1명 정도로 나타난다. 대부분의 경우 23쌍의 염색체 중 21번째에 쌍이 아니라 세 개의 염색체가 나타나는 삼체형(trisomy)으로 염색체 수가 47개가 되는 것이다. 그러나 드물게 21번과 22번 염색체 간의 전위로 인해 발생하는 전위형(translocation)도 있다.

  출생 후 2년 이내에 결함이 나타나기 시작하여 처음에는 정상으로 보인다. 다운증후군은 신체적 장애와 지적장애를 동반한다. 신체적 장애로는 뒷머리가 납작하고 굵고 짧은 목, 작은 머리, 낮은 코, 두껍고 갈라진 혀, 삐죽 나온 혀, 치켜 올라간 눈, 뭉뚝하고 짧은 손과 발 등이 그 특징이다. 대부분 정신지체(평균지능지수가 50) 현상을 보이며 지적장애, 청각장애와 골격의 이상이 있음에도 불구하고 다운증후군의 아동은 속도 느리기는 해도 정상아동과 비슷한 발달양상을 보인다. 특히 성격이 밝고 사람을 좋아하기 때문에 사교성이 좋고 정서적으로 다정하고 유쾌한 성격을 가지고 있다. 대부분 신체적·정신적

으로 심각한 장애와 함께 발달장애 때문에 경제적 자립이 불가능하나 특수교육이나 개인교육을 받게 되면 스스로 기본생활을 영위할 수 있을 만큼의 훈련도 가능하다.

다운증후군은 어머니의 연령과 관계가 깊으며 어머니의 연령이 증가함에 따라 급격히 증가하며 [표 3-2]와 같다(Steinber & Meyer, 1995). 그리고 다운증후군의 자녀를 출산한 경험이 있는 경우는 발생률이 더욱 증가한다. 노산인 경우, 염색체의 이상이 있는 아이를 낳을 확률이 높은 이유는 난자의 노화현상 때문인 것이다. 남성의 경우, 성적 성숙이 이루어진 후에는 계속해서 정자를 생산할 수 있는 반면, 여성은 출생 시 이미 난자를 모두 갖고 태어난다. 또 다른 설명은 에스트로겐과 감수분열의 관계이다. 여상이 폐경기에 접어들면 에스트로겐의 분비가 감소하게 된다. 에스트로겐 분비가 감소하면 감수분열의 속도가 느려져서 염색체가 정확하게 이분화되지 않는다는 것이다. 연구결과 어머니의 에스트로겐 분비 수준과 자녀의 다운증후군 간의 상관관계가 높은 것으로 나타났다(Benn, 1998).

- 파타우증후군(Patau syndrome) : 파타우증후군은 13번째 염색체가 3개이며 6,000명당 1명꼴로 나타난다. 이마가 짧으며 무뇌증, 시각장애와 심각한 정신장애를 나타낸다. 12개월 이후까지 생존율이 50% 이하이며 출생 후 1개월 이

표 3-2 아기가 다운증후군일 확률

어머니의 연령	임신 시	다운증후군 출산 이후	출산 시 염색체이상 확률
29세 이하	1,000명당 1명	100명당 1명	450명 당 1명
30~34세	700명당 1명	100명당 1명	350명 당 1명
35~39세	220명당 1명	100명당 1명	125명 당 1명
40~44세	65명당 1명	25명 당 1명	40명 당 1명
45~49세	25명당 1명	15명 당 1명	12명 당 1명

출처: Shaffer, D. R.(1999). p. 65

내에 46%의 사망률을 보인다.

- 묘성증후군(Cri-du-chat syndrome) : 묘성증후군은 5번째 염색체의 짧은 부분이 없는 것으로 50,000명당 1명꼴로 나타난다. 고양이 울음소리 같은 소리를 내며, 저체중, 소두증, 신경근육의 손상과 키가 작은 것이 특징이며, 대부분 태아 때 사망한다.

(2) 환경적 요인

태내 발달의 민감기(sensitive period)는 대체로 신체의 모든 기관이 급격하게 형성되는 임신 초기 3개월이다. 이 시기가 가장 위험하며, 태아가 산모를 통하여 유해한 환경이 개입되면서 각 기관의 구조와 기능은 심각한 손상을 입게 되며 시기와 정도에 따라 차이가 있다. 우리나라 신생아 100명 중 5~6명은 크고 작은 선천성 기형아로 태어난다. 이들 중 유전적 요인에 의한 기형아는 20~25%에 불과하고 나머지는 외부 환경적 요인에 의한 것이다.

① 어머니의 영양

태내발달 중에서 가장 중요한 요인 중 하나는 적절한 영양 공급이다. 태아는 모든 영양을 어머니로부터 받아들이므로 임신부의 영양상태는 태아에게 직접적 영향을 준다. 임신부의 영양상태가 좋으면 임신 중 어려움과 출산문제가 적으며, 일반적으로 건강한 아기를 낳는다. 태아에게 필요한 영양분 중에서 가장 큰 비중을 차지하는 것은 칼로리와 단백질이다. 그러나 엽산, 철, 칼슘 등도 필요하며 아연과 같은 미량 원소들은 비록 양이 아주 적더라도 태아가 정상적인 발달을 하는 데 필수 불가결한 영양소이다.

어머니가 영양을 적절하게 섭취하지 않으면 태아 역시 영양실조가 된다. 따라서 저체중아, 허약아의 출산 가능성이 높고 때로는 조산, 사산 또는 선천적 기형아가 태어날 가능성도 높다.

② 어머니의 연령

어머니의 연령은 아기의 후속발달만이 아니라 어머니 자신에게 많은 영향을 준다. 30세 이상의 여성이 임신을 하면 더 젊은 여성이 임신한 경우에 비하여 많은 출산 문제를 가진다. 예를 들어, 조기 출산이나 저체중아를 낳을 가능성도 더 높아진다. 뿐만 아니라 어머니 연령이 고령인 경우 다운증후군 아기를 낳을 확률이 0.1%, 40세 이상은 1%, 50세 이상은 25%이다.

일반적으로 임신의 최적 연령은 20대로 알려져 있다. 임신 중 위험은 고연령의 어머니뿐만 아니라 이보다 어린 10대의 여성은 미숙아를 낳을 가능성이 많고 사산아 출산율은 20대 여성의 임신부보다 2배가 된다. 이것은 10대 어머니의 미성숙한 신체와 임신에 대한 바른 지식이 없어 영양을 고루 섭취하지 않았기 때문이기도 하다.

③ 어머니의 질병

어머니의 질병은 아기에게 치명적 결과를 가져오기도 한다. 예를 들어, 임신 초기 11주 이전에 임신부가 홍역에 걸리면, 아기는 시각장애나 청각장애를 가지게 되며 심장이상 또는 뇌손상을 입을 수 있다. 홍역(풍진)의 영향은 임신 3개월까지가 가장 치명적이며 이후에는 영향이 적다. 수두는 출산에 어려움을, 유행성 이하선염은 유산의 가능성을 높인다. 당뇨병 또한 태아발달에 영향을 준다. 어머니가 당뇨병에 걸렸을 경우 유산이나 사산을 할 가능성이 높고, 태어난 아기가 신체의 이상이나 신경학적 결함을 보일 확률이 정상적인 임신부의 3배나 된다.

④ 어머니의 약물 복용

거의 모든 약이 복용 시기, 복용량, 빈도, 약의 특성에 따라 태아에게 영향을 미친다. 질병을 치료하기 위하여 복용한 약이 태아에게 영향을 줄 수 있는데, 아스피린이 그 예이다. 두통으로 의사의 처방을 받은 아스피린은 태아가 피를 흘리게 할 수도 있다. 때로는 태아에게 심각한 영향을 준 경우도 있는데, 1950년대와 1960년대 입덧으로 고통을 받는 임신부에게 흔히 처방하던 탈리도마이드라는 약이다. 임신 초기에 약을 복용한 여성은 손과 다리의 발달이 거의 이루어지지 않은 기형아를 출산 하였다. 현재 약 8,000명에 달하는 탈리도마이드증후군 성인들이 있다. 또 다른 약물로는 인공 호르몬제 DES(diethylstilbestrol)으로, 이 약은 1970년대 유산을 방지하기 위하여 흔히 처방되던 약으로 후에 DES를 복용한 임신부의 자녀 중 딸은 자궁암에 걸릴 확률이 높고 임신 중 어려움을 더 겪으며, 출산 시 어려움을 겪는 것으로 밝혀졌다.

⑤ 어머니의 음주와 흡연

임신부가 가끔 술을 마시거나 담배를 피우는 것이 태아에게 영향을 주지 않을 것이라는 생각은 잘못이다. 최근의 연구결과를 보면, 소량의 알코올과 니코틴도 태아의 발달을 저해할 수 있다. 어머니의 음주는 태아에게 심각한 결과를 가져온다. 7세 아동을 대상으로 한 연구결과를 보면 어머니가 하루 2차례 음주를 한 경우 자녀의 지능이 낮게 나타나고 있다. 더구나 알코올의 영향은 매우 지속적이어서 14세가 된 아동의 공간과 시각 추리력 검사결과를 보면, 임신 중에 어머니가 음주를 많이 했을수록 자녀의 공간과 시각 추리력의 정확도가 저조하게 나타났다. 알코올중독 어머니의 자녀는 더 위험하다. 알코올 중독 어머니의 자녀는 약 750명 중 1명꼴로 태아알코올증후군(fetal alcohol syndrom)의 진단을 받는다. 태아알코올증후군 아동은 지능이 평균 이하이거나 지적 장애를 보이며 성장지체 또는 얼굴기형 등의 증상을 나타낸다. 알코올이 가져오는 위험성 때문에 오늘날에는 의사들이 임신 여성들에게 술 또는 알코올 성분이 들어 있는 음료수를 마시지 않도록 권장하고 있다.

⑥ 어머니의 정서적 상태

어머니의 정서적 안정이 태아발달에 영향을 줄 수 있다. 이것은 생리적으로 설명하면, 어머니의 심한 공포나 불안은 자율신경계를 자극시켜 아드레날린의 분비를 촉진하고, 이 호르몬은 태반을 통해 태아의 순환계에 전달되며, 태아의 아드레날린의 증가는 태아활동을 촉진시켜 태아발달에 영향을 준다(이옥형, 1997).

여성이 임신 전후로 심각한 불안을 장기간 겪으면 정상적 여성보다 임신과 출산의 어려움을 더 많이 갖는다. 자연유산이 더 많고, 출산 시 어려움도 더 많으며, 조산아 출산, 순환계 장애가 있는 아기의 출산, 신체적 기형아동의 출산확률이 더 높다. 또 이 여성들의 신생아는 과활동적이며, 수면과 수유에 어려움이 잦고, 배설장애도 있다.

⑦ 방사선과 환경오염

임신 중 영향을 줄 수 있는 환경적 요인으로 방사선의 영향도 빼놓을 수 없다. 임신 중에 방사선에 노출될 가능성으로는 암치료나 건강진단의 과정 또는 직업상의 경우이다. 방사선의 영향은 충분히 알려져 있지는 않으나, 태아가 죽거나 기형아, 뇌상해아기, 특정 종류의 암에 걸릴 가능성이 높은 아기를 출산할 가능성이 높다. 자궁에 착상을 하게 되는 기간인 임신 2주 이내에 방사능에 노출되었을 경우에는 수정란이 죽게 된다. 기형아가 나올 가능성은 수정 후 2주에서 6주 사이이다. 6주 이후에도 방사선에 노출되면, 수정란의 사망이나 기형아 출산 같이 심각하지는 않지만 뇌와 신경계조직에 결함이 생긴다. 이외에 수은이나 납 등의 중금속에 노출되거나 오염된 음식물의 섭취는 저체중아와 기형아의 출산 및 신경계 장애 등을 초래한다.

4. 태교

태교는 태아기의 교육에 관한 모든 것으로 임신 전부터 출산까지 모든 일에 대하 조심하고 편안한 마음으로 말과 행동하여 태아에게 정서적, 심리적, 신체적으로 좋은 영향을 준다는 믿음에서 비롯된 것이다. 오래전부터 동양에서는 태교를 중시해 왔으며, 우리나라 전통사회에서도 여러 문헌과 입으로 전해오는 구전태교의 내용을 통해 태중교육을 매우 중요시 여겼음을 알 수 있다.

기본적으로 태교는 태어날 아기가 육체적으로나 정신적으로 건강하게 그리고 우수하게 자랄 수 있도록 부모의 뜻과 정성을 전달하는 방법이다.

1) 전통 태교

서양에서는 아기가 태어나 첫돌이 되어서야 한 살이 되지만, 우리나라는 태내 기간을 인정하여 태어나자마자 한 살이 된다. 이것은 수정되는 순간부터 태아를 하나의 온전한 생명체로 존중했다는 증거이다. 이러한 생각은 인간을 태중부터 교육해야 한다는 사상으로 발전하였으며 고문헌에 태교의 중요성이 강조되어 있다. 그러므로 태아가 10개월이라는 기간을 어머니에 의존하여 성장·발달하기 때문에 어머니의 영향이 매우 중요하다. 단적으로 사주당 이씨의 태교신기에 그 중요성이 잘 나타나 있다.

> 아버지 낳으시고 어머니 길러주심, 스승의 가르침이 모두 한 가지다. 의술이 뛰어남은 예방에 있듯이, 가르치기를 잘한다는 것은 스승에게 10년을 배우기보다는 태중 교육 10개월이 더 중요하다.

한국의 전통적인 태교에서는 이른 시기의 교육일수록 효과적이며, 교육적 중요성도 커진다는 조기 교육적 측면을 강조하고 있다. 그중 옛 고문에 나타난 내용을 살펴보면 태교가 태아의 올바른 품성을 가질 수 있도록 강조한 부분이 많으며 이점들이 나타나 있다.

(1) 내훈

조선시대의 태교 내용은 중국에서 전래된 것이다. 중국의 단편적인 태교 기록이 조선에 들어오면서 그 내용이 보다 구체적이고 체계적으로 발전되어 갔다, 조선의 태교 내용에 대해 살펴보면 다음과 같다. 성종의 어머니인 소혜왕후가 지은 『내훈』에는 태교에 대해 간략하게 다루고 있다.

옛 부인이 임신하면 잠잘 때 옆으로 눕지 않고, 앉을 때 가장자리에 앉지 아니하고 한 발을 기울여 서지 아니하고 독특한 맛의 음식을 먹지 아니하고, 바르지 않게 벤 것을 먹지 않았으며, 자리가 바르지 않으면 앉지 아니하고, 눈으로는 사악한 모습을 보지 않고 귀로는 음란한 소리를 듣지 아니하며, 밤에는 소경으로 하여금 시전을 외우게 하고 바른 일을 말하게 하였다.

> 소혜왕후(1437~1504)는 조선 세조의 장남 덕종의 비로 성종의 어머니이다. 당시의 부녀자들이 쉽게 읽을 수 있는 교양서적이 없음을 안타깝게 여겨 중국의 『열녀전』, 『소학』, 『여교』, 『명감』등 4권의 책에서 부녀자들의 훈육에 요긴한 대목을 뽑아서 『내훈』을 만들었다.

(2) 태교신기

사주당 완산 이씨가 1801년 아기를 가진 여성들을 가르치기 위하여 한문으로 글을 짓고 아들인 유희가 음의와 언해를 붙여 낸 책으로 아버지의 태교를 강조한 지침서이다.

> 지아비의 성을 받아서 그 성을 아버지에 돌려보내니 그 열 달 동안은 감히 그 몸을 함부로 못하나니, 예가 아니거든 보지 말며, 예가 아니거든 듣지 말며, 예가 아니거든 입으로 말하지 말며, 예가 아니거든 움직이지 말며, 예가 아니거든 생각하지 말아서 마음과 지각과 온몸으로 모두 순하게 바르게 하여 그로써 그 자식을 기른 것이 어미의 도리이니…

(3) 동의보감

허준의 『동의보감』은 질병이 발생한 후에 치료만을 다루는 것이 아니라 예방의학적 관점에서 병이 발생하기 전에 미리 예방하는 것을 중요하게 다루고 있다.

> 자녀를 얻기 위해서는 임신 이전에 부부가 건강하고 안정될 때 수태 가능성이 높고, 건강한 자식을 출산할 수 있으며, 임신부의 정서는 태아의 건강에 영향을 미친다. 임신부가 지혜롭고 큰 인물의 아기를 낳기를 원하면 부모의 기혈이 건강하여야 한다. 수태 중에 임신부가 화를 내면 태아의 피가 병들고, 두려워하면 정신이 멍들고, 근심하면 기운이 멍들고 크게 놀라면 태아에게 간질이 생긴다.

(4) 열녀전

한나라 유향이 지은 『열녀전』에서는 모체가 느끼는 바가 태아에게 전달되는 점을 임신부가 외계사물에 대한 감응을 신중히 하여 태아에게 도덕적 감화와 영향에 미침으로 신성을 갖추도록 해야 한다는 점을 강조하였다.

> 자식을 잉태하였을 때에는 반드시 그 느끼는 바를 신중히 하여야 한다. 선에 감하면 선하여지고 악에 감하면 악하게 되는 것이다 . 사람이 나면서 만물을 닮는 것은 모두 그 어미가 사물에 감응한 까닭이므로 형체와 소리가 그것을 닮는다.
>
> 눈으로는 사악한 색을 보지 말고, 귀로는 음탕한 소리를 듣지 말고, 밤으로는 좋은 음악을 듣고 시를 읊으며, 바른 일에 대하여 얘기해야 한다. 이렇게 하면 아이의 생김새가 단정하게 되고, 재주와 덕성이 반드시 남보다 뛰어날 것이다.

『열녀전』은 중국 한나라 학자 유향이 여성 106명의 행적을 기록한 책이다. 『열녀전』에는 주나라를 건국한 문왕의 어머니가 한 태교내용을 비롯해 태교방법이 상세하게 기록되어 있다. 조선시대 문헌에 기록된 태교 관련 내용의 대부분은 중국 『열녀전』에 근거한 것으로, 『열녀전』은 조선사회에서 가장 영향력을 발휘한 태교 책이다.

출처: 국립중앙도서관 소장의 필사본과 1918년 태화서관에서 간행한 『열녀전』

(5) 규합총서

『규합총서』는 서유본의 부인 빙허각 이씨가 1809년에 조선시대 부녀자들을 위해 지은 생활지침서이며 여성생활백가서라고 할 수 있다. 내용은 주사의 봉임칙, 산가락, 청낭결, 술수략 등으로 구분하여 요리, 음식, 염색, 세탁, 밭 갈기, 가축 기르는 법, 제충, 태교, 구급방 등 일상생활에 부녀자들이 꼭 알아야 할 생활의 슬기를 상세하고 분명하게 서술해 놓았다. 또한 인용서를 각 사항에 표기했고, 자신의 의견을 부가했으며, 실행결과를 적어두어 읽는 이가 실행할 수 있게 했다.

> 내칙에 이르기를 옛날 아낙네가 아기를 가지면 결코 거꾸로 자지 않으며, 결코 모퉁이로 앉지를 않으며, 비스듬히 서지 않으며, 벤 것이 바르지 않으면 먹지 않으며, 자리가 바르지 않으면 앉지 않으며, 눈에 사사로운 빛을 보지 않으며, 귀에 음란한 소리를 듣지 않으며, 입에 그른 말을 내지 않으며, 밤이면 소경을 시켜 시를 외우게 하여 듣고, 바른 일을 말하였다.

『규합총서』의 빙허각 이씨는 임신부의 정서가 아이의 신체적·정신적 건강과 직결된다고 설명하고 있다. 고령 임신부와 나이 어린 임신부들이 경솔하게 행동하면 태가 흔들리기 쉬우니 유산이나 조산이 되지 않도록 유의할 것을 가르치고 있다.

2) 현대 태교

(1) 음악태교

음악을 통해 산모에게는 임신에서 오는 불안함을 안정시키고, 태아에게는 음악을 듣고 반응하면서 다양한 경험과 정서를 가지게 되는 감성교육의 효과를 갖게 한다. 특히 음악태교를 한 아이와 하지 않은 아이를 비교하면 감수성과 집중력에서 차이가 난다는 것이 음악 태교가 필요한 중요한 이유 중의 하나이다. 저음부터 고음까지 다양한 음색이 갖춰진 클래식 음악이 태교음악의 대표로 떠오르는 이유는 자연의 소리에 가깝기 때문이다.

음악을 들으면 알파파가 주도하는 환경으로 바뀌는데, 특히 클래식 음악을 들을 때 효과가 나타난다. 그렇다고 산모가 가요를 좋아하거나 팝송을 좋아하는데 억지로 클래식 음악만을 고집할 필요는 없다. 음악을 들으며 즐거울 수 있다면 또한 정서적으로 안정이 된다면. 그것이 태교 음악이 된다.

임신 8개월이면 태아의 청각기능이 완벽히 완성되어 다양한 외부 소리에 더욱 민감하게 반응하기 때문에 뇌세포가 급속히 증가해 기억력이 좋아지는 시기이므로 음악 외에 다양한 소리를 들려주는 것이 좋고 물 흐르는 소리, 지저귀는 새 소리, 바람 소리 등 자연의 소리는 임산부와 태아 모두에게 정서적 안정을 준다.

(2) 태담태교

뱃속에 있는 자신의 태아와 대화를 나누는 것으로 태아의 뇌세포를 자극해 건강한 태아를 만드는 데 도움을 준다. 태동이 시작되는 임신 5개월 정도면 태아는 청각과 오감이 발달해 태아가 외부의 소리나 행동에 반응을 하기도 하고 엄마의 감정

표 3-3 태교음악

구분	종류
임신 초기	• 모차르트의 피아노 협주곡 제21번 2악장 'Andnate' • 모차르트의 피아노 소나타 제14번, 호른 협주곡 제3번 • 하이든의 심포니 '사계' • 헨델의 2개의 바이올린과 피아노를 위한 소나타 • 슈만의 교향곡 제2번 '어린이 전경' 중 '미지의 나라' • 포레의 피아노 4중주곡 제1번 • 바흐의 관현악 모음곡 제3번, 바이올린 협주곡 제1번 a단조 • 비발디의 '사계' 중 '겨울' • 김순애의 '그대 있음에' • 그리그의 '페르귄트 모음곡' 중 '아침'
임신 중기	• 모차르트의 '자장가 K.350' • 림스키코르사코프의 '살탄 황제 이야기' 중 '왕벌의 비행' • 스타라빈스키의 '봄의 제전'
임신 후기	• 드보르자크의 '유모레스크' • 슈베르트의 피아노 5중주곡 제 114번 '송어' • 하이든의 현악 4중주곡 제17번 '세레나데' • 쇼팽의 첼로 소나타 제3악장 • 차이코프스키의 '호두까기의 인형' 중 '꽃의 왈츠' • 크라이슬러의 '사랑의 기쁨' • 생상스의 '동물의 사육제' 중 '백조' • 요한 슈트라우스 2세의 '아름답고 푸른 도나우' • 비발디의 만돌린과 현과 오르간을 위한 협주곡, 플루트 협주곡 '홍방울새' • 헨델의 '라르고' • 캐럴키드의 '꿈속에서' • 헨델의 '수상음악' 중 '아리아'

출처: 홍순정 외(2013)

변화에 따라 단단하게 뭉치거나 조용해지는 등의 반응을 나타낸다. 따라서 태동이 시작되면 산모는 말과 행동에 조심하며 태교를 해야 한다.

(3) 독서태교

자기 전에는 아기에게 동화책을 읽어주거나 동시를 들려주면서 아기에게 엄마, 아빠의 목소리를 기억할 수 있도록 하고, 엄마도 편안한 마음으로 안정을 취할 수 있도록 돕는 것이 좋다. 독서태교는 평소 쓰는 단조로운 언어보다 다양한 표현과 예쁜 그림으로 여러 가지 태담이 가능하기 때문에 권장하는 태교법이다.

(4) 웃음태교

엄마의 감정에 태아가 반응하는 시기인 임신 7개월째 엄마의 행복은 태아에게도 긍정적인 영향을 끼친다. 특히 웃음은 스트레스를 줄여주고 엔돌핀 호르몬을 분비시켜 엄마의 건강에 좋을 뿐만 아니라 태아의 머릿속에 산소 공급을 원활하게 하는 역할을 해주어 두뇌발달을 돕고 기억력과 집중력도 높아지는 효과가 있다고 한다.

엄마가 행복해야 태아도 행복하다는 사실을 잊지 말고 엄마가 많이 웃을수록 아이와의 유대감도 깊어지기 때문에 크고 힘차게 배를 쓰다듬으면서 웃어야 효과적이다.

(5) 음식태교

처음 작은 수정란으로 시작되었던 단 1개의 세포가 왕성한 세포분열을 거듭해 신체의 각 기관을 형성해 나가 뼈를 구성해 골격을 이루며, 신체 내부의 장기를 만들고 두뇌와 피부, 근육 등을 만들기 위해서는 많은 영양분을 원한다. 따라서 태아가 필요한 영양을 얻기 위해서는 산모가 태아에게 필요한 영양을 음식으로부터 충분히 섭취해야 한다. 또한 두뇌를 형성하는 데 절대적으로 필요한 단백질은 태아기와 유아기에 매우 중요하다.

끼니를 걸러 배가 고픈 상태로 오래 있다 보면 태아의 정서에 좋지 않고, 엄마가 굶으면 태아 또한 끼니를 거르게 되기 때문에 임신 중기부터 양질의 단백질과 칼슘을 섭취해 각별히 신경을 써야 한다.

(6) 명상태교

명상의 효과는 심리적 안정 외에 뇌의 활성화를 들 수 있다. 즉, 선(善)을 통해서 뇌의 산소공급이 원활해지므로 뇌의 주파수가 알파파로 맞추어진다. 또한 숨을 쉬면 산소가 폐에서 심장으로, 심장에서 혈액으로 옮겨져 아주 작은 말초신경까지 공급된다. 명상을 하여 마음도 편안하게 갖고 태아의 건강도 다스리게 되는 것이다.

명상태교는 편안한 분위기에서 온몸을 이완시키고 복잡한 생각들을 내려놓고 자신의 몸 상태에 맞추어 하루 20~30분 정도 호흡에 집중하며 나아간다. 자아에 대한 집착을 버리고 인격과 덕망이 있는 부모를 양성하여 심성이 밝은 태아가 태어날 수 있게 하는 것이 궁극적인 목적이다.

(7) 산책태교

배가 점점 불러짐에 따라 몸과 마음이 지치고 힘들어지게 되는데, 기분이 우울하고 힘든 날에는 맑은 공기를 마시며 산책을 해보는 것이 좋다.

태아와 함께 이야기를 하며 걷거나 벤치에 앉아 명상을 즐기다 보면 기분 전환이 되고 평소 휴식을 취할 때 편하게 앉아서 복식호흡을 해보는데, 복식호흡을 하면 태아에게 산소가 충분히 전달되어 뇌발달에도 큰 도움이 된다.

(8) 차 생활 태교

다도를 통한 태교는 마음은 군자와 같고 사악함이 없는 성미를 따름으로써 올바른 태교가 달성된다. 태중의 태아에게 정신적인 안정을 요하는 임신부들에게는 차 생활을 통하여 다예를 몸에 익히며, 차의 성품과 같은 덕을 심는 것과 사악함이 없는 인성을 가르치므로 태아가 안정을 얻도록 하는 것이다.

오랜 역사를 통해 선인들이 차를 즐기고 여성에게 특히 임산부에게 차 생활을 강조한 이유는 바른 몸가짐을 익히는 과정에서 많은 예절을 터득할 수 있으며 정신수양을 겸할 수 있다. 바른 차 생활을 행하는 가운데 바른 인성교육과 예절 교육이 되어 임산부에게는 태교와 함께 이루어지는 것이다.

3) 월령별 발달에 따른 태교

(1) 임신 3개월

이전까지는 임신의 자각증세를 느끼지 못하다가 임신 3개월이 되면 임신임을 확실하게 알게 되는 시기이다. 이때의 태아는 머리, 몸통, 팔, 다리 구분이 확실하게 되며 피부도 투명해진다. 손과 발이 발달하여 손가락도 생긴다. 하지만 아기가 완벽하게 착상한 상태는 아니므로 항상 유산의 가능성을 배제하면 안 된다. 온도 차이가 심한 곳을 왔다 갔다 하는 것은 태아의 성장에 방해가 된다.

(2) 임신 4개월

얼굴에는 솜털이 보송보송하게 생기며 이때에는 얼굴이 빨갛게 된다. 또한 남녀 성별을 구별할 수 있을 만큼 외부 생식기도 많이 발달해 있다. 이 시기에 태아는 유쾌, 불쾌, 불안, 노여움 등의 감정이 생기기 시작한다. 그러므로 엄마가 항상 마음을 즐겁게 가지려고 노력을 해야 한다. 태아의 감정은 엄마의 감정대로 따라간다는 것이다.

(3) 임신 5개월

온몸에 점점 털이 나기 시작한다. 양수 안에서 활발하게 손과 발을 움직이며 손에는 지문이 생기고 손가락도 쭉쭉 편다. 이때에는 뱃속에서 태아가 음감을 느끼기 시작하는 때이므로, 엄마는 조용한 음악을 들으며 마음을 느긋하게 가지도록 한다. 또한 이때부터 태아와 대화를 하면서 감정을 교류하면 태아는 매일매일이 즐겁다.

(4) 임신 6개월

자궁의 상태나 태아 모두 안정되는 시기이므로 태아의 움직임이 크고 활발해진다. 엄마를 통해 전해지는 규칙적인 흔들림이 태아에게는 좋은 자극이 되므로, 산책이나 배 마사지를 하여 태아에게 자극을 준다.

(5) 임신 7개월

태아의 몸에 살이 점점 붙고 양수 안에서 활발하게 헤엄을 치며 즐겁게 논다. 가끔 거꾸로 서 있기도 할 만큼 자궁 안에서의 여유와 자유를 만끽한다. 이때에는 바깥의 소리에 대한 선호도까지 생기게 된다. 가장 좋아하는 소리는 역시 엄마의 부드러운 목소리이고 싫어하는 소리는 오토바이 같은 시끄러운 엔진소리, 자동차 급세동 소리, 시계의 '따르릉' 소리, 고함 소리 등이다. 부부싸움으로 인한 고함소리는 엄마의 극도로 흥분한 상태이기 때문에 태아가 가장 싫어하는 소리이다. 그러므로 아름답게 감정을 자극하는 소리, 예를 들어 비발디나 모차르트의 음악, 흐르는 강물과 새소리 등은 태아의 마음을 편안하고 즐겁게 하는 소리이다.

(6) 임신 8개월

피하지방이 붙기 시작하고, 근육과 신경계가 발달하면서 한층 활발하게 움직인다. 특히 이때에는 소리의 강약을 확실하게 구분할 수 있는 능력이 있어 엄마 목소리의 강약에 의해 민감하게 엄마의 기분을 알아차린다. 그러므로 엄마가 행복하면 아기도 부드럽게 놀게 된다. 또한 바깥세상의 어둡고 환한 것을 알게 되는데, 이것은 엄마의 눈과 뇌를 통해 태반을 거쳐 태아에게까지 전달되는 것이다. 아기가 밤에는 자고 낮에는 깨어 있는 정상적인 생활패턴을 갖도록 한다.

(7) 임신 9~10개월

신생아가 혼자 빙그레 웃거나 표정을 짓는 동작을 흔히 배냇짓이라 하는데 이것은 엄마 뱃속에서부터 하던 동작을 태어나서도 하는 것이다. 이러한 모습은 태아가 감정이 풍부해졌다는 것이므로 보다 풍부해질 수 있도록 엄마는 행복한 생각만을 하고, 부드러운 음악을 들으며 편안한 마음을 갖는다.

| 4장 |

출산과 신생아기 발달

1. 임신과 출산

1) 임신

임신이란 난자와 정자의 결합으로 만들어진 수정란이 자궁 내막에 착상하여 모체로부터 영양을 공급받으면서 태아로 발육을 계속하는 현상을 말한다.

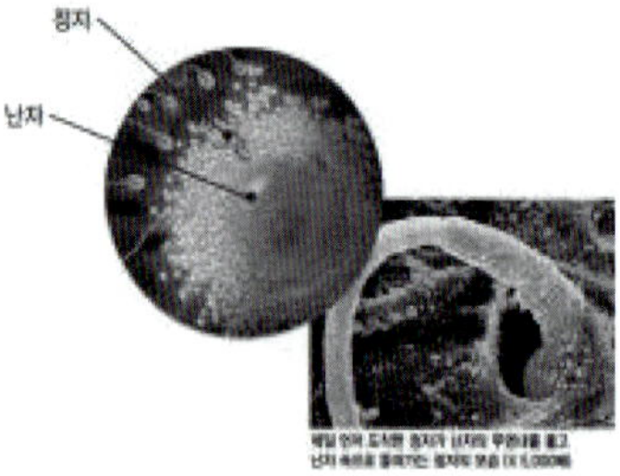

그림 4-1 난자와 정자의 결합

임신 전에 주의할 사항을 살펴보면, 우선 건강한 부모에게서 건강한 아기가 나오므로 임신 전 여성은 건강한 몸을 만들어 둔다. 평소 꾸준한 운동을 하여 몸을 만들어 놓아야 한다. 또한 깨끗한 몸을 준비해 두는데, 몸에 해로운 음식이나 술은 자제하고 임신이 시작되기 전에 균형 잡힌 식사와 충분한 과일, 채소를 섭취해야 한다. 다음으로 임신 이후의 정보에 대해 미리 알아 둔다. 즉, 임신 초기에 무엇이 중요한지, 어떤 태교를 해야 하는지, 어떤 증상이 위험한 것인지, 병원은 어디가 좋은지 등을 미리 알아둔다. 마지막으로 임신과 육아에 대한 경제적이고 현실적인 계획을 준비해야 한다. 막상 부모가 되고 나서, 아기가 태어나고 나서는 임신 전 막연하게 생각했던 것과는 실제로 어긋나는 부분이 많다. 구체적으로 병원 진료비부터 검사비, 출산비, 산후조리비용 등 또한 임부용품 구입과 아기 용품 비용 등 현실에 맞는 계획을 정해 놓아야 한다.

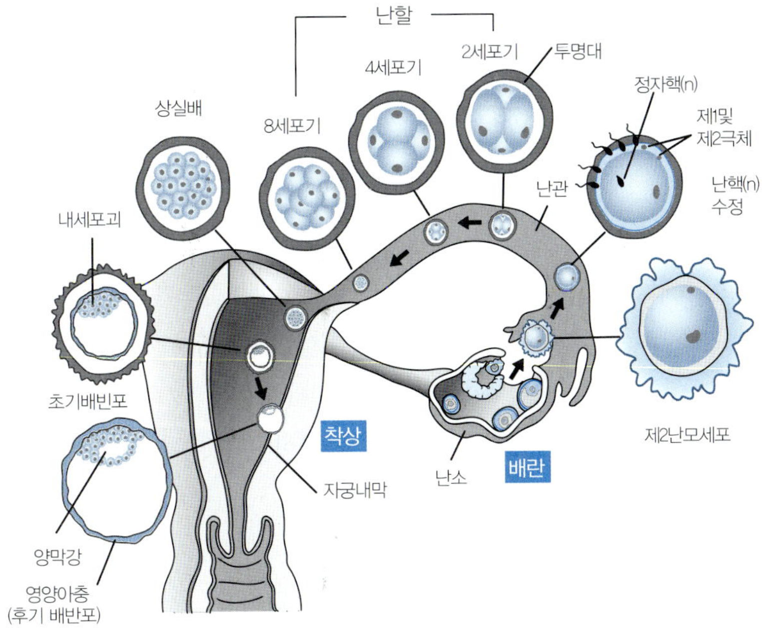

그림 4-2 수정에서 착상에 이르는 과정

(1) 임신 중 주의할 사항

임신 전기부터 임신 후기까지의 주의사항을 살펴보면 다음과 같다.

① 임신 전기(1개월~3개월)

첫째, 태반의 형성이 불완전하여 유산될 위험이 있으므로 과도한 운동이나 긴 여행은 삼가는 것이 좋다.

둘째, 입덧이 있으면 음식을 소량씩 여러 번 나누어 먹는 것이 좋다.

셋째, 변비를 방지하기 위해 채소와 과일을 많이 먹고, 매일 일정한 시간에 배변 습관을 갖는 것이 좋다.

넷째, 치아가 나쁜 사람은 임신 때문에 더 나빠질 수 있으므로, 임신 전에 미리 치아검사를 받아 더 나빠지지 않도록 해야 한다.

다섯째, 몸에 꼭 맞는 옷보다 활동하기 편할 만큼 여유 있는 옷을 입도록 한다.

여섯째, 약을 복용할 때는 의사와 상의하도록 해야 한다.

일곱째, 많은 사람이 모이는 곳에 출입을 삼가하여 여러 가지 감염을 방지해야 한다.

② 임신 중기(4개월~7개월)

첫째, 태아가 점점 커져서 영양분의 소요량이 많아지므로 충분한 영양분 섭취를 위해 골고루 먹도록 한다.

둘째, 임신 7개월째에는 태아의 위치를 진찰하여 바로잡도록 하고, 요도감염증으로 열이 나거나 통증이 생기지 않도록 주의하여야 한다.

셋째, 신발은 굽이 낮고 편안한 것을 신도록 한다.

넷째, 이 시기의 질 출혈은 태반의 이상과 관련이 있는 경우가 많으므로 즉시 의사와 상의하도록 한다.

③ 임신 후기(8개월~10개월)

첫째, 8~9개월째에는 2주에 한 번씩 진찰을 받고, 마지막 달에는 이상이 있을 시 치료할 시간의 여유를 가질 수 있도록 매주 한 번씩 진찰을 받는다.

둘째, 출산에 대한 불안을 갖지 말고 전문가에게 분만에 대한 지도를 받도록 한다.

셋째, 임신 말기 특히 마지막 달에는 부부생활을 삼가야 한다.

(2) 임신에 다른 증상

[그림 4-3]은 배아가 어머니의 자궁에서 태아로 되는 과정을 보여주며, 임신 기간과 출산을 위해 어머니의 몸이 어떻게 적응하고 변화하는지를 알 수 있다.

- 임신 4주 : 자신이 임신을 했는지 잘 알지 못하며 2~3주 지나면 기초체온이 약간 오르고 나른함이 느껴진다. 체력소모를 고려해 체력을 보충해야 하며, 오심, 열감을 느끼고 메스꺼워서 감기약 등을 실수로 먹는 경우가 있으므로 조심해야 한다.

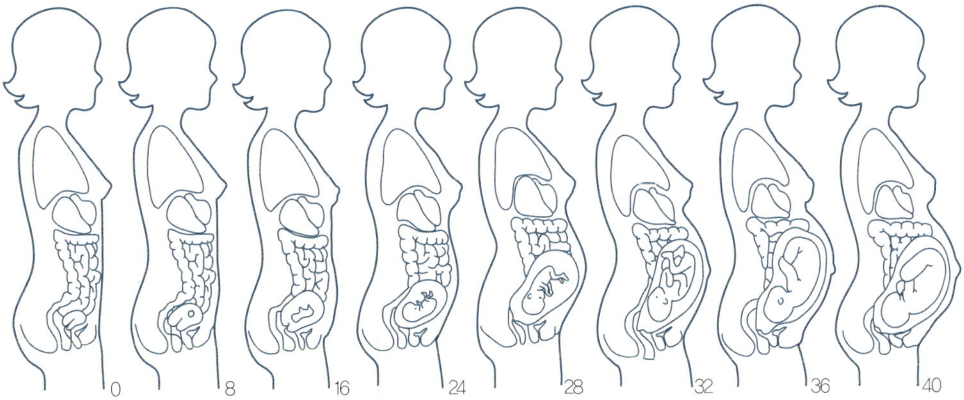

그림 4-3 임신에 따른 신체 변화

- 임신 5~8주 : 입덧이 시작하며 식욕이 없고 매스꺼우며 구토가 일어나 식사를 잘하지 못한다. 졸음이 많이 오며 유방이 단단해지고, 유두색이 갈색으로 변하며 유산의 가능성이 있으므로 주의한다.
- 임신 9~12주 : 임신임을 자각할 수 있으나 배는 부르지 않고 유방이 커짐을 느낄 수 있으며, 소변의 횟수와 질 분비물이 증가하고 변비와 설사가 나타날 수 있으며 약간의 발목 저림이 나타난다. 유산의 가능성이 높으므로 장거리 여행이나 과격한 운동은 피해야 하는 시기이다.
- 임신 13~16주 : 입덧이 사라지며, 식욕이 증가하고 기초체온이 저온기로 회복된다. 태반이 완성되어 자궁에 안전하게 자리를 잡으며 몸 상태에 익숙해지게 된다. 균형잡힌 식사와 설탕, 인스턴트 식품을 멀리해야 한다.
- 임신 17~20주 : 태아가 완전한 인간의 모습을 갖추게 되는 시기로 임산부는 체중이 많이 증가하며, 예민한 사람의 경우 태동이 느껴진다.
- 임신 21~24주 : 태동을 느끼며, 자신이 진정으로 엄마가 되는 것을 실감하게 된다. 배가 점점 불러와 배꼽 위로 자궁이 올라오고 자궁이 신경과 림프관 등을 눌러서 하반신이 피로하고 요통이 심해지며 발이 붓거나 저릴 수 있다. 적당한 운동과 산책이 좋으며 유산의 염려가 있는 운동과 심리적 충격은 피해야 한다.

- 임신 25~28주 : 혈액순환이 잘 되지 않아 정맥류가 생기기 쉽고, 변비와 현기증이 심해질 수 있다. 7일 동안 0.5kg의 체중이 증가하면 임신중독증을 조심해야 한다.
- 임신 29~32주 : 배가 불러 허복부니 유빙 그리고 내퇴부에 임신선이 나타나고 평소보다 숨이 차고 심장이 두근거려 불쾌감이 증가할 수 있다. 자궁이 수축하여 배가 당기기도 하며 행동의 제약이 많아지게 되어 장기간의 외출과 일은 자제해야 한다.
- 임신 33~36주 : 극도로 커진 자궁이 위나 심장을 압박하여 숨이 차고 가슴이 쓰릴 때가 많으며, 변비와 치질이 있어 식욕이 떨어지는 시기로 충분한 수면과 휴식이 필요하다.
- 임신 37~40주 : 출산이 가까워짐에 따라 태아가 골반 내 자궁 밑으로 내려가 숨이 차고 답답함이 덜하여 호흡이 편해지고 식욕이 늘어난다. 하지만 태아가 방광을 압박하여 소변이 어렵고 잔뇨가 있으며 냉이 증가한다. 아랫배가 당기고, 통증의 횟수가 늘어나고 15분 간격으로 규칙적인 진통이 시작되면 병원으로 가면 된다.

(3) 임신 중 정기검사

- 소변검사 : 임신 여부를 판단하게 되는데 수정 후 2주만 지나도 90% 이상 결과가 정확하다. 이외에도 당뇨, 단백뇨, 요로감염, 무증상 세균뇨 등의 증상이 있는지도 검사한다.
- 혈액검사 : ABO식은 물론 HR 양성, 음성 여부를 파악하고 빈혈, 간염, 에이즈, 매독, 풍진 등의 검사를 한다. 혈액 검사는 계획 임신을 통해 임신 전에 하는 것이 좋다.
- 초음파검사 : 출산 예정일 계산과 태아 발육상태 확인뿐만 아니라 자궁외임신, 자궁과 난소이상, 태아의 신체적 기형 여부를 진단하기 위해 초음파검사를 해요. 초기에는 봉과 같은 경질프로브를 질 속에 넣어 검사한다.

- 내진검사 : 의사가 질 안에 손가락을 넣고 다른 한 손은 복부를 압박하면서 자궁과 난소, 난관의 상태나 크기를 진단하는 것을 말한다. 예정일이 가까워지면 자궁경부의 열린 상태를 확인하기 위해 검진 때마다 하게 된다.
- 체중검사 : 초진 시부터 기록한 산모의 체중은 임신 기간에 같은 저울로 규칙적으로 측정하여 체중 변화를 관찰하게 된다. 체중의 급격한 변화는 몸의 이상한 신호일 수 있으므로 주의해야 한다.
- 혈액검사 : 고혈압은 태아와 산모에게 모두 위험하다. 정상혈압 기준치는 120/80mmHg 미만이다. 120~139/80~89mmHg에 속한 경우에는 고혈압 전단계로 분류된다. 적극적인 생활습관 개선이 필요한 상태이다.
- 부종검사 : 부종이란 인체가 수분을 제대로 배출하지 못해 몸이 붓는 것을 말하는데 임신중독증의 중요 항목 중 하나이다. 다리의 앞 부분을 눌러 보아 검사한다.
- 엄마의 혈액으로 하는 기형아검사 : 임신 15~20주 사이에 한다. 엄마의 혈액을 통해 여러 수치를 재서 기준보다 수치가 높게 나왔을 경우 양수검사와 정밀초음파검사를 통해 다시 검사한다.

2) 출산

출산이란 분만이라고도 하며, 자궁 내 태아와 태반을 포함한 그 부속물이 만출력에 의해 산도를 통과하여 모체 밖으로 배출되는 현상을 말한다. 대부분의 아기들은 수정 후 266일(38주) 만에 태어나지만, 수정된 날짜를 정확히 알 수 없기 때문에 마지막 월경주기의 첫날로부터 280일이 되는 시점을 분만예정일로 본다. 예정일을 중심으로 전·후 2주간은 정상적인 범위에 속한다고 볼 수 있다.

(1) 출산과정

① 출산의 징후

임신 말기(출산 2주 전)에는 태아하강, 빈뇨, 대하, 가진통(불규칙한 자궁의 수축)을 하며, 분만 직전에는 진통, 이슬(가장 먼저 나타나는 징후, 혈성, 점액성의 분비물), 파수(양수터짐) 등의 증상을 나타낸다.

② 출산의 단계

- 제1단계 개구기 : 개구기는 출산의 준비기이다. 진통은 자궁경부를 열기 위하여 규칙적으로 수축이 이루어지는 과정에서 나타나는 현상이다. 정상적인 진통이 오기 시작하며 자궁구가 완전히 열릴 때까지를 말한다. 보통 10~12cm 정도 열리는 단계이다. 진통은 처음에는 10~20분 간격으로 25~30초 동안 약하게 시작하여 시간이 지날수록 2~5분 간격으로 강하게 진행된다. 태아의 머리가 아래쪽으로 밀리고, 자궁 입구는 머리가 통과하기에 안전할 만큼 열리며, 태아가 빠져나갈 산도가 확보된다. 자궁 입구가 약 7cm 정도 열리면 분만실로 들어간다. 이러한 과정은 대개 초산일 경우 10~14시간이 걸리는 것으로 알려져 있다.
- 제2단계 출산기 : 만출기 또는 분만기라고 불리며 두 번째 단계로 자궁경부가 10cm 이상 완전히 열린 상태에서 태아가 바깥으로 나오는 단계이다. 자궁 입

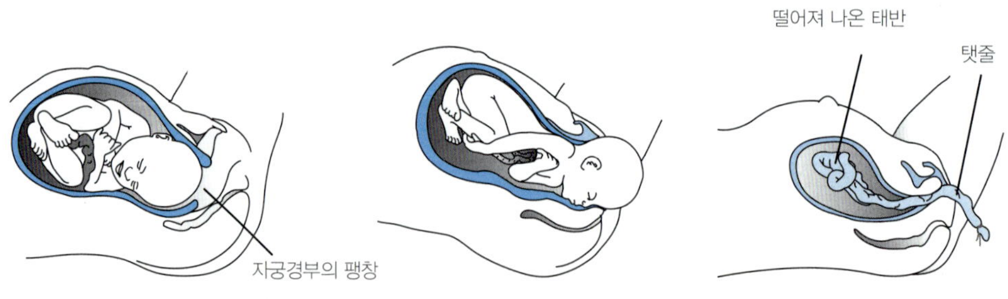

(a) 개구기: 자궁경부가 넓어진다. (b) 출산기: 태아가 산도를 통해 밖으로 나온다. (c) 후산기: 태반이 배출된다.

그림 4-4 출산의 단계

구가 완전히 열리면서 양막이 터지고 양수가 나오게 된다. 이 단계는 초산부의 경우 약 1~2시간, 경산부의 경우 30분 정도 소요된다. 이때 태아가 오랫동안 산도에 머물게 된다면 질식사 우려가 있고, 산소 부족으로 뇌손상을 입을 수도 있다. 그러므로 산모가 적극적으로 태아를 밀어내기 위한 노력이 필요하다.

대부분의 태아는 출산이 용이하도록 자신의 위치를 조절하면서 머리를 시작으로 어깨와 허리의 순으로 자궁을 빠져나오게 된다. 탯줄을 자르고 아기는 독립적인 존재로서의 삶을 시작한다.

- 제3단계 후산기 : 후산기는 태아의 출산 후 자궁이 다시 수축되면서 부속물인 태반, 탯줄 등이 떨어져 나올 때까지를 의미한다. 약 5분 정도 시간이 걸리고 20분이 지나도 나오지 않을 때는 주의해서 살펴보아야 한다. 자궁은 태아가 출산되고 나서 수축을 계속한다. 소요시간은 5~15분 정도이다. 만약에 태반의 일부가 자궁에 남아 떨어지지 않으면 자궁벽에 유착되거나 세균에 감염될 수 있으므로 적절한 의사의 조치가 필요하다. 또한 자궁이 원래 크기로 수축을 하면서 태반이 자궁벽으로부터 떨어지게 되고 약간의 진통(훗배앓이)이 진행된다.

(2) 산후 기간

산후 기간이란 출산 이후의 시기로 산모가 신체적으로나 심리적으로 자녀양육과정에 적응하는 기간을 말한다.

산후 기간에는 신체적으로 산모의 몸이 임신 전의 상태로 회복되며, 심리적으로는 새로운 환경에 적응, 안정을 찾아가는 과정이다. 신체적으로는 '퇴축'이 일어난다. 퇴축이란 출산 후 5~6주 동안 자궁이 임신 전 크기로 돌아가는 것을 말한다. 아기를 돌보며 몸을 활동하는 것이 빠른 퇴축에 도움이 된다. 모유를 수유하지 않는 경우, 호르몬의 변화가 빠르게 일어나 출산 후 4~8주 이내 생리를 다시 한다. 정서적으로는 기복이 심한 감정의 변화를 들 수 있다. 산후 대부분의 산모들은 몸의 피곤함과 더불어 신생아 양육의 어려움 등으로 인해 상당한 스트레스를 받게 된다.

전체 산모의 70% 이상이 '산후우울감(baby blues)'을 겪게 된다고 한다. 일반적으로 산후 우울감은 1~2주가 지나면 자연스럽게 사라지나, 그렇지 않은 경우 산후우울증으로 발전하기도 한다. 이러한 산후우울증을 예방하기 위해서는 사전에 부부가 많은 대화를 통해 좋은 부모가 되기 위한 준비를 하는 것이 필요하다. 또한 육아에 있어서도 적극적으로 참여하여 상대를 배려하는 사세가 요구된다. 이러한 노력과 자세가 아빠와 엄마 그리고 아기의 유대관계를 긴밀하고 긍정적으로 이끈다.

(3) 출산방법

① 자연분만

자연분만은 가장 일반적으로 이루어지는 분만법이다. 산모의 몸이 특별한 이상이 없고 태아도 건강하면 진통이 올 때까지 기다렸다가 자연적인 상태에서 수술을 하지 않고 엄마의 질을 통해 아기를 출산하는 분만방법이다. 자연분만은 진통이 시작되고 나서 자궁경부가 완전히 열리게 되는 1기, 자궁경부가 완전히 열리고 나서 태아가 만출되기까지의 2기, 태아 만출 후 태반이 나올 때까지의 3기, 태반이 만출까지 이루어진 뒤 분만 후 1시간을 4기로 나누게 되고, 양막 파열이나 혈성 이슬 등은 분만 진통 중 혹은 진통이 시작되기 전에도 나타날 수 있다. 대개는 자궁 수축과 산모의 힘주기에 의해 태아가 만출되지만, 태아가 좀처럼 나오지 않으면 진공 흡입기를 태아 머리에 부착하여 태아가 빠져나오는 것을 도와주는 흡입분만, 기구를 이용해 태아가 나오는 것을 도와주는 겸자분만을 하기도 한다.

자연분만은 엄마와 아기와의 심리적 유대감이 강해지고, 분만 후 즉시 수유를 할 수 있는 장점이 있다.

② 제왕절개분만

제왕절개는 임산부의 복벽과 자궁벽을 절개해서 자궁으로부터 아기를 꺼내는 분만법이다. 이 방법은 임산부와 태아가 위험하여 자연분만으로는 분만이 어려울 경우에 제왕절개를 한다. 태아의 위치가 거꾸로 있거나 옆으로 누워 있는 경우, 태아의 머리에 비해 산모의 골반이 좁은 경우, 자궁근종, 난소종양, 다태아, 전치태반, 임신고혈압증후군(임신중독증), 이전 출산이 제왕절개의 경우 등이다. 또한 산모의 혈액형이 RH(-)의 경우, 태아를 밀어내는 자궁의 힘이 약한 경우, 성병으로 인한 자궁 입구나 질에 균이 있는 경우, 태반이 너무 빨리 떨어졌거나 태아에게 어떤 위험한 신호가 있을 때 하는 분만법이다. 이 분만법은 장협착증과 같은 수술 후 후유증, 세균감염의 위험성 외에도 자연분만보다 회복기가 길기 때문에 정상분만이 가능한 경우에는 이 방법을 삼가는 것이 좋다.

③ 무통분만(약물분만)

무통분만이란 마취를 통해 진통을 줄임으로써 근육을 이완시켜 출산을 쉽게 유도하는 방법이다. 마취는 산모의 통증을 줄이기 위한 진통제나 산모의 불안을 줄이기 위한 진정제, 출산기 극심한 고통을 줄이기 위한 마취제이다.

분만과정 중 투여하는 약물은 태반을 통해 태아의 혈액과 세포로 들어가 이후의 체중 증가 둔화, 젖을 빠는 능력의 감퇴, 반응 저하, 초기 학습과제 수행능력의 저하 등 인지발달이나 운동능력의 문제를 야기한다는 결과도 있다.

④ 르봐이예 분만: 폭력 없는 탄생

프랑스 산부인과 의사인 르봐이예(Leboyer)에 의해 처음 시행되었으며, 『폭력없는 탄생』이라는 저서를 통해 산모의 고통뿐만 아니라 산도를 통해 모체 밖으로 나오는 태아의 고통에 대해서도 관심을 둘 것을 제안한 방법이다. 이 분만법은 어머니의 자궁 안은 어둡고 양수가 있어 아늑하고 방음이 되는 것처럼 분만환경을 태어날 아기 중심으로 바꾸어 출생 시 주변 환경을 조용하고 약간 어둡게 하며, 출산 즉시 탯줄을 자르지 않고 어머니의 배 위에 잠시 두어 아기의 안정을 돕는다. 분만 후 5분 후 아기가 폐호흡이 익숙해지면 탯줄의 혈액순환이 멈추는데 그때 탯줄을 자르고 따뜻한 물 속에서 부드럽게 목욕을 시킨다.

⑤ 수중분만

수중분만은 양수와 동일한 조건의 물 속에서 아기를 낳는 방법이다. 의료적 처치 없이 자연상태로 분만하는 것이며, 누운 자세가 아닌 앉는 자세 분만법의 하나로, 중력을 이용했기 때문에 골반이 잘 벌어지며 힘을 주기도 쉬운 분만 자세이다. 물이 진통제 역할을 하고, 남편이 물 속에서 출산과정을 함께 하며 따뜻한 물로 인해 산모는 진통에 대한 두려움을 줄이고, 근육을 이완시켜 긴장을 풀어준다. 또한 양수와 비슷한 환경으로 태아의 스트레스를 줄여 편안한 분만을 돕는다. 그러나 산모의 자궁수축을 살피기 어렵고, 출산 시 배출되는 이물질로 인해 태아가 세균에 감염될 위험이 있다.

⑥ 라마즈 분만

출산에 대한 긍정적 태도를 심어줌으로써 편안한 분만을 유도하는 정신예방적 분만법이라 볼 수 있다. 라마즈 분만법은 연상법, 이완법(라마즈 체조), 호흡법으로 출산 시 산모의 긴장과 고통을 최소화하는 분만법이다.

연상법은 일생 중 즐거웠던 순간이나 기분 좋은 상황을 머릿속에 그려보는 방법이며, 이완법은 신체의 모든 부위의 힘을 빼는 방법이며, 호흡법으로 흉식 호흡으로 원활한 분만을 하도록 한다. 라마즈 분만법은 임신 시작과 함께 시작하며 출산 전 꾸준히 연습해야 한다. 또한 남편과 함께 배우고 익히는 방식으로 진행되어 부부가 함께 출산 준비를 한다.

(4) 출산과정에서 발생하는 문제들

자연분만으로 아기를 낳고 특별히 산모나 아기에게 이상증세가 없는 경우를 순산이라 하지만 태아가 산도를 통과하는 과정에서 구조적 또는 기능적 이상이 생겨 분만이 순조롭게 진행되지 않는 경우를 난산이라 하며 출산과정에서 여러 가지 문제를 일으킨다. 난산의 원인으로는 산모의 문제로 산도나 골반이 너무 협소한 경우, 산도의 기형, 자궁기능부전이나 자발적인 복근 수축의 문제, 만출력(태아를 밀어내는 힘)이상 등이 있다. 태아의 문제로 태아의 위치이상, 발육이상이 나타나며 그 외 전치태반, 태반조기박리, 조기파수 등이 있다.

① 쇼크

산모가 맥박과 호흡이 빨라지고 식은땀이 흐르며 흥분상태에 빠지는 것으로 심하면 의식을 잃기도 하고 생명을 잃기도 한다.

② 자궁파열

자궁수축에 따른 긴장을 이겨내지 못하고 자중이 찢어져 태아가 자궁 밖으로 빠져 나오는 현상으로 태아가 살기 어렵다.

③ 자궁경관 열상

자궁의 신축성이 나쁘거나 아기의 자세가 좋지 않아 자궁경관의 상처가 생겨 출혈이 일어난다.

④ 심한 출혈

출혈량이 지나치게 많거나 출혈시간이 길어지는 경우이다.

⑤ 산소결핍증

분만 시 태아가 산소를 공급받지 못한 상태를 말한다. 원인은 둔위전진, 태반조기박리, Rh 인자, 무통분반을 위한 진정제나 마취제의 사용이며 산소결핍상태가 3분 이상 지속되면 영구적인 뇌손상을 입게 된다. 가벼운 산소결핍증을 경험한 영아는 3세까지는 운동발달이나 지적발달이 평균 이하이지만, 정상아와의 차이는 점점 적어져 7세가 되면 거의 차이가 없다.

⑥ 태반의 이상

태반은 태아와 모체 사이에서 태아의 생존과 상장에 필요한 모체 사이에서 태아의 생존과 성장에 필요한 물질교환을 매개하는 구조물이다. 태아를 밖에서 싸고 있는 장막의 일부가 모체의 자궁내막에 접착하여 형성된다. 태반은 태아에게 필요한 가스교환, 영양소 교환, 호르몬 분비 등의 기능을 한다.

- 전치태반 : 태반의 위치가 자궁의 입구를 막거나 거의 근처에 있는 경우를 말한다. 태반은 자궁 위쪽에 있는 것이 바른 위치인데 자궁경부를 덮고 있는 경우는 출산이 시작되면 태반의 일부가 눌려 떨어지면서 심한 출혈이 일어난다. 전치태반은 태반이 자궁 입구를 덮고 있는 정도에 따라 3종류로 분류하는데, 완전 전치태반은 태반이 자궁 입구를 완전히 덮고 있을 때이며, 부분 전치태반

은 태반이 자궁 입구를 부분적으로 덮고 있을 때이다. 이 경우는 정상 분만이 가능하다. 번연 전치태반은 태반이 완전히 자궁 입구를 막고 있는 경우로 정상 분만으로 태아를 출산하지 못하고 제왕절개술로 분만해야 한다.

- 태반 조기박리 : 태아보나 태반이 번저 나오는 경우로 태아가 산소 부족으로 사망하기 쉽고, 산모가 쇼크 상태에 빠지기 쉽다.
- 태반 유착 : 태아가 나온 뒤에도 태반의 전부 또는 일부가 나오지 않고 자궁벽에 달라붙어 있는 경우인데, 태반의 자궁 내막에 유착 정도가 심한 경우로 자궁근 육층을 침투하는 경우가 있다. 임신 중절 경험이 있는 산모에게서 잘 일어난다.

⑦ 탯줄이상

탯줄의 길이는 평균 50cm인데 너무 길면 태아를 감아 저산소증으로 사망하게 되며, 너무 짧으면 아기가 산도를 내려갈 때 너무 강하게 당겨 아기의 호흡이 곤란해져 문제가 생긴다.

또한 탯줄이 태아보다 먼저 나오면 아기와 산도 사이에 끼어 장애를 일으키고, 태반이 아닌 양막에 붙어 있다가 분만 때 파수와 함께 양막 부근의 혈관이 탯줄의 기능을 하지 못하게 되어 아기가 사망할 수도 있다.

⑧ 조산

조산은 29~30주에 태아가 나오는 경우이며, 대체로 체중이 2.5kg인 미숙아이다. 원인은 산모의 영양 부족, 산모의 생식기관 미숙, 쌍생아 임신, 임신기간 중의 흡연, 음주, 약물중독 등이다.

임신기간 28주 이전이나 1.5kg 미만인 경우 생존 가능성이 매우 낮다. 조산아의 문제는 호흡장애증후군, 뇌출혈 등이다. 신생아의 경우 체중이 2.5kg 미만이면 저체중아라고 한다. 저체중아는 영양상태가 나쁘거나 조산 시에 나타난다. 만산아이며 저체중인 경우 생후 1년 동안 질병 감염률, 사망률, 신경학적 문제를 조산아보다 더 많이 나타내는 경향이 있다.

⑨ 임신중독증

임신중독증은 임신 말기에 가장 주의해야 하는 질병으로 임신 중 여러 가지 병적인 상태를 보이는 증상이다.

임산부 사망의 첫째 원인이 되며, 이로 인해 난산이나 미숙아를 출산할 가능성이 높다.

⑩ 유산

유산은 임신 12~28주에 태아가 죽어서 나오는 현상이다. 유산에서 자연히 일어나는 것을 자연유산, 인공적으로 일으키는 것을 인공유산(인공임신중절)이라고 한다. 자연유산에는 임신 초기(20주 이전)에 태아가 어떤 원인으로 사망하여 태아의 난막(卵膜)이 나오는 것과 임신이 상당히 진행한 후에 자궁이 어떤 원인으로 수축을 일으켜서 태아를 산 채로 나오게 하는 것이 있다. 한 여성이 자연유산을 2회 또는 3회 이상 계속한 경우는 습관성 유산이라고 한다. 이와 같은 상태가 되면 그 후의 임신예후가 극히 불량해질 가능성이 크기 때문에 독립한 하나의 질환으로 취급된다. 유산은 임신 전체의 약 10%에 달하며, 가장 유산되기 쉬운 시기는 임신 2~3개월경으로서 전체의 70~80%가 이 시기에 일어난다. 즉, 임신 초기일수록 일어나기 쉽고, 태반(胎盤)이 완성되는 임신 5개월 이후에는 잘 일어나지 않는다. 임신 초기의 몸가짐으로 유산 예방에 중점을 두는 것도 이 때문이다.

⑪ 만산

만산은 출산 예정일을 2주 이상 지나 분만하는 경우로서 모든 임신의 약 10% 정도가 이에 해당된다. 진통이 없고 출산 기미가 보이지 않는다면 진통촉진제 주사를 맞거나 제왕절개의 방법으로 출산할 수 있다.

(5) 출산 준비

① 임신 말기에 미리 준비

출산 기미가 느껴지면 언제든지 병원에 갈 수 있도록 준비물을 챙겨 가방에 넣어

둔다. 출산할 병원이나 출산 후 휴식할 장소와 산후 조리를 도와 줄 사람을 미리 정해 두며, 임신 말기에는 정기적 검진을 한다.

진통이 시작된 뒤 2~3시간이 경과하면 병원으로 가는 것이 바람직하다. 10~15%는 특별한 도움이 필요하기 때문에 가까운 병원의 위치를 확인하는 것이 좋다.

② 아기에게 필요할 용품준비

출산 예정일 전에 아기를 위해 아기용품을 미리 준비해 둔다.

아기의류(속옷, 겉옷, 포대기, 거즈 손수건, 턱받이 등), 기저귀, 아기 목욕용품(목욕통, 목욕그네나 의자, 목욕타월, 유아용 비누, 베이비오일 등), 아기 침구류(요, 이불, 베개, 속싸개, 겉싸개 등), 수유기구(우유병 젖꼭지, 우유병, 소독용품) 등을 챙겨 놓는다.

2. 신생아기 발달

신생아는 출생 후 새로운 환경에 적응하기 위한 4주까지를 말한다. 이 시기는 매우 짧지만 아기가 독립적인 개체로의 전환을 위해 신체의 각 기관들이 생리적·생화학적인 변화가 일어나는 일생의 중요한 시기이다.

1) 신체적 특징

(1) 피부

신생아는 아직 혈액순환이 원활하지 않기 때문에 피부색이 시시때때로 변한다. 예를 들어, 아기가 체온이 떨어지면 피부가 푸르게 변하기 쉽고, 심하게 울 때는 암적색이나 자색으로 변하게 된다. 피부는 붉은 색에 쭈글쭈글 주름이 잡혀 있다. 끈적끈적한 태지와 솜털로 덮여 있으며, 태지란 어머니의 자궁 안에 있을 때 양수로부터 태아의 피부를 보호해 주고, 분만 시 윤활유 역할을 하여 태아가 자궁에서 쉽게 빠져 나오도록 돕는다. 또한 출생 후에는 세균 감염을 막아주는 보호막 역할을 하는데, 며칠이 지나면 건조해진다. 온몸이 솜털로 덮여 있으나 며칠 지나지 않아 빠지게 된다. 태지와 솜털로 덮인 피부는 생후 2~3일이 지나면 건조되어 1주일 정도가 지나면 하얗게 피부껍질이 벗겨지고 뽀송뽀송해진다.

출생 후 3~4일 후 신생아 황달이 나타나며 황달은 간의 미성숙 때문에 일어나는데, 대개는 심하지 않고 약 1주일이 지나 간 기능이 원활해지면서 회복된다.

(2) 머리

몸에 비해 상당히 크며 34cm로 가슴둘레보다 크다. 출생 시 머리의 크기는 신장의 1/4에 해당한다. 신생아의 머리둘레가 가슴둘레보다 약 1cm 이상 큰 것이 일반적이다. 머리모양은 분만상태나 방법에 따라 다르지만 엄마 자궁의 좁은 산도를 통과하느라 출생 후에는 대개 길쭉해진다. 그러나 하루 이틀이 지나면 머리 모양은 다시 동그스름해진다.

두개골에는 6개의 천문(숫구멍)이 피부 바로 아래 단단하고 탄력있는 엷은 막으로 덮여 있으나 열려 이는 상태이므로 세게 누르거나 만지면 위험하다. 두개골의 뼈와 뼈 사이를 이어주는 결제조직에 만들어진 천문들은 두개골을 유연하게 하여

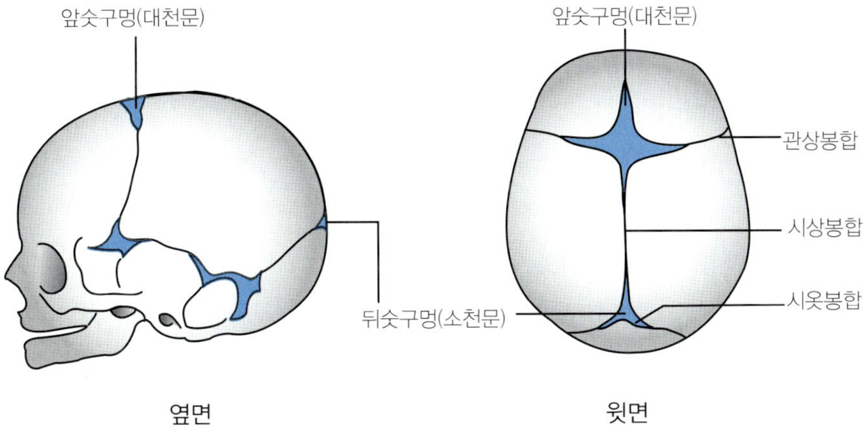

그림 4-5 신생아의 대천문과 소천문

출생 때 태아가 산도를 통과하기 쉽도록 도와준다. 6개의 천문 중에 대천문과 소천문이라 불리는 2개의 천문은 외부에서도 쉽게 알아볼 수 있다. 앞 이마 위에 있는 대천문은 생후 18개월경이 되면 닫히고, 머리 뒤쪽에 있는 소천문은 생후 1년이 이내에 닫힌다.

(3) 몸통

몸통에 비해 머리가 큰 4등신의 몸매이다. 몸통은 짤막하며 허리와 무릎을 구부리고 있다. 신생아는 팔꿈치를 구부리고 있어 상체가 W자형이 되는 것이 특징이다. 또 손은 손가락을 오므려 주먹을 쥐고 있는데 가만히 주먹을 쥐고 있는 것이 아니라 손을 끊임없이 움직여 여러 가지 운동을 한다. 다리는 바깥쪽으로 벌리고 무릎을 자연스럽게 구부리고 있어 하체가 M자형을 하고 있다. 이것은 오랫동안 엄마 뱃속에서 이런 자세로 있었기 때문에 생기는 정상적인 현상이므로 다리를 쭉 펴게 하려고 억지로 잡아당길 필요는 없다. 신생아의 발바닥은 평발인데 아장아장 걷기 시작하면 바뀌게 되므로 걱정하지 않아도 된다.

배는 볼록하고 엉덩이에는 몽고반점이 있다. 갓 태어난 아기는 피하지방이 많이 붙어 있지 않아 연약해 보이지만 배는 볼록해서 마치 개구리 같은 느낌을 주기도 한다. 탯줄은 생후 1주일 정도가 지나면서 떨어지는데 처음에는 배꼽이 튀어나온 것처럼 보이지만 배의 근육이 발달하고 지방이 붙게 되면 거의 안으로 들어가서 어른 배꼽처럼 된다.

엉덩이 주위는 파란 멍 같은 몽고반점이 있기도 한다. 몽고반점은 특히 동양계의 신생아에게 주로 나타나서 붙여진 이름으로 아기에 따라 크기나 짙은 정도가 다르며 아예 몽고반점이 없는 아기도 있다.

아기의 가슴은 거의 원통형에 가까우며, 첫돌 무렵에는 머리둘레와 가슴둘레가 같아진다.

(4) 키

갓 태어난 남아는 평균 약 50.1cm, 여아는 49.3cm 이다. 첫돌이 되면 76~78cm로 출생 시의 1.5배가량 자라고, 돌 무렵 86cm로 성인키의 절반가량으로 성장한다. 키는 유전적인 영향을 많이 받지만 질병이나 영양 섭취에 의해서도 영향을 받는다.

(5) 몸무게

갓 태어난 남아는 평균 3.4kg, 여아는 평균 3.2kg이며 출생 후 3~4일 약 50 정도 초기 몸무게 감소, 2주경에는 출생 시 몸무게 회복된다. 첫돌 무렵에는 출생 시 몸무게의 약 3배(10kg), 두 돌이 되면 12kg로 성장한다. 태어난 후 5일 동안 먹는 양도 적고 태변이나 체내의 수분이 빠져 나가기 때문에 몸무게가 10% 정도 줄어들었다가 10일쯤 되어 다시 증가하여 출생 시의 몸무게로 돌아온다. 그후 하루에 20~30g씩 증가하여 생후 5개월이 지나면 두 배, 생후 1년이 되면 출생 시 몸무게의 3배가 된다. 태어나서 첫돌까지 1년의 기간이 일생을 통해 가장 빨리 크는 시기이다.

(6) 뇌

신생아의 뇌는 출생 시 뇌의 무게는 350g이며, 첫돌 무렵이 되면 800g으로 성인의 뇌 무게 1,350g와 비교해 보면 출생 초기에 두뇌발달이 얼마나 폭발적으로 발달하는지를 알 수 있다. 그러므로 이 시기를 결정적 시기라고 하기도 한다. 신생아의 뇌세포는 태내 6개월경에는 1,000~2,000억 개 정도로 발달하며 평생 사용할 뇌세포를 갖고 태어나지만 다시 재생되지는 않는다.

2) 생리적 기능

(1) 호흡, 맥박, 체온

① 호흡

신생아의 울음은 첫 호흡이다. 신생아가 첫 호흡을 할 수 있게 하기 위해서는 등을 가볍게 문질러 주는 것이 필요하다. 그러나 액체와 점액이 호흡기관에 차 있기 때문에 호흡이 어려울 수 있다. 폐 속의 액체는 태아가 산도를 통해 나오는 동안 대부분 배출되고 출생 직후 의사에 의해 제거된다. 출생 후 2분 이내에 첫 울음이 시작되지 않으면 신생아에게 문제가 생길 수 있고, 3~5분이 지나도 호흡하지 않으면 산소결핍증으로 두뇌에 손상을 입힐 수도 있으며, 최악의 경우 사망에 이르기까지 한다. 신생아의 호흡은 1분에 35~45회 정도 불규칙적인 복식호흡을 하며 재채기나 딸꾹질을 하기도 한다. 생후 3~4개월이 되면 횡격막이 완성되어 그 증상이 줄어든다.

② 맥박

태내발달 기간에 태아는 모체와 독립된 체계로 혈액순환과 심장박동을 하기 때문에 출생 후에 혈액순환기가 급격히 변하지는 않는다. 다만 열려 있는 심장의 좌심과 우심이 출생 후 며칠 사이에 서서히 닫힌다. 또한 심장 조절기능이 아직 미숙하기 때문에 심장박동이 빠르고 불규칙하다. 신생아의 맥박은 1분에 120~160회 정도로 빠르고 불규칙하다. 그 이유는 심장이 어른에 비해 2배가량 빠르게 뛰지만 작은 심장에서 혈액을 펌프질하느라 생기는 자연스런 현상이며, 4~5일이 지나면 약간 느려지며 생후 10일 정도 되어야 혈압이 안정된다.

신생아기에는 적혈구가 비교적 적고 백혈구가 많기 때문에 질병에 대한 저항력이 강하여 거의 병에 걸리지 않는다.

③ 체온

신생아의 체온은 36.5~37.5도가 정상이다. 출생 시에는 온도가 매우 낮은 새로운 환경을 접하게 된다. 따라서 신생아의 체온도 급격히 떨어지지만, 8시간 이내에 다시 정상으로 돌아온다. 그러나 아직까지 체온조절체계는 비교적 불안정하다. 즉, 신생아는 어른이 가지고 있는 지방층이 완전히 형성되지 않아 열의 손실이 쉬기 때문에 어른보다 더 빨리 체온을 잃어버린다. 따라서 신생아에게는 옷이나 담요 또는 전열기 등이 필요하다.

땀샘이 잘 발달되지 않아 체온 조절능력이 성인보다 미흡하여 외계온도의 영향을 많이 받는다. 지방층은 태내기 마지막 2개월에 발달하므로 특히 조산아는 체온 조절 능력이 다소 부족하므로 몸을 따뜻하게 유지해 주는 것이 필요하다.

체온조절의 문제는 조산아와 저체중아에게 더욱 심각하다. 이들은 정상 신생아보다 지방층이 덜 발달하였기 때문이다. 따라서 보육기의 주요 기능 중 하나가 바로 온도조절이다.

(2) 수면

갓 태어난 신생아는 하루 평균 18시간 정도 자며, 낮과 밤의 차이를 구분하지 못한다. 거의 젖을 먹거나 목욕하고 기저귀 가는 등의 깨어 있는 시간을 제외하면 하루 종일 3~4시간 간격으로 자고 일어나, 잠깐 깨어 있다가 다시 잠자기를 반복한다. 수면의 종류에는 REM 수면(rapid eye movement, 얕은 수면)과 비REM 수면(no-REM, 깊은 수면)이 있다. REM 수면은 빠른 눈동자의 움직임과 동시에 몸을 움직이며 빠르고 불규칙한 호흡과 맥박과 소리를 내거나 꿈을 꾸는 것이며, 비REM 수면은 눈동자의 움직임이 거의 없는 규칙적인 수면으로 깊은 잠으로 호흡이나 맥박이 규칙적이며 몸의 움직임도 줄어든다. 신생아의 수면 중 50%가 REM 수면상태이며, 성인이 되면 20%로 감소한다. 신생아의 REM 수면 상태는 주위 환경의 소리나 불빛이 자는 도중에 미소나 냉소, 샐쭉거림 등을 유발된다. 이러한 REM 수면 시 뇌의 대사나 혈류가 증가하는데 이것은 REM 수면 중에 뇌발달이 일어난다는 것을 의미하며, 수면 형태의 변화는 출생 조기의 뇌의 미성숙과 이후의 빠른 성장으로 인해 나타나는 현상으로 설명할 수 있다.

표 4-1 신생아의 수면과 각성상태

상태	특징
깊은 수면 (규칙적인 수면)	눈을 꼭 감고 몸의 움직임이 거의 없음, 호흡이 규칙적이고 순조로움
활동적 수면 (불규칙적인 수면)	얼굴 표정이 자주 바뀜, 눈은 감았으나 가끔씩 눈꺼풀 아래로 눈동자가 빠른 움직임을 보임, 호흡이 불규칙함
조용하게 깨어 있음 (졸림)	눈은 뜨고 호흡은 규칙적임, 신체적인 움직임이 거의 없음.
활동적으로 깨어 있음	눈을 뜨고 팔다리를 움직임, 호흡이 불규칙함
울거나 칭얼대기	눈은 반쯤 또는 완전히 감은 상태임, 울음과 칭얼대는 소리와 함께 심하게 움직임

출처: 박성연, 도현심(2003)

(3) 수유

모유는 가장 바람직한 신생아의 음식이다. 초유란 출산 후 1~2일이 사이에 산모에게서 누르스름하고 끈적끈적한 젖이 나오는 것을 말한다. 초유에는 단백질, 지방, 비타민 A 등의 영양성분이 포함되어 태아의 태변 배설에 도움을 주고, 전염병에 대한 저항력을 높이며, 영양과 질병에 대한 면역체를 다량 함유하고 있다.

모유 수유의 장점은 밀접한 피부접촉을 통해 아기에게 안정감을 주며, 영양학적으로 우수하고 소화·흡수가 쉽다. 또한 수유장애가 적고, 신선하고 경제적이며, 일정한 온도를 유지하고 질병에 대한 저항력을 길러 준다.

신생아가 출생 초기에는 빠는 힘이나 기술이 충분히 발달하지 않아 양육자가 수유 방식에 익숙해지기까지는 어느 정도의 시간이 걸린다. 신생아가 젖을 빠는 것은 신생아가 깨어 있는 상태에서 가장 열심히 생존을 위해 노력하는 행동이다. 신생아가 처음 젖을 빨 때는 익숙하지 않아서 공기까지 들여 마시는 경우가 있어 토하기도 한다.

신생아의 위가 작고 수직적으로 되어 있어 한꺼번에 많은 양을 먹지 못하여 두세

시간 간격으로 하루에 7~12회 정도 먹는다. 모유는 조제분유보다 소화가 더 잘되기 때문에 자주 먹는다. 신생아가 생리적으로 안정되고 수유간격도 어느 정도 일정해지는 생후 3~4주 정도 지나면 서너 시간 간격으로 젖을 먹는다.

신생아는 어머니의 심장소리를 듣거나 밀접한 피부접촉을 함으로써 아기에게 안정감을 갖는다.

(4) 배설

생후 1~2일경 태변을 본 신생아는 생후 1~2일경에 아주 짙은 녹색이나 갈색의 끈적끈적한 변을 보는데 이것을 태변이라고 한다. 생후 3~4개월이 지나면 노란 보통변으로 변한다.

태변은 어머니의 뱃속에서 생긴 장의 분비물, 담즙, 점액, 양수에서 삼켰던 물질들이 태내에 축적되어 있다가 배출되는 것으로 태변을 본 후 며칠 후 정상적인 변을 보기 시작하여 하루에 4~7회 정도 대변을 본다. 모유 수유 시 하루에 3~4회, 인공 수유 시 하루 1~2회이다.

신생아의 신장은 출생 전 이미 기능을 하고 있어 70%가량의 신생아가 24시간 이내에 소변을 본다. 신생아는 하루에 10~20회 정도 소변을 보며, 소변의 양은 30~40g 정도이다. 월령이 증가할수록 소변의 양은 증가하고 횟수는 줄어든다. 신생아의 소변은 어른에 비해 빛깔도 엷고 냄새도 진하지 않다.

3) 반사운동

(1) 생존반사기능

갓 태어난 신생아는 생존에 필요한 반사행동을 한다. 신생아가 젖을 먹을 수 있도록 하는 데 필요한 반사운동으로 젖찾기반사, 빨기반사, 연하반사 등과 생리적 기능을 유지하는 데 유용한 반사에는 기침, 재치기, 하품, 그리고 신생아를 위험으로부터 보호해 주는 반사에는 위축반사, 동공반사, 눈깜박거리기반사 등이 있다.

- 눈깜박거리기반사 : 눈에 지나치게 자극이 오거나 바람이 불면 눈을 깜박이는 반사
- 젖찾기반사 : 입 근처에 자극을 주면 자극이 있는 쪽으로 고개를 돌리고 입을 벌리는 반사
- 빨기반사 : 어떠한 물질이든 입술을 자극하면 입에 닿는 것은 무조건 빠는 반사
- 연하반사 : 음식물을 삼키는 반사
- 호흡반사 : 산소를 얻기 위해 흡입하고 이산화탄소를 방출하기 위해서 내뿜는 반사
- 동공반사 : 눈의 동공이 밝은 빛이 들어오거나 잠을 잘 때는 좁아지는 희미한 빛이 들어오거나 깨어 있을 때 넓어지는 반사

(2) 특수 반사기능

특수 반사는 생존과는 관련이 없으나 인류가 진화의 흔적으로 보이며, 특수 반사가 나타나고 사라지는 것은 영아의 중추신경계계통의 정상성의 여부를 판단하는 지표가 된다.

- 모로반사 : 큰 소리 등에 아기가 깜짝 놀랐을 때 팔다리를 허우적대거나 목을 길게 빼는 동작으로 생후 6~7개월에 사라진다.
- 바빈스키반사 : 신생아의 발바닥을 기질이면 발가락을 발등 바깥쪽으로 쫙 폈다가 오므리는 반응으로 생후 8개월~1세에 사라진다.
- 수영반사 : 신생아를 물 속에 수평으로 놓으면 팔과 다리를 교대로 움직이며 입으로 숨을 쉬는 동작으로 4~6개월 무렵에 사라진다.
- 파악반사 : 손바닥을 건드리면 즉각적으로 움켜잡듯이 주먹을 쥐는 동작으로 3~4개월경에 사라진다.
- 걸음마반사 : 평평한 곳에 양발을 딛게 하면 마치 걸음마를 하려는 듯 한쪽 발을 다른 쪽 발 앞에 놓는 동작이다.

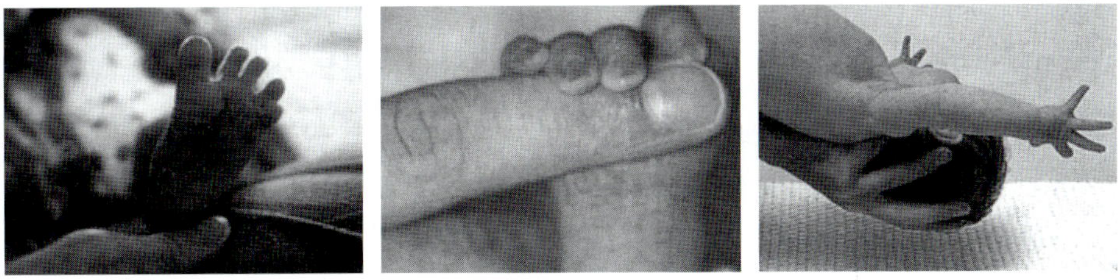

그림 4-6 신생아의 반사행동
출처: Santrock, J. W.(2003)

- 긴장성 목반사 : 머리를 한쪽으로 돌려놓으면 마치 펜싱을 하듯이 얼굴이 향한 쪽의 팔을 쭉 뻗음과 동시에 반대쪽의 팔을 구부리는 동작으로 생후 4개월경에 사라진다.

4) 지각능력

(1) 시각

시각은 고등감각으로 멀고 가까운 것, 진하고 옅은 것뿐만 아니라 색을 구분해야 하는 등 복잡한 기능을 갖고 있으므로 태어날 때까지 완성되지 못한다. 출생 시 비교적 발달되지 않은 상태이며, 신생아의 시력은 0.2도 채 안되기 때문에 생후 6주 이전까지는 사물을 볼 수 없다. 시신경이 덜 발달되어 빛이 들어오는 시기는 생후 1주일이 지나야 가능해진다. 지각능력 중 시각은 가장 마지막으로 발달한다. 1개월경에는 사물에 초점을 맞추고 응시 가능하며 20~30cm 떨어진 곳에 있는 물체를 가장 초점을 잘 맞추며 3개월 안에 움직이는 물체를 눈으로 추적할 만큼 발달한다. 2개월경 180도 각도에서 물체를 추적하는 수평투시가 가능해진다. 신생아의 시각은 다양한 패턴을 보는 자극을 통해 발달한다. 직선보다 곡선을, 단순한 형태보다는 복잡한 형태를 선호한다. 또한 다른 여성의 얼굴보다 자기 엄마의 얼굴을 더 오래 응시한다(Field, 1990). 색에 대한 지각은 3~4개월경 가능하며 빨강, 파랑, 초록,

노랑을 선호하며(Bornstein & Lamb, 1992), 성장하면서 시각능력이 더욱 향상된다.

(2) 청각

청각이 이미 태내에서 어느 정도 발달되어 태어난다. 임신 4개월이 되면 태아의 뇌 속에 해마라는 부분이 만들어져 가장 자주 듣는 엄마의 목소리를 듣고 기억할 수 있다. 생후 2주경 사람의 목소리와 다른 소리를 구분할 수 있으며 생후 3주경 아버지의 목소리보다 어머니의 목소리에 민감하게 반응한다. 3개월경이 되면 청력과 음감이 급격이 발달하여 소리를 통해 감정에 대한 정보를 수집할 수 있게 되며, 6개월이 되면 소리의 근원지를 구별하고 추적할 수 있게 된다.

(3) 촉각

촉각은 출생 전부터 상당히 발달되어 태어난다. 피부접촉을 통한 자극은 신생아 생존에 필수적이며 출생 시 입술과 혀가 발달되어 있다. 신생아는 촉각에 의존하여 주변 환경을 인지할 수 있다. 그러므로 피부접촉은 정상적인 발달에 필수적이며, 안아주고 얼러주고 몸을 깨끗이 하는 것은 신생아의 성장을 돕는 것이다.

(4) 미각

아기의 혀는 임신 3개월부터 발달하기 시작해서 임신 7개월까지 꾸준히 발달하다가 태어나기 전 이미 거의 완전하게 발달된다. 그러므로 태내에서도 맛을 느낄 수가 있다. 출생 시에도 여러 가지의 맛의 액체를 구분할 수 있으며 생후 2주경에

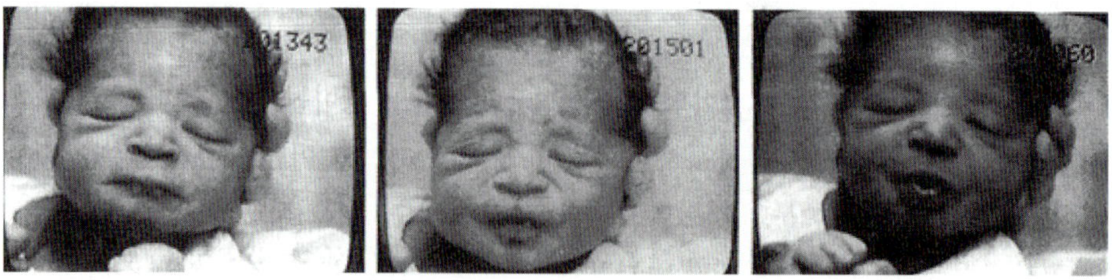

그림 4-7 기본적인 맛에 대한 신생아의 반응

출처: Santrock, J. W.(2003)

는 확실하게 반응한다. 신생아는 쓰고, 달고, 시고, 매운맛을 모두 느낄 수 있는데 그중에서도 가장 좋아하는 맛은 모유나 분유의 단맛이고 가장 싫어하는 맛은 쓴맛과 신맛이다. 2~3개월에는 미각이 잘 발달되어 맛에 대한 선호도가 생긴다.

(5) 후각

신생아는 어머니와 다른 여성의 젖 냄새를 구분할 수 있다. 암모니아와 같은 독한 냄새에 반응한다. 실험에 의하면 생후 6일된 신생아를 눕혀놓고, 엄마의 젖에 댔던 천과 다른 여성의 젖에 댔던 천을 놓은 다음에 아기의 머리가 어느 쪽으로 향해지는가를 보면 아기는 자기의 엄마 냄새가 나는 천쪽으로 머리를 돌린다고 한다. 이렇듯 냄새를 구별하는 능력이 있다는 것을 알 수 있다.

(6) 통각

출생부터 아기들은 고통에 아주 민감하다. 신생아의 신경조직이 발달하면서 통증에 대해 더욱 민감해진다. 통각은 한동안 신생아들은 느끼지 못한다고 하였으나 신생아들이 4~6개월이 되어 백신접종을 하게 되었을 때, 마취제를 맞은 신생아에 비해 더 강렬하게 반응하였다는 연구(Taddio et al., 1997)를 보면 신생아도 고통을 느끼는 것을 알 수 있다. 이러한 통각은 생후 3개월경 갑작스럽게 나타난다. 신생아의 통각은 아픔에 대한 반응은 아픔을 느끼는 것으로부터 피하려는 정도이며 여아가 더 민감하다. 아픔을 많이 느끼는 부위는 입술 이마 등이며 상체, 특히 머리부분이 민감하다.

(7) 온도감각

신생아는 온도에 대해 예민한 감각을 가지고 있어 목욕을 시킬 때 온도가 너무 높으면 울고, 온도가 너무 낮으면 싫어한다. 또 분유가 너무 뜨겁거나 차가우면 호흡과 호흡이 불규칙해지고 맥박도 일정치 않으면서 우는 등 신체 반응을 나타내며, 방 안의 온도가 떨어질 때에는 체온유지를 위해 몸을 활발히 움직이는 등 온도 변화에도 매우 민감한 편이다.

5) 신생아 돌보기

(1) 기본적인 처치

아기가 태어나 엄마 품에 오기까지 받는 검사와 기본적인 처치는 다음과 같다.

첫째, 코와 입의 이물질을 뽑아낸다. 분만이 진행되는 동안 아기는 숨을 쉬면서 양수나 양수 속의 각종 분비물, 점액 등의 이물질을 삼키게 된다. 산도를 통과하면서 가슴이 압박되면 이물질은 코와 입으로 밀려져 나오므로 이것 때문에 숨쉬기가 곤란해진다. 따라서 태어나자마자 먼저 입의 이물질을 뽑아내고 후두와 기관지에 남아 있는 이물질도 깨끗하게 제거해준다.

둘째, 눈 속에 찬 양수를 빼고 눈을 소독한다. 엄마의 뱃속에서 나온 아기는 눈에 양수가 들어 있어 눈을 뜨지 못한다. 그러므로 소독수로 눈에 들어 있는 양수를 깨끗이 빼주어야 잠시 후 눈을 뜨게 된다.

셋째, 탯줄을 다시 짧게 자른다. 엄마 몸에서 바로 나왔을 때 길게 잘라놓았던 탯줄을 3~4㎝ 정도만 남기고 잘라 끝을 플라스틱 집게로 집어 놓는다. 배꼽은 1~2주 정도면 아물며 완전히 떨어질 때까지 입욕을 피한다.

넷째, 가느다란 관으로 폐의 이물질을 뺀다. 산도를 빠져나오면서 폐가 압박을 받아 폐에 고여 있던 이물질이 계속 코와 입으로 올라오므로, 마지막으로 가느다란 관으로 이물질을 깨끗이 빼낸다.

다섯째, 아프가 검사를 하여 신생아의 상태를 진단한다. 신생아의 심장 박동수, 호흡·근력·피부색 및 자극에 대한 반응 등 5개 항목에 대해 각각 점수를 매겨 신생아의 상태를 진단한다.

여섯째, 몸무게를 재고 발도장을 찍는다. 아기가 숨 쉴 수 있도록 간단한 의료처치가 끝나면 몸무게를 재고 아기의 상태를 차트에 기록한다. 기록이 끝나면 뒷면에 엄마의 손도장과 함께 아기의 발도장을 찍어 놓는다.

아기의 몸에 이상이 있는지 여부를 알아보는 방법 중에 하나는 대변을 살피는 것이다. 신생아는 처음에는 태변을 보고 며칠 뒤에 녹색을 띤 노란색 변을 보게 된다. 아기의 변은 모유를 먹느냐, 우유를 먹느냐에 따라 차이가 난다. 또한 아기의 컨디션을 그대로 나타낸다.

(2) 목욕

생후 첫 번째 목욕은 아기가 출생 후의 스트레스로부터 안정이 될 때까지 적어도 수 시간 정도는 하지 않는다. 신생아의 목욕은 미지근한 물로 씻어주는 것이 좋다. 태어나서 처음 하는 목욕에서는 피부에 손상이 있는 경우 소독약이 포함된 물로 목욕을 시키기도 한다. 미숙아의 경우는 끓였다가 식힌 멸균된 물을 사용하기도 한다.

배꼽이 완전히 떨어지기 전인 1~2주에는 통목욕을 시키지 말고 수건에 물을 묻혀서 사용하며 수건으로 얼굴 닦고 몸을 닦아주는 정도로 충분하다. 얼굴은 비누를 쓰지 말고 배꼽이 다 아문 후에 물에 넣는 것이 좋다. 신생아의 목욕은 1주일에 2~3번 정도가 적당하다. 더 자주 목욕을 하면 피부를 건조하게 할 수 있다. 때를 벗긴다고 열심히 문지르면 안 된다. 특히 때 타월을 사용해서 박박 문지르는 것은 절대로 피해야 한다.

비누는 아기용으로 만들어진 것이 좋으며 비누칠은 가장 더러워진 부위 정도에만 하는 것이 좋다. 비누나 세정제를 사용해서 목욕한 후에는 잘 씻어주는 것이 중요하다.

목욕을 할 때는 아기를 물에 빠트리지 않게 매우 주의해야 하며 특히 비누를 사용한 경우는 미끄러지지 않게 타월 등으로 아기를 잡는 것도 중요하다. 또한, 체온이 소실되지 않게 주의해야 하며 특히 처음 목욕을 시킬 때 아기가 놀라지 않도록 서서히 물을 묻히는 것이 좋다.

목욕을 시킬 때는 준비를 잘해서 허둥대지 말고 목욕을 시킬 때는 방이 너무 춥지 않게 주의하고 너무 차갑거나 뜨거운 물로 목욕을 시켜서는 안 된다. 특히 아기 목욕 중에 전화를 받는 등 한눈을 파는 것은 절대로 해서는 안 된다.

(3) 일광욕

일광욕은 신생아의 식욕을 향상시켜주며 성장발육과 운동기능의 발달을 촉진한다. 생후 1개월 이후부터 일광욕을 시작하며, 처음 1~2일 동안은 하루 5분 정도씩 발끝부터 시작한다. 일광욕을 할 때에는 직사광선을 받지 않도록 주의한다.

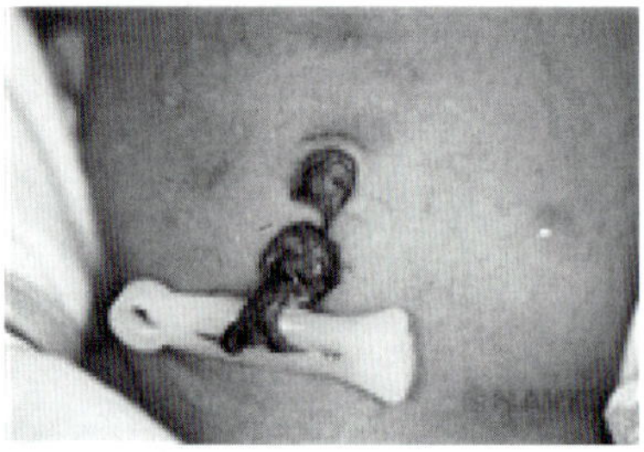

그림 4-8 배꼽이 떨어지는 정상 모습

(4) 배꼽관리

배꼽은 아기가 엄마 뱃속에 있을 때 영양을 공급받고 노폐물을 배설하던 통로다. 아기가 엄마 뱃속에서 바깥세상으로 나오면 더 이상 탯줄은 필요 없게 된다. 탯줄을 자르고 남은 것이 배꼽이다. 신생아의 배꼽은 10~20일 정도 지나야 닫힌다. 잘라내고 남은 배꼽에 붙은 탯줄은 10일 정도 잘 말리면 거무스름하고 딱딱하게 변하면서 저절로 떨어진다.

목욕을 시킨 다음에는 바로 싸두지 말고 배꼽의 물기를 완전히 마르게 해줘야 한다. 대소변으로 오염이 되면 기저귀 갈 때마다 잘 씻어서 말려주며 배꼽이 떨어질 때까지는 통목욕을 시켜서는 안 된다.

(5) 울음

울음은 말하지 못하는 아기의 언어이다. 아기가 울 때는 배가 고파서 우는 경우는 먹이고 기저귀가 젖은 경우는 갈아준다. 하지만 아기들은 하루에 2~3시간을 울기도 한다. 잠자기 전에 10~15분간을 울다가 잠들기도 합니다. 배고파서 우는 게 아닌데 먹는 것으로 아기를 달래서는 안 된다. 이런 경우에는 안아 준다. 처음에는 잘 모르지만 안아주다 보면 아기의 울음에 대해서 엄마가 알게 되고 안아주어야 할지 아니면 그냥 두어도 될지를 알게 된다. 우는 아기를 달래기 위해서 심하게 흔들거나 아기를 집어 던지듯이 위로 치켜들어서는 안 된다.

(6) 운동

신생아의 운동은 각종 저항력과 근육발달을 위해 중요하며 하루 30분 정도 운동을 시킨다. 일반적으로 젖을 먹인 직후나 배가 고플 때는 피한다. 머리를 돌리거나 다리를 차고 팔을 흔드는 등 스스로 기초적인 운동을 할 수 있다. 그러나 혼자서 할 수 없는 신체근육운동 예를 들어 아기가 앉고 서게 될 때까지 몸통근육, 걸을 때까지의 발목과 발의 근육을 운동은 할 수 없으므로 어머니가 도와줄 수 있다.

6) 신생아의 이상증세

(1) 신생아 황달

황달은 혈액 속의 빌리루빈 농도가 증가하면서 피부에 빌리루빈이 축적되고, 그로 인해 신생아의 피부와 눈 흰자위의 색이 노랗게 변하는 것을 말한다. 신생아는 적혈구의 수명이 짧아 빌리루빈의 생성이 증가하고 대사가 미숙하므로 처리 능력이 떨어져서 생후 2~3일부터 황달을 보이다가 5~7일경에 좋아진다. 혈중 빌리루빈 수치가 증가함에 따라 황달이 얼굴에서 시작하여 복부, 발까지 진행된다. 대부분 큰 문제없이 좋아지지만 심한 황달을 치료하지 않는 경우 신경계에 손상을 줄 수 있다.

(2) 영아산통

영아산통은 신생아나 생후 2~3개월이 된 영아가 신체에 어떤 병이 없는데도 발작적 복통으로 하루 중 언제든지 발생할 수 있으나 주로 저녁이나 새벽에 이유 없이 발작적으로 울고 보채는 증상이 나타난다. 아기가 원인 없이 갑작스럽게 발작적으로 자지러지게 울기 시작하여 몇 시간 동안 전혀 달래지지 않다가 저절로 울음을 멈춘다. 기질적 원인 없이 발작적인 울음과 보챔이 하루 3시간, 최소 한 주 동안 3회 이상 발생한다. 보통 생후 6주경에 가장 심하게 나타나며 생후 3~4개월이 되면 이러한 증상이 소실된다. 정확한 원인이 밝혀져 있지 않지만 소화 기능의 미숙함에 의한 것으로 보인다. 분유에 함유된 유단백 또는 유당에 민감한 영아에게서 분해되지 않는 성분들로 인해 발생하는 복부 팽만감 또는 통증에 의한 것으로 여겨진다. 일부에서는 수유 중 공기를 과다히 삼키거나 배에 가스가 많이 찼을 경우, 사회적, 정신적 스트레스로 인해 발생할 수 있다고 하니 과학적으로 입증된 바는 없다. 영아산통이 나타날 때의 아기는 인상을 쓰고 복부 팽만이 있으며 양손을 움켜쥐고 배에 잔뜩 힘을 주며 다리를 배 쪽으로 구부리고 있어 심한 통증이 있는 모습을 나타낸다. 증세는 장이 막혔을 때나 복막에 염증이 있을 때의 증세와 감별하기 어려울 수 있으므로 계속 토하거나 대변에 피가 섞여 나오면 즉시 병원에 가는 것이 좋다.

또한 주위를 조용하고 자극적이지 않게 한 다음 푹신하게 포대기나 담요로 싸주고, 아기의 앞가슴과 어깨를 대고 안아주거나 아기의 무릎을 굽힌 상태로 안고 그네를 태우듯이 천천히 살살 흔들어주는 방법, 마지막으로 노리개 젖꼭지를 빨려주거나 따뜻한 손으로 배를 살살 쓸어 주는 방법 등을 해본다.

(3) 신생아 결막염

신생아에게 여러 원인에 의하여 결막에 염증이 생긴 상태를 말한다. 신생아결막염의 원인은 임질균의 침범을 예방하기 위해 투여하는 질산은 용액의 부작용에 의한 이차적인 염증이나 임질균, 클라미디아, 포도상구균, 헤르페스 바이러스 감염 등에 의해 신생아결막염이 발생한다. 또한 미숙아나 양막의 파열이 빨리 발생하는 경우에는 출생 시 감염되어 결막염이 나타날 수 있다. 염증은 질산은 투여 후 대개 생후 6~12시간 이내에 발생하여 24~48시간 정도 경과하면 회복된다. 신생아결막염이 적절한 치료가 지연되는 경우에는 염증이 점점 깊은 곳으로 퍼져 나가게 되어 심각한 합병증을 유발할수 있다. 그 외 세균에 의한 신생아결막염은 경한 염증으로 부터 심한 화농성 분비물과 눈꺼풀의 부종에 이르기까지 다양한 증상을 나타낼 수 있다.

(4) 선천성 고관절 탈구

태어날 때부터 골반과 대퇴골 사이의 관절이 벗어나 있거나 불안정하기 때문에 생후에 어긋나버리는 것을 말한다. 기저귀를 갈아줄 때 다리에서 똑똑 소리가 나거나 다리가 잘 벌어지지 않을 때, 그밖에도 허벅지 안쪽 주름수가 좌우 차이가 나는 경우는 선천성 고관절 탈구일 가능성이 크다. 그냥 놔두면 걸음걸이에도 지장을 준다. 그러나 조기에 치료를 하면 완치된다.

(5) 배꼽 탈장

배꼽이 불룩하게 튀어나온 것인데 배꼽구멍으로 장이 들어가 생기는 현상이다. 배꼽 탈장을 가진 신생아는 울거나 변을 보는 등 배에 힘을 줄 때 배꼽이 볼록 튀어나왔다가 저절로 들어가는 증상이 나타난다. 생후 6개월에서 1년 정도가 지나면서 복벽이 성숙하면 저절로 호전되는 경우가 많으므로 경과를 지켜보는 경우가 대부분이다.

(6) 두혈종

신생아 머리 위쪽이 불룩하게 튀어나와 보인다. 태어날 때 손상을 받은 것이지만 대개 시간이 지나면 저절로 좋아진다. 특별한 문제가 있는 경우라면 출생 시에 산부인과에서 알려준다.

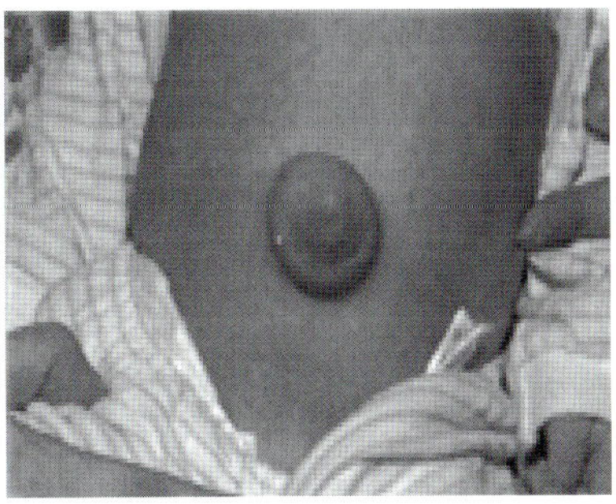

그림 4-9 배꼽 탈장

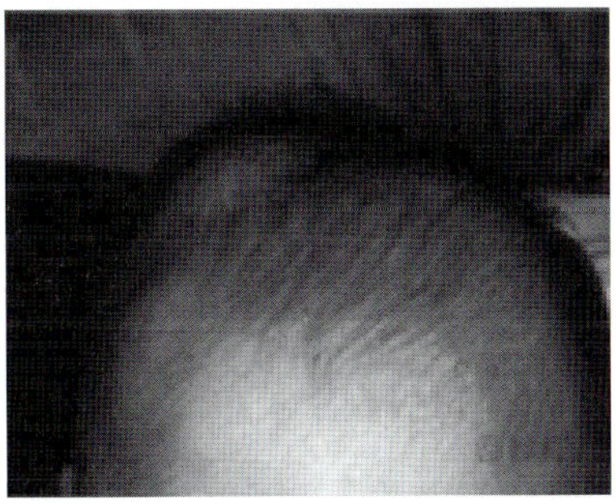

그림 4-10 두혈종

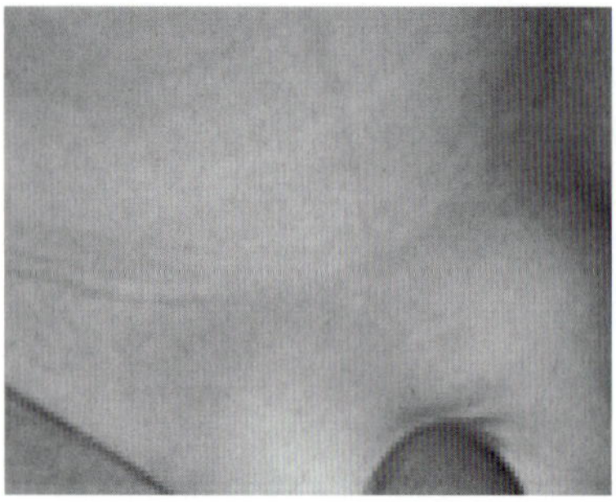

그림 4-11 서혜부 탈장

(7) 서혜부 탈장

배꼽 탈장과는 달리 서혜부 탈장은 돌전의 아기의 경우는 조기 수술이 원칙이다. 가능하면 빨리 수술해야 한다.

(8) 신생아 발달이상

① 정상적인 신생아의 발달

- 엎드린 자세 : 굴곡된 자세로 누워 있다. 좌우로 고개를 돌린다.
- 누운 자세 : 일반적으로 누운 자세에 약간 뻣뻣한 느낌이 있다.
- 시각 : 보이는 선상에서 얼굴이나 불빛에서 시선을 고정할 수 있다.
- 반사 : 모로반사가 활발하다.
- 사회적 발달 : 사람 얼굴 보기를 선호한다.

② 수유장애

뇌성마비, 중추신경계의 기형, 성장부진 등의 질환에서는 신생아가 젖을 빠는 힘이 약하거나 심하게 토하는 등의 수유장애를 보일 수 있기 때문에 수유장애를 보이는 신생아는 주의 깊게 관찰한다.

③ 체중 증가 이상

체중이 정상적으로 증가하지 않는 경우 주의하여 관찰한다.

④ 두위의 이상

머리둘레가 지나치게 작거나 큰 경우, 너무 빠르게 증가하는 경우는 각각 소두증과 수두증을 의심해야 한다.

⑤ 항상 같은 자세만 취할 경우

자발적인 운동이 없고 항상 같은 자세만 취하고 있다면 신경손상 등 기타 신경근육계의 이상을 의심해야 한다.

⑥ 반사의 이상

비대칭 모로반사 등의 반사가 나타나지 않거나, 비대칭 반응을 보일 경우는 골절, 신경손상 등의 뇌 손상을 의심해야 한다.

⑦ 시각 및 청각 기타 주위에 대한 반응

빛에 반응을 보이지 않거나 큰 소리에 반응이 없는 경우는 각각 시각장애, 청각장애를 의심할 수 있다. 기타 신경손상, 지능장애 등에서는 주의에 대한 반응이 없거나 둔하게 보인다.

| 5장 |

신체발달 및 운동발달

1. 신체발달

영아기는 출생~만 2세를 말하며 피아제에 의하면 감각운동기 단계에 해당된다. 이때 영아는 일생의 신체 정서, 사회 및 인지발달의 70% 이상을 발달시키므로 매우 중요한 발달단계이다. 따라서 발달과정 초기에 있는 영아에게 신체발달은 매우 중요한 의미를 갖는다. 영아는 환경과의 상호작용을 통해 신체발달상에서 양적으로 성장하고, 질적으로는 기능적이고, 정밀해지는 과정 중에 있다. 이 장에서는 신체성장, 생리기능 및 감각·지각발달에 대해 살펴볼 것이다.

1) 신체발달의 원리

영아기는 유전과 환경의 상호작용의 결과로 이루어지며 영아는 기어다니다가 앉고, 무언가 붙잡고 서게 되면서 혼자서 보행이 가능해져 독립적인 걷기활동이 가능해지는데 이를 위한 일반적 발달의 순서와 방향으로 이루어진다.

첫째, 두미의 법칙이다. 신체발달은 머리에서 다리방향으로 이루어지는데 머리의 발달이 먼저 이루어지고 다리방향으로 연결되어 일어난다. 태아의 머리, 뇌, 눈은 먼저 발달하는데 2개월 된 태아의 머리는 전체 몸길이의 1/2이고 신생아의 머리는 몸 크기의 1/4이다.

둘째, 근원발달의 법칙이다. 신체 중심이 먼저 발달하고 이어서 팔, 다리 부분으로 연결되어 일어난다. 영아의 몸체는 팔다리보다 먼저 발달하고, 팔다리는 손가락, 발가락보다 먼저 발달한다.

셋째, 전체에서 특수한 부분으로 발달하는데, 예를 들어 영아는 물건을 잡으려 할 때 잡지 못하고 손만 가져다대거나 몸 전체를 움직이는 부자연스러운 행동을 하지만 점차 눈, 손, 몸의 협응이 일어나고 분화되어 한 손으로 물건을 잡게 된다.

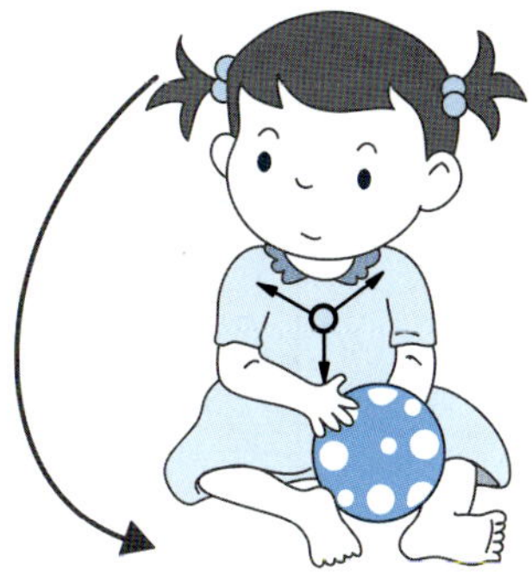

그림 5-1 발달의 원리

넷째, 계속성 원리이다. 신체발달은 전 단계의 발달에 기초하여 연속적이나 각 부위의 발달은 일정하지 않다. 출생 이후 2년까지는 빠르게 성장하다가 사춘기 전까지는 완만한 성장을 나타낸다.

넷째, 개인차의 원리이다. 인간발달은 보편적인 순서에 따라 성장, 발달하지만 개인의 유전적 영향, 환경적 요인, 성차에 따라 개인차가 존재한다. 신체발달이 높은 영아는 지적발달도 높고, 긍정적·적극적인 성격으로 발달하는 경향이 있다(김경중 외, 1998).

다섯째, 유전과 환경의 상호작용 원리이다. 발달에 영향을 주는 유전적 요인은 생물학적 요인, 성숙요인이며, 환경적 요인은 경험적 요인, 사회경제적 요인, 심리적 요인, 운동, 영양 및 질병 등이 있다. 유전과 환경요인 중 어느 것이 우세한가는 아직도 논쟁 중이다.

2) 신체적 성장

영아기는 일생 중에 신체발달이 가장 빠른 시기이다. 이 시기의 신장, 골격, 근육, 치아의 발달을 살펴본다.

(1) 신장과 체중의 변화

영아기는 키의 성장률은 체중의 성장률의 2배가 된다. 생후 1년 동안 신장은 1.5배, 체중은 3배가 된다. 키는 유전적 영향이 크고 개인차가 있어서 불규칙한 성장률을 나타내는 반면, 체중은 가정의 사회·경제적 요인같은 환경적 요인의 영향을 받는다. 영아기의 체격발달 표준치는 [그림 6-2]와 같다.

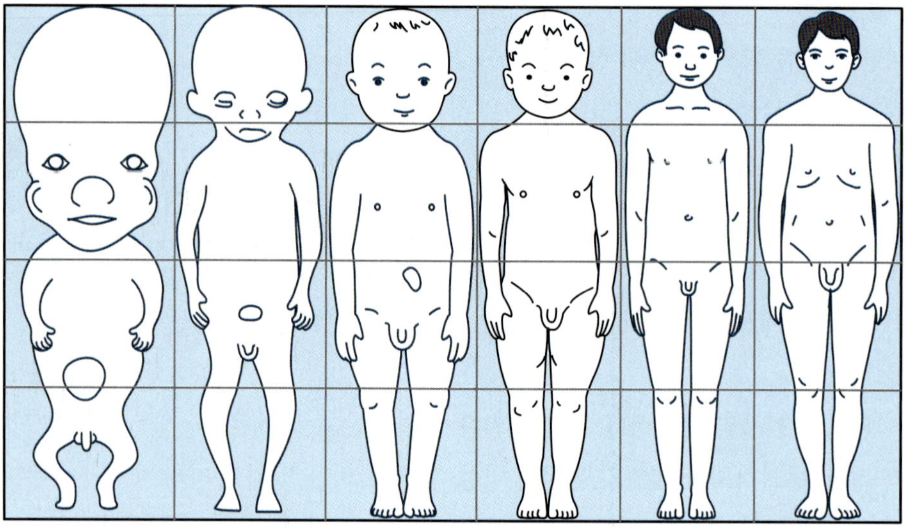

그림 5-2 태아기에서 성인기까지의 신체비율 변화
출처: http://www.misodent.com/x/dent/page3-1.htm

(2) 신체비율의 변화

출생 후 첫 1년 몸통이 가장 빠른 성장, 출생 후 1년부터 청년기 동안 다리가 가장 빠른 속도로 성장한다. 출생 시 머리 크기는 남아 34.1cm, 여아 33.5cm에서 2세가 되면 남아 48.4cm, 여아 47.4cm로서 출생 시의 1.4배가 된다. 또한 머리 크기는 신체길이의 1/4, 2세경 신체의 1/5이 된다(두미발달법칙). 근원발달 원칙에 의해 발은 성인이 되면 출생 시의 5배가 된다.

(3) 골격의 발달

출생 시 성인의 골격보다 크기가 작고 수도 적으며 매우 유연하고 부드럽다. 이때 부드러운 뼈가 단단해지는 과정(경화 또는 골화)은 사춘기가 될 때까지 일어나고 손이나 손목의 뼈가 먼저 단단해진다(두미발달, 근원발달 원칙).

영아의 두개골은 여섯 개의 숫구멍이 있고, 숫구멍(천문)은 피부막으로 덮여 있어 뇌를 상해로부터 보호해 주며, 두개골이 단단해지면서 두 돌이 되기 전에 숫구멍은 무기질로 채워져 닫히게 된다. 두개골의 숫구멍을 이루는 조직은 유연하여 출산 시 산도를 통과하기 쉽게 한다.

출생 시 아기는 가슴이 둥글고 어깨가 높으며 목은 짧다. 출생 전 태아의 척추는 C자 모양이었으나 출생 후 숨을 쉬게 되면서 머리를 들게 되어 목과 척추가 펴진다. 영아가 앉고 서고 걷게 되면서 척추는 S자형을 유지한다. 골격의 발달은 몸의 자세를 결정하고 근력의 기초를 이루어서 유아기에는 몸의 자세가 불안정하다가 걷기가 가능해지면서 안쪽으로 굽은 다리가 펴지고 6, 7세가 되면 무릎과 팔의 자세가 바르게 된다.

두개골과 손뼈가 가장 먼저 성장하고 다리뼈는 10대 후반까지 성장이 지속된다.

(4) 근육의 발달

출생 시 성인과 같은 근육조직수를 가지고 있으나 근육섬유의 길이, 너비, 두께는 성인기까지 계속 발달하고 생후 4개월경에는 목근육이 발달, 목을 조절할 수 있으며 목을 들 수 있게 된다. 목근육이 다리 근육보다, 대근육이 소근육보다 더 빨리 발달하고, 여아가 남아보다 더 빨리 발달한다.

근육의 발달은 체중의 발달과 같은 속도로 발달하고 근육의 크기는 5, 6세경에 급격히 증가하여 7세 이후에는 어깨, 엉덩이 등의 근육에 성차가 나타나기 시작하며, 13세 이후에는 성차가 더욱 더 나타난다. 근육과 지방의 발달비율은 체형을 나타내고 이는 자아개념, 심리적 행동에 영향을 미친다.

출생 후 1년까지는 근육이 완전히 발달되지 않았기 때문에 신체활동을 하면 쉽게 피곤해지나 회복력은 빠르다. 2세경에는 근육이 더욱 발달하여 뇌발달과 연합하여 자발적 운동이 증가한다.

(5) 치아의 발달

출생 시 잇몸 속에 20개의 젖니와 여러 개의 영구치가 자리잡고 있다. 유치는 생

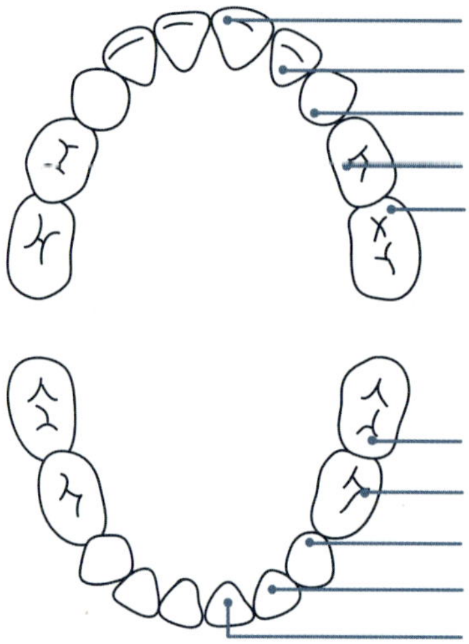

윗니	나오는 시기	빠지는 시기
중절치	8~12개월	6~7세
측절치	9~13개월	7~8세
견치(송곳니)	16~22개월	10~12세
제1유구치	13~19개월	9~11세
제2유구치	25~33개월	10~12세

아랫니	나오는 시기	빠지는 시기
제2유구치	23~31개월	10~12세
제1유구치	14~18개월	9~11세
견치(송곳니)	17~23개월	9~12세
측절치	8~12개월	7~8세
중절치	6~10개월	6~7세

그림 5-3 유치와 치아 나는 순서

출처: http://www.koreahealthlog.com/1462

후 6개월경에 아랫니부터 나기 시작하여 24~39개월경에 20개의 젖니가 모두 나게 된다.

젖니는 6세부터 빠지기 시작하여 영구치로 대체된다. 유치는 조직이 연하며 뿌리가 얕기 때문에 충치가 되기 쉽다. 젖니는 영유아가 음식을 잘 씹어서 소화할 수 있도록 하여 성장·발육이 정상적으로 이루어질 수 있게 도와주고, 발음을 정확히 할 수 있게 해준다.

3) 생리적 기능

영아기는 생활을 위한 기본적인 생리적 습관이 이루어지는 시기이고 수면상태의 변화, 이유식 시작 및 배변훈련도 시작되는 시기이다.

(1) 수면

신생아(0~2개월)는 하루의 80%인 18~20시간, 6~12개월에는 14~16시간, 1~2세에는 50%인 12~14시간으로 줄어든다. 수면시간의 감소는 출생 시 미성숙했던 뇌가 출생 후 1~2년간 빠른 속도로 성장하면서 낮 시간에 활동을 하기 때문이다. 신생아기 때 50%가 REM 수면이던 것이 3개월이 되면서 40%로, 두 돌 무렵에는 30%로 감소하여 성인이 되면 20% 정도가 된다. 많은 양의 REM 수면은 뇌발달을 촉진시키므로 충분한 수면이 필요하다.

신체적으로 불편하면 영아가 잠을 자지 않고 보채는 경우가 많으므로 원인을 찾아 대처하도록 한다. 수면 주기가 낮과 밤이 바뀐 영아는 낮잠을 과도하게 자지 않도록 하고, 밤에 잠자리에 들기 전에 목욕시키고 수유하는 것이 효과적이다.

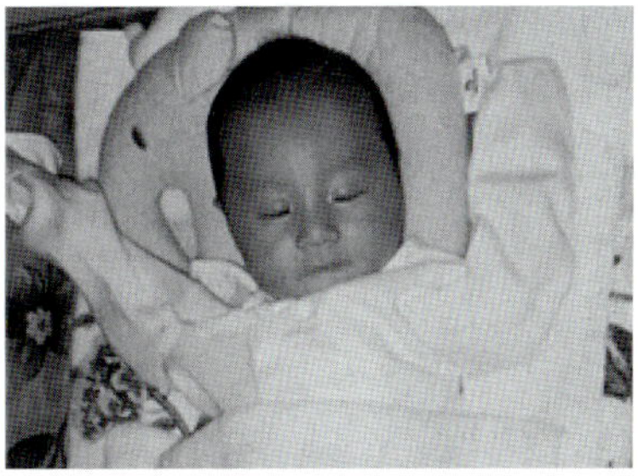
잠자는 아기

부모와 같이 한방에서 자는 경우, 영아의 즉각적인 신호에 반응할 수 있으나 부모가 술, 담배를 하거나 피곤한 정도가 높을 시 영아에게 위험할 수 있다는 연구도 있다(Baddock 외, 2007).

(2) 수유와 이유

아기의 영양은 신체적·정서적 발육에 중요하고, 특히 모유는 완전한 영양식품으로 입증됨에도 불구하고 우리나라의 모유 수유율은 해마다 감소하는 추세이다. 신생아는 초유를 먹기 시작하여 6개월까지는 모유를 먹이는 것이 좋다. 수유 기간 중 산모는 약, 술, 담배는 금지하고 수유시간과 횟수는 개인차가 크므로 특정 기준에 따를 필요는 없다.

모유의 장점은 첫째, 영양학적 적합성이다. 출생 후 4~6개월 동안 모유가 좋은데 모유는 소화를 위한 필수지방산과 뇌세포 성장을 위한 단백질성분을 함유하였기 때문이다(Reeder 외, 1989). 둘째, 모유 수유를 통해 산모와 영아 간의 신체적 접촉,

엄마가 젖 먹이는 모습
출처: 정옥분(2012)

눈 접촉을 통해 애착형성에 영향을 줄 수 있다. 수유 동안 엄마와 아기 간의 친밀한 상호작용, 피부 접촉, 즉각적인 수유 만족감은 아기들의 지능발달과 정서발달과 긍정적 상관관계가 있는 것으로 나타났다(김혜숙, 1993).

영아가 4~6개월경이 되면 이유식을 시작하는데 유동식에서 12개월경에는 고형식으로 먹이는 것이 좋다. 따라서 모유, 분유 외에 음식을 먹이는데 영아의 건강상태를 참고하여 점차적으로 모유량을 줄이고 이유식의 양을 늘려가도록 한다. 이때 양질의 이유식, 섭식문제는 영아의 신체발달에 영향을 미친다. 이유 경험은 식성과 깊은 관계가 있으며 더 나아가 성격 형성에도 중요한 영향을 미친다.

(3) 배설과 배변훈련

신생아는 생후 1~2일경 검고 끈적한 태변을 보고, 4개월경이 되면 노란색이 보통 변을 본다. 모유 수유 경우 하루에 3~4회, 인공수유 경우 하루 1~2회 변을 본다.

소변은 돌 무렵까지는 대개 2시간마다 보고, 점차적으로 잠자는 동안에는 거의 배설하지 않게 된다. 영아기 초기(6~7개월 이전)에는 대소변 통제에 필요한 근육과 신경이 성숙되지 않았기 때문에 소변은 방광근육이 자동적으로 이완되어 배출되고, 대변은 항문이 반사적으로 열려 배설하게 된다.

대변은 13~15개월경이면 가리게 되고, 소변은 20개월 정도가 되어야 가릴 수 있다. 이때 배변훈련은 무리하게 강요하지 않는 것이 좋다. 영아가 혼자 일어서고, 앉고, 걸을 수 있을 때가 배변훈련의 적절한 시기이다. 보통 생후 18~24개월에 시작하는데 이 시기는 개인차가 있으므로 유의한다.

4) 신체발달 촉진을 위한 프로그램

(1) 0~6개월

태어나서 몸을 제대로 가누기 어려웠던 영아는 차츰 조절하기 시작하며 다양하게 새로운 시도를 할 수 있게 된다.

- 단단한 요나 매트에서 팔과 다리를 버둥거려 볼 수 있게 한다.
- 영아의 눕혀 놓고 부드럽게 다리를 자전거 타는 것처럼 움직여준다.
- 목욕 후 아기용 마사지 오일로 온몸에 마시지를 해준다.
- 영아를 바닥에 배를 대고 엎드리게 한 후 영아가 양쪽 발바닥을 손으로 가볍게 밀어준다.
- 양육자가 누운 상태에서 영아의 양팔 아래를 잡고 위로 치켜 올리는 활동을 한다.
- 다리를 꼬고 앉아 발목 위에 엉덩이를 태운다.
- 담요 위에 영아를 엎드려 놓고 천천히 잡아끈다.
- 부드럽고 탄력있는 공의 공기를 약간 덜 채운 상태로 영아를 공 위에 배를 엎드리게 하여 앞뒤로 움직여 준다.

(2) 7~12개월

이 시기는 신체이동 능력이 증가하여 주변 환경을 보다 적극적으로 탐색하게 된다.

- 커다란 펀치 공을 천장에 매달아 준다.
- 영아를 무릎 위에 앉히거나, 마주보고 앉아서 전래동요나 노래를 부르면서 몸을 흔들어 준다.
- 밀고 당기는 장난감을 제공한다.
- 한두 걸음 걸을 수 있는 영아에게 자신이 타던 유모차를 밀어 보게 한다.

(3) 13~18개월

영아들이 흥미를 갖고 실제적으로 그들의 기술이 유용하게 사용될 수 있도록 환경을 제공한다.

- 영아 스스로 옷 입고 벗기를 해 볼 수 있도록 한다.
- 여러 가지 공을 던져보게 한다.

(4) 19~24개월

신체의 대근육과 소근육을 활용하는 능력에서 많은 발달적 변화를 보인다. 영아의 대소근육 및 운동기능 간의 협응능력을 자연스럽게 발달시킬 수 있는 기회와 활동을 제공한다. 터널 통과하기, 밀고 당기는 놀이, 작은 블록놀이, 풍선기차 놀이, 간단한 퍼즐놀이, 내 맘대로 두드리기, 색 공 담기 등의 놀이가 있다.

(5) 25~30개월

운동형태가 형성은 되지만 아직은 운동기술이 미숙한 시기이므로 신체발달을 돕는 다양한 활동을 마련해 주어야 한다. 신체발달은 대소근육활동을 통해 형성되는데 실내활동과 실외활동에서 주로 이루어진다. 잘 디자인된 물리적 환경은 영아의 자율성 행동을 위해서도 많은 기회를 제공한다. 운전하기, 물놀이, 모래놀이, 룰러 그림 그리기 등의 놀이가 있다.

(6) 31~36개월

공간이동과 신체운동능력의 연습과 향상을 위해 페달이 없는 세발자전거, 페달이 있는 낮은 세발자전거, 탈 수 있는 자동차 놀잇감, 씽씽이, 널판지, 폐타이어, 공, 트럭, 밀고 끌 수 있는 놀잇감, 유모차 등을 이용하여 나비되어 보기, 길 따라 걸어보기, 물감 칠하기 놀이, 개구리 뛰뛰기, 고리 던지기, 그림자 놀이 등을 한다.

책보는 영아

북을 두드리는 영아

2. 운동발달

영아는 목을 가누기, 턱과 가슴을 들어 올리기, 머리를 좌우로 움직이기, 사물을 손을 뻗어 잡기, 혼자 앉기, 걷기의 순서로 발달하게 된다. 영아는 자기 공간에서 타인의 공간까지 확장되고, 이러한 운동발달의 성취는 사회적 관계를 형성하게 되어 괄목할 만한 전인적 성장·발달을 가능하게 한다. 영아의 이러한 운동능력의 발달은 사회적 능력, 인지발달 및 언어발달 서로 간의 발달을 지원해 주므로 교사, 부모는 영아에게 스스로 움직이고 탐색할 수 있는 기회와 공간을 제공해야 한다.

1) 운동발달

2세경에는 근육이 더욱 발달하여 뇌발달과 연합하여 자발적 운동이 증가한다. 따라서 뇌신경과 근육조직의 발달로 인해 운동기능이 발달하게 된다.

(1) 대근육운동

대근육운동발달(gross motor development)은 목 가누기, 뒤집기, 기기, 서기 및 걷기처럼 주변을 돌아다닐 수 있는 행동을 의미한다.

터널을 통과하는 영아

영아의 대근육발달의 시작은 목 가누기에서 비롯된다. 영아는 생후 1개월에 엎드린 자세에서 턱을 들고, 2개월에는 가슴까지 든다. 3개월경에는 좌우방향에서 머리를 고정할 수 있어 좌우로 머리를 돌리며 놀기 시작한다. 4개월경에는 뒤에서 받쳐 주면 앉을 수 있고, 7개월이 되면 혼자서 앉고 긴다. 8~9개월경에는 도움을 받아 서거나 기구를 붙잡고 선다.

2) 소근육운동

소근육운동발달(fine motor development)은 손, 손가락, 팔 등의 움직임을 의미하며 팔, 손, 손가락의 순서로 발달이 진행된다.

생후 2, 3개월경에는 매달려 있는 물체를 쳐다보고 팔을 움직이지만 잡지 못하며, 생후 4개월경에는 눈과 손의 협응력이 많이 발달하여 간혹 물체를 잡는 데 성공하기도 한다. 물체를 응시하여 확실하게 잡을 수 있는 시기는 6개월경이며, 물체를 이 손에서 저 손으로 옮길 수 있는 시기는 6~7개월경이다. 8~9개월경에는 손바닥으로 물건을 잡을 수 있고, 10개월경에는 엄지와 검지 두 손가락을 이용해서 물체를 잡을 수 있게 된다. 11~12개월이 되면 조금 큰 물체를 잡기 위해 두 손을 사용하고, 12~18개월에는 영아가 소근육운동 기술을 사용하여 양말, 옷, 신발 등을 벗을 수 있게 된다.

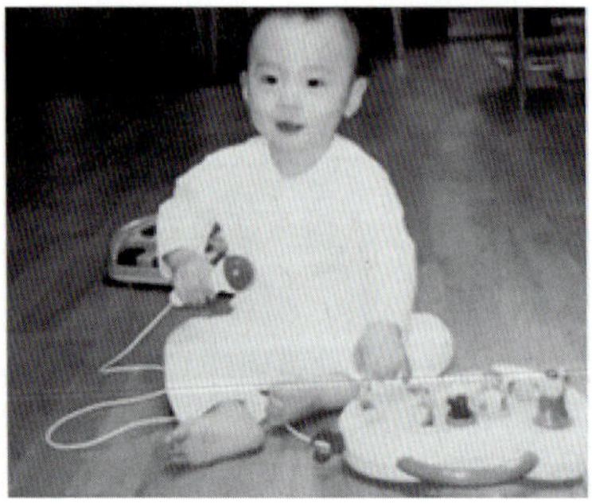
사물을 손, 손가락으로 잡고 놀이하는 영아

첫돌에는 숟가락을 사용하여 음식을 먹기 시작하나 눈과 손의 협응력 발달이 미숙하여 음식을 많이 흘리게 된다. 그래도 숟가락 잡는 연습을 많이 해야 하고, 세탁이 편리한 면 종류의 옷을 입힌다. 비로소 2세쯤 되어야 음식을 흘리지 않고 먹을 수 있게 된다.

3) 운동기능의 발달에 관한 세 가지 관점

- 성숙론적 관점 : 신경계와 근육의 성숙이 이루어지면 운동기능의 발달은 유전적으로 프로그램 순서대로 나타난다.
- 학습론적 관점 : 운동기술을 연습할 기회 또한 중요하다.
- 목표지향적 체계이론 : 새로운 운동기술을 습득하고자 하는 영아의 의지에 의한 것으로 자신이 이미 가지고 있는 운동기술을 적극적이고도 복잡하게 재조직함으로써 새로운 운동기술을 창출하게 된다.

4) 관계를 위한 운동발달

(1) 운동발달의 원리와 과정

첫째, 두미방향의 특성을 가진다. 머리 움직임과 조절은 팔과 몸의 조절에 앞서 이루어지고, 팔과 몸의 조절은 다리의 조절 이전에 이루어진다.

둘째, 중심-말초방향의 특성을 가진다. 머리, 몸 그리고 팔의 조절은 손과 손가락 협응 전에 이루어진다.

셋째, 대근육에서부터 시작하여 소근육으로 진행한다. 대근육운동발달은 영아의 움직임과 행동범위를 확대시키고, 소근육운동발달은 눈과 손의 협응, 사물의 조작능력 및 손가락의 민첩성을 가능하게 하여 주변 환경의 사물을 적극적으로 탐색하도록 한다.

(2) 대근육운동능력의 발달(움직임)

영아는 다리, 몸 등의 대근육을 발달시키고, 다음으로 손, 손가락 등의 소근육을 발달시킨다. 점차 자신의 신체를 조절할 수 있는 기본적인 능력을 습득하게 된다.

영아에게 있어서 운동기술은 관계(교사 곁에 머무르기)와 학습(고리를 막대에 끼우는 방법을 알아내기)의 목표를 성취하기 위한 방법이다.

영아의 운동기술발달은 역동적인 체계로서 발달한다. 즉, 새롭고 도전적인 상황에서 융통성 있게 반응하는 것이다. 영아가 새로운 자세를 성취하게 되면 새로운 세상과 새로운 지각 정보에 접하게 된다. 이러한 새로운 지각 정보는 영아에게 새로운 목표를 제시한다. 또한 균형과 조절을 재조정하도록 연습을 요구한다. 영아는 끊임없이 도달하거나 움직이려고 노력하고, 변화하는 체중, 신체비율, 자세에 적응하기 위해 끊임없이 노력하고 있다.

표 5-1 영아기의 대근육·소근육발달

운동기술	평균획득 연령	영아 90%가 획득한 연령범위
똑바로 세웠을 때 머리를 세우고 흔들리지 않고 지탱한다.	6주	3주~4개월
엎드려서 팔로 자신을 들어 올린다.	2개월	3주~4개월
옆에서 등으로 구른다.	2개월	3주~5개월
정육면체를 움켜쥔다.	3개월, 3주	2~7개월
등에서 옆으로 구른다.	41/2개월	2~7개월
혼자 앉는다.	7개월	5~9개월
긴다.	7개월	5~11개월
서기 위해 몸을 일으킨다.	8개월	5~12개월
손바닥으로 짝짜꿍을 한다.	9개월, 3주	7~15개월
혼자 선다.	11개월	9~16개월
혼자 걷는다.	11개월, 3주	9~17개월
2개의 탑을 쌓는다.	11개월, 3주	10~19개월
열심히 긁적거린다.	14개월	10~21개월
도움 받아 계단을 오른다.	16개월	12~23개월
제자리서 점프한다.	23개월, 2주	17~30개월
발끝으로 걷는다.	25개월	16~30개월

출처: Berk, L. E.(2002). p. 190

① 머리 들기와 구르기

아기는 크고 무거운 머리와 부드럽고 웅크려진 몸을 가지고 태어난다. 신체의 크기와 비율이 변화하고, 움직이는 기회를 갖게 됨에 따라 신체조절이 가능해지고 움직임을 위한 시도를 하게 된다. 바닥에 엎드려서 연습하는 시간을 갖게 되면 2개월경에 머리와 가슴을 들어 올리기 위해 팔로 지탱하기 시작한다. 4개월경 엎드려서 고개를 쳐들고 주변을 살필 수 있다. 이것은 후에 기는 동작의 기초가 된다. 뒤집기는 3개월경에 나타나 5개월경에는 88%가 뒤집기 행동을 한다.

가슴을 들어 올리는 영아

교사는 새로운 기술을 발달시키기 위해 동기를 주어서 학습의 기회로 이끌어야 한다. 신기한, 친숙한 장난감 제공, 격려해준다.

② 흔들기와 앉기

4개월경에는 받쳐 주면 앉을 수 있게 되고, 6개월경에는 양손으로 바닥을 짚은 상태에서 균형을 잡을 수 있고, 7개월경에는 혼자 앉는다. 또 8개월경에는 스스로 앉고, 앉아 있다가 다른 자세로 변환할 수 있다. 9개월경에는 가구를 잡고 일어설 수 있다.

③ 기기

영아는 기는 행동을 통해 이동이 가능하게 되는데 기기는 스스로 손과 다리로 몸을 지탱해야 한다. 7개월에 한 손으로 상체를 지탱하고, 8개월경에는 86.4% 영아가 손과 무릎으로 바닥을 지탱하고 발달된 기기를 하게 된다. 앉은 자세에서 다른 자세로 변환할 수 있게 됨에 따라 사지로 바닥을 짚고 몸을 앞뒤로 흔드는 단계를 거친다.

대각선의 팔다리 형태를 사용하는데, 왼팔과 오른쪽 다리로 체중의 균형을 유지하면서 오른팔과 왼쪽 다리를 움직인다.

혼자서 앉아 있는 영아

자세에 상관없이 머리를 움직이고 다리에 체중을 싣고 발차기 동작을 하는 데 더욱 자유로워진다. 아기의 팔이 다리보다 더 강해진다.

④ 서기와 나아가기

7개월 영아 67.8%가 붙잡고 서 있을 수 있고, 점차 강해진 팔 근육을 시용하여 일어선 자세를 취하기 위해 몸을 끌어 올린다. 성인의 움직임과 유사성이 아기로 하여금 집중적인 연습을 하도록 유도한다. 잡고 서기 위해 낮은 탁자, 소파, 선반, 성인의 다리를 사용하면 좋다. 교사가 아기 곁에서 무릎을 꿇고 앉아 아기에게 어떻게 무릎을 구부릴 수 있는지를 보여주는 것도 도움이 된다. 지지물의 가장자리를 따라 불안정하게 몇 발자국을 떼게 되면서 나아간다(홍창의, 1994).

⑤ 걷기

9개월경에 한 손으로 가구를 잡고 걸을 수 있고, 11~12개월경에는 대부분의 영아가 손을 잡아주면 걸을 수 있다(Clark, Truly & Phillips, 1993). 첫 걸음에서는 보통 균형과 안전을 위해 팔을 쭉 뻗고 다리를 넓게 벌린다. 처음에는 한두 발짝 가서 넘어지게 된다. 격려되고 안정되었을 때 아기는 큰 성취감을 갖는다.

⑥ 걸음마

첫 걸음이 완전히 익숙해지게 되면 본격적으로 주변을 돌아다닌다. 걸음마기 영아의 활동에 추진력이 된다. 단순히 여기저기 걸어 다니는 것만으로도 만족하고, 일어서고 앉는 것에 자신감이 생기면 무릎을 구부리지 않고 상체를 굽히는 동작을 하게 된다. 걷기가 안정되면 달리기, 점프하기, 기어오르기에 도전하게 된다.

14개월의 영아 30%가 계단을 오를 수 있고, 17개월경에는 한 손을 잡아주면 계단을 내려올 수 있다. 그 이후 혼자서 계단을 오르고 내릴 수 있다.

15개월경에는 혼자서 몇 걸음 걷게 되고, 뒤로 걷기도 가능하다.

⑦ 던지기와 차기

14개월경 영아는 팔을 뻗어 머리 너머로 공을 던질 수 있고, 16개월경에는 도움 받지 않고 공을 앞으로 찰 수 있다. 18개월경에는 대부분 영아가 공을 찰 수 있게 된다.

5) 소근육운동 능력발달(도구 사용)

(1) 팔뻗기

1개월 영아는 눈 앞에 있는 사물을 몇 초간 응시하고 손을 뻗는 시도는 4.8% 정도만 가능하고, 시각적인 추적으로 응시만 한다. 2개월경에는 대부분 영아가 사물을 시각적으로 추적할 수 있다. 4개월경에는 앉은 자세에서 뻗기행동이 나타나 5개월경에는 목표지향적 뻗기가 가능해 자의적인 잡기가 나타난다.

팔을 뻗는 영아

12개월경에는 손에 닿지 않는 사물을 잡기 위해 기계적·사회적 도움을 요청할 수 있다(Mckenzie 외 1993). 또한 11개월경에는 양손을 사용하는 뻗기가 나타나고, 1세경에는 양손의 분업이 가능하고, 2세경에 물건의 크기를 알아보는 양손 활동이 나타난다(Fagard 외, 1996).

(2) 집기와 놓기

잡기행동은 후에 쓰기, 그리기, 스스로 먹기, 모든 종류의 도구를 사용하는 데 필요한 기초적인 기술환경의 기회를 제공하므로 관심 있는 성인의 지지가 필요하다. 3, 4개월 초기 반사가 사라지기 시작하면서 사물을 더 가까이 가져오기 위해 손과 팔을 사용하기를 즐기게 된다. 이때 영아는 대부분 시간을 손을 펴고 자의적 잡기를 위해 손가락과 손바닥의 움직임이 보인다. 주로 영아는 사물을 바닥에 두드려 탐색한다.

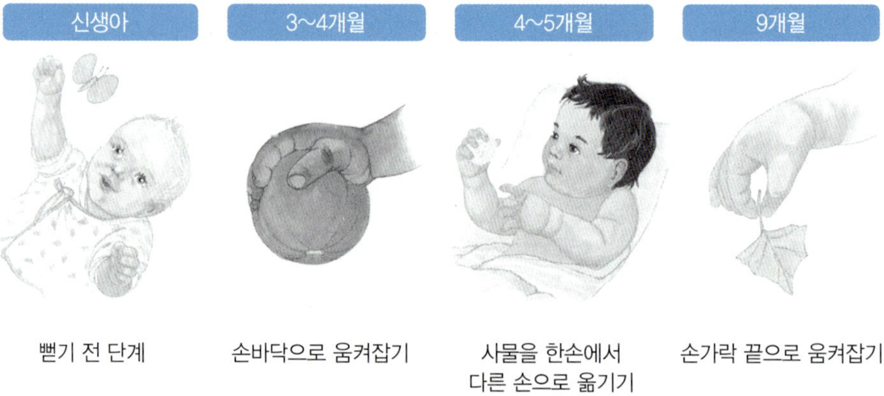

그림 5-4 영아의 자발적 뻗기와 잡기 발달과정
출처: Berk, L. E.(1994)

물건을 향해 자발적으로 쥘 수 있는 시기는 4개월경에 시작된다(Hofsten, 1990).

5~6개월경에는 두 손으로 사물을 집을 수 있으며, 7~9개월경에는 물건을 부딪쳐 소리 내기, 한 손가락으로 가리키거나 피아노 건반을 누를 수 있게 된다(집게잡기).

물건을 잡는 것은 물건이 존재하는 공간 내에서 방향과 모양, 크기에 대한 형태 파악과 함께 적절한 손의 조절이 필요하다. 따라서 손을 뻗는 것은 잡기를 위한 것이고 손의 방향과 시각적 정보에 의해 이끌어지는 잡기는 목표지향적 뻗기가 시작됨을 보여준다.

(3) 사물 다루기

초기에는 손바닥 잡기로 사물에 반응하고 얼굴로 사물을 가져가는데 거의 반사적이다. 4개월경 장난감을 확보하기 위해 한 손에서 다른 손으로 옮길 수 있다. 6~8개월경 잡기와 놓기를 통제할 수 있다(사물을 도구로 사용하기 시작). 12개월 무렵 자신의 손을 도구로 사용할 수 있게 된다. 18~24개월에 눈과 손의 협응력이 증가하고 인지발달이 도구 사용을 위한 기회를 증가시킨다(물감, 기구 사용하기, 단추와 지퍼 등).

24~36개월에는 정교한 운동기술(색칠하기, 구슬꿰기, 가위질하기, 그림 그리기, 색칠하기 등)과 학습뿐만 아니라 창조적 감각과 예술적 표현의 기회를 갖게 된다.

6) 운동발달 촉진을 위한 프로그램

움직임을 이끄는 기회, 다룰 수 있는 흥미로운 자료, 관심을 가지고 함께하는 양육자는 영아를 위한 프로그램이나 경험을 결정하는 한 부분이 된다.

① 배를 바닥에 대고 엎드려서 놀이할 수 있는 기회를 제공하라.
② 그네, 영아 의자 등 영아의 움직임을 제한하는 장비의 사용을 자제하라. 영아가 자신의 신체를 사용하는 것을 적극적이고 우연한 학습의 기회로 생각하라.
③ 바닥에 등을 대고 누워서 놀고 있을 때 옆쪽이나 머리 위의 약간 떨어진 곳에 놀잇감을 제공하라.
④ 운동발달의 모든 단계에서 움직임을 촉진할 수 있도록 환경을 만들어라.
⑤ 기기, 걷기, 오르기를 위한 흥미롭고 도전적인 환경을 만들기 위해 견고하고 세탁가능한 정육면체, 매트, 경사면을 배치할 수 있다.
⑥ 영아가 이동가능해지기 시작하면 걸을 수 있는 길고 낮으면서 안전한 표면이 필요하다.
⑦ 단상으로 이어지는 계단, 벽에 붙어 있는 기어오름대, 튼튼한 구조물은 걸음마기 영아에게 기어오르기를 격려한다.
⑧ 움직임을 위한 배경음악을 제공하라.
⑨ 날씨가 허락하는 한 많은 시간을 밖에서 보내라.
⑩ 사물을 다루는 영아의 변화능력을 인지하고, 그 능력에 맞는 적절한 자료를 제공하라.
⑪ 막 걷기 시작한 영아는 양손에 물건을 가지고 다니는 것을 좋아한다.
⑫ 영아가 스스로 앉고 일어날 수 있도록 식사 시간에 작은 의자와 책상을 사용하라.

출처: 국민생활체육협의회(http://www.sportal.or.kr/index.do)

3. 감각과 지각발달

영아기는 인지발달단계상 감각운동기에 해당하는 단계로서 주변 환경과의 상호작용을 함에 있어서 감각기관을 통해서 받아들이는 것을 감각하고 지각하게 된다. 영아는 태어나면서 수많은 자극에 노출되며, 출생 후 며칠된 신생아도 많은 감각운동적 능력을 가지고 있음이 많은 연구에서 밝혀졌다. 영아의 감각기관은 시각, 청각, 미각, 후각, 촉각으로 나누는데 영아는 출생 시부터 엄마의 젖 냄새를 구별하고, 점차 엄마의 얼굴을 알아보고, 엄마 이외의 사람에게 낯가림을 하고, 단맛과 쓴맛을 구별하는 등 놀라운 감각능력을 나타낸다. 영아는 언어적 표현이 제한이 있으므로 영아의 지각능력을 알아보기 위해서 선호도 측정법, 뇌파 측정법, 빨기반응 등의 방법을 사용한다.

1) 시각

인간은 시각에 가장 많이 의존하여 주변을 탐색하는 감각능력 중 가장 늦게 발달한다.

영아의 색깔지각은 생후 15일경이 되면 명암을 구별하고, 2개월경 삼원색의 기본색깔을 구별하고, 4~5개월경에는 색조가 약간 다른 붉은 색의 범주, 푸른색의 범주로 묶을 수 있다.

영아의 형태지각은 움직이는 물체, 컬러, 곡선을 선호하고, 인간의 생존에 가장 필요한 형태(즉, 사람여자 얼굴)를 판단할 수 있는 능력을 타고난다.

1개월에는 사람 얼굴의 전체적인 윤곽만 보고, 2개월에는 얼굴의 안쪽부분, 즉 눈 부위를 본다. 4개월 이전의 영아는 얼굴을 전체적으로 보는 것이 아니라 눈을 중심으로 한 대강의 얼굴을 본다. 5개월 정도가 되면 이목구비를 포함한 얼굴을 인식하고, 6개월경에는 낯익은 얼굴과 낯선 얼굴 구별과 남녀 구별하게 된다.

영아의 깊이지각은 영아가 장애물이나 벼랑 등과 같은 위험요소를 피할 수 있는

그림 5-5 영아의 깊이지각을 위한 시각절벽 실험
출처: Santrock, J. W.(2004). p. 152

깊이지각을 할 수 있다는 것이다. 깁슨과 워크(Gibson & Walker, 1960)는 [그림 5-5]와 같은 시각절벽(visual cliff) 실험장치를 고안하여 영아들이 깊이 지각을 할 수 있는지 알아보았다. 그 결과 7개월 전후의 기어다닐 수 있는 영아들 중 대부분이 벼랑처럼 느껴지는 부분에 가서는 멈추고 머뭇거리는 반응을 보임으로써 이 시기의 영아들이 깊이 지각을 할 수 있다는 것을 밝혀냈다.

2) 청각

청각능력은 오감각 중 가장 먼저 완성되며 가장 늦게 소멸되는 감각이고, 영유아기의 청각 자극은 두뇌와 언어발달 및 집중과 상관이 높다. 영아의 청각발달은 임신 20~22주에 시작되어 소리를 듣게 되고, 소리를 통해 태아 뇌의 청각중추를 자극하여 두뇌발달에 영향을 준다. 임신 5, 6개월경에는 시끄러운 소리, 음악에 태동이 느껴지고, 출생 직후 신생아의 청각기능을 불완전하나 소리의 세기, 높낮이를 구별할 수 있다.

생후 2~3주 된 신생아는 남자 목소리보다 여자 목소리를 더 좋아하고 엄마의 음정을 식별한다. 생후 1개월경에는 엄마의 목소리와 낯선 사람의 목소리를 구별하고 소리의 방향도 지각한다. 생후 2개월 영아는 엄마의 말에 반응을 보이고 2세경에는 성인 수준까지 발달하여 서로 다른 목소리에 달리 반응하고, 같은 사람이 내는 다른 음조의 목소리도 구분이 가능하다고 알려졌다. 생후 3개월 영아는 유사한 음소(바-파)구별하고, 생후 6개월 영아는 녹음된 엄마 목소리를 들을 때에는 엄마를, 아빠 목소리를 들을 때는 아빠를 쳐다보았다.

생후 5개월 이후에 사람의 목소리나 다른 소리에 반응하지 않으면 선천적이 난청일수 있으니 청각검사를 받게 해야 한다.

청각을 통한 영아의 두뇌발달을 위해서는 다양한 소리에 접하게 하고, 엄마가 영아와 상호작용을 많이 하고, 큰소리로 책을 읽어주거나, 노래 불러주기(허밍, 찬트이용), 일상생활의 소리를 활용하여 두뇌를 자극하여 발달을 도모해야 한다.

3) 후각

후각은 세상을 감지하고 엄마를 인식하게 하여 긍정적 관계를 맺게 하는 영아들의 도구인 것이다. 신생아의 후각은 감각기관 중 가장 발달되는 것으로 출생 초기에 대부분 완전히 발달되지만, 영아기 동안에 점진적으로 분화, 발달한다. 출생 직후에 5주된 신생아는 좋은(초콜릿, 과일) 냄새와 나쁜 냄새(암모니아)를, 또한 엄마의 체취와 젖 냄새를 구별한다.

영아는 얼굴 표정과 신체 움직임을 통해 냄새를 식별하고 달콤한 냄새가 날 때 만족스럽고 편안한 얼굴 표정을 짓지만, 썩은 달걀 냄새나 암모니아 냄새가 날 때는 얼굴을 찡그리고 돌리는 반응을 나타낸다.

신생아에게 엄마의 젖이나 향수를 묻힌 패드와 그렇지 않은 패드를 코에 대면 엄마의 젖이나 향수가 묻은 패드 쪽으로 고개를 돌렸고, 엄마의 젖 냄새로 엄마가 자신과 가까이 있음을 안다고 한다. 또한 젖을 먹여주는 사람의 체취를 좋아하고 이것은 양육자와의 안정애착을 형성하게 한다(EBS, 2009).

4) 미각

신생아의 미각은 예민하다. 출생 이전에 발달하고 임신 7주에 태아의 혀에는 약 1만 개의 미뢰가 나타나는데 미뢰는 맛을 느끼는 꽃봉오리 모양의 기관으로 짠맛, 신맛, 단맛, 쓴맛에 강력하게 반응한다. 임신 7개월경이면 태아의 미각은 상당히 예민해지고, 아기들은 태어나면서부터 맛을 구별할 수 있다. 영아는 생후 2~3개월이 되면 자기 나름대로의 좋아하는 맛이 생기고, 생후 4개월이 되면 짠맛을 좋아하고, 2세 끝 무렵이 되면 미각은 더욱 예민해진다. 보통 아기는 단맛을 좋아하는데 처음에 접하는 음식의 맛을 선호한다. 그리고 아기는 자궁 속에서의 경험에 따라 미각이 좌우된다는 연구결과가 나타났다. 따라서 임신기간, 수유기간 중 노출된 음식의 맛이 아기의 입맛을 결정하므로 임신한 엄마는 임신, 수유기간에 다양한 음식을 섭취하여 출생 후 영아의 균형된 식습관 형성에 도움을 주어야 한다.

5) 촉각

신생아의 촉각은 후각만큼이나 민감한 감각이다. 임신 10주에 촉감신경이 나타나고, 임신 4개월에 촉감을 관장하는 뇌의 부위가 발달한다. 촉각은 머리에서 발끝 순으로 발달하며 입을 통해 가장 느낀다. 입 안에는 신경이 손끝보다 2배 많아서 아기들은 물건을 입으로 먼저 가져가 탐색한다. 손으로 느끼는 촉각은 생후 10주 이후에 가능하다.

앞서 설명한 것처럼 영아는 촉각을 통해 사물을 이해, 대인관계를 형성하고, 입과 손 등 자신의 신체를 이용하여 물체를 탐색하며 물체에 대한 지식을 얻게 된다. 또한 양육자와의 신체적 접촉을 통해 안정감과 신뢰감을 형성하므로 많은 신체적 상호작용이 필요하다. 영아기 놀이유형은 신체접촉을 요하는 신체놀이가 관계 형성에 효과적이다. 우리의 전통방식 놀이 중 신체를 이용한 전래놀이는 영아와 친밀감 형성에 유용하다.

6) 통합감각

영아들은 촉각을 통해 사물을 이해, 대인관계를 형성한다. 입과 손 등 자신의 신체를 이용하여 물체를 탐색하며 물체에 대한 지식을 얻게 되고, 양육자와의 신체적 접촉을 통해 안정감과 신뢰감을 형성한다.

영아기 초기에는 체온을 안정되게 유지할 수 있는 기제가 미숙하고 피부와 지방층이 얇기 때문에 체온 조절을 잘하지 못하므로 체온 조절에 신경을 써야 하고, 아픔을 느끼는 통각은 태내기에 촉각자극을 감지하며 통증을 느낄 수 있을 정도로 발달되어 있다.

인간은 감각기관, 시각을 통해 얻은 정보를 다른 감각기관으로 예측하거나 알아맞출 수 있는데, 이는 통합감각 혹은 감각 간 지각이 가능하기 때문이다. 감각 간 지각이란 어떤 감각을 통해 익힌 물체를 다른 감각에 의해 알아내는 능력으로 생후 3.5개월 된 영아도 이를 통해 정보를 통합할 수 있다. 스펠크 등(Spelke 외, 1979) 등은 영아가 엄마의 목소리를 들려주었을 때 엄마를 더 오래 바라보았고, 아버지의 목소리를 들려주었을 때 아버지를 더 오래 바라보았다고 한다(Spelke & Owsley, 1979). 영아는 청각과 시각을 통합하여 대상을 지각한 것이다.

이러한 감각 간 통합에 대한 이론으로는 피아제와 깁슨의 이론이 있다. 피아제(Piaget, 1954)의 통합이론에 따르면, 처음에는 모든 감각기관이 독립적으로 분리되어 있기 때문에 각기 독립적으로 감각기관이 발달하다가 점차 경험에 의해 각각의 감각기관으로부터 얻은 정보를 비교함으로써 감각기관들이 통합된다(정옥분, 2012 재인용).

깁슨(Gibson, 1962)의 분화이론은 태어날 때부터 모든 감각기관이 통합되어 있기 때문에 영아에게 어떤 자극이 주어지면 모든 감각기관을 통해 주어진 자극을 탐색하지만, 연령이 증가함에 따라 자극의 특성에 따라 변별해 나간다고 본다(Gibson, 1962).

분화이론에 의해 영아들이 감각 간 지각이 가능하다는 것을 입증해 주는 연구결과에서, 멜조프와 볼튼(Meltzoff & Borton, 1979)은 생후 6개월된 영아들에게 부드러운 젖꼭지와 울퉁불퉁한 젖꼭지를 보여주지 않고 둘 중 하나만을 빨게 한 뒤 두 개의 젖꼭지를 보여준 결과, 영아들은 자기가 빨았던 젖꼭지를 더 오래 쳐다보았다. 이러한 결과는 입으로만 경험한 것을 시각적인 모양과 연결함으로써 감각 간 지각이 이루어지는 것을 잘 보여준다.

이와 같이 감각 간 지각능력은 출생 시부터 시작되어 환경에서의 경험과 함께 발달하는 것으로 보인다(정옥분, 2012 재인용).

| 6장 |

두뇌 및 인지발달

1. 두뇌발달

1) 태내기 두뇌발달

태내기와 생후 초기는 두뇌발달의 기초와 체계가 확립되는 시기로서 그 중요성이 더욱 강조되고 있다. 뇌는 식물과 달리 움직일 수 있는 동물에게만 존재하는 것으로서, 이는 활발한 움직임과 자극이 두뇌발달에 중요한 영향을 미칠 수 있음을 시사한다.

두뇌발달은 임신 첫날부터 시작해서 일생에 걸쳐 지속적으로 이루어진다. 인간의 뇌세포 수는 약 150억 개가량으로 단 1개의 세포에서 출발해서 엄마 뱃속에 있는 동안 150억 개의 신경세포가 만들어지기 위해서는 하루 평균 5,000~6,000만 개가 생산되는 셈이다. 엄마의 뱃속 열 달은 날마다 이런 신경세포가 만들어지는 기간이므로 태내에서의 발육이 아기에는 아주 중요하며 이 시기는 아기의 일생을 좌우한다고 해도 과언이 아니다.

인간의 신경계는 수정 후 약 18~22일경부터 발달하기 시작하며, 임신 5~6주에는 신경세포의 세포분열을 통해 똑같은 신경세포들이 계속 만들어지면서 기하급수적으로 증가하게 된다. 임신 7주 무렵부터 세포분열을 통해 증식된 세포의 하나는 세포분열을 계속하고, 다른 하나는 피지를 형성하는 뉴런이 된다. 태아의 세포는 계속 증가하면서 두뇌·감각기관·신경체계가 되는 외배엽, 혈액순환·골격·근육조직이 되는 중배엽, 소화를 돕고 신체조직이 되는 내배엽의 3개 층으로 발달한다.

임신 4주에 태아는 약 1/4인치 정도 자라고, 심장관이 형성되고 뛰기 시작하며 내

장이 발달하기 시작한다. 몇 주가 지나면 태아의 두뇌세포와 신경은 1분에 약 25만 개가 발생하고, 두뇌는 전뇌, 중뇌, 후뇌의 세 영역으로 발달한다. 이들은 자궁 안에서 점점 커지고 식별가능해지며, 성인 신경체계의 각 부분을 형성하게 된다. 전뇌는 언어를 조절하는 대뇌로, 중뇌는 감각정보의 통로를 조절하는 시상과 시상하부로, 후뇌는 심장박동, 호흡작용, 운동신경 발달을 조절하는 소뇌와 뇌간이 된다.

뇌세포의 증식이 계속되면서 처음에는 곧은 관 모양을 하고 있던 신경관이 신경세포의 증가로 확장되어 접히고, 꼬이고, 겹쳐지면서 태아의 뇌 형태를 갖추게 된다. 수정 후 100일 정도가 되면 태아의 뇌는 전뇌, 중뇌, 후뇌로 인간의 뇌모습을 갖

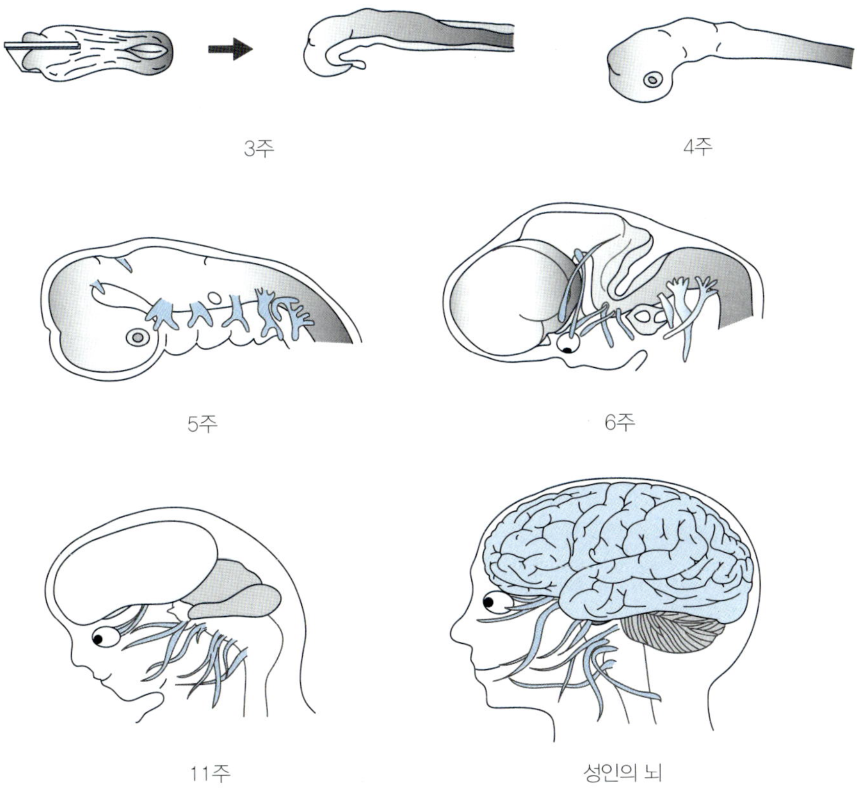

그림 6-1 태내기의 두뇌발달

추게 된다.

임신 2개월 무렵이 되면 태아에게도 남녀 구분이 나타나게 된다. 이는 남아의 배아에 들어 있는 테스토스테론이라고 하는 남성 호르몬이 특정 세포의 유전자에 변화를 일으킴으로써 남녀의 성기 모양과 신체구조의 차이와 뇌의 구조적 차이를 가져온다. 이와 같은 남녀의 구조적 차이를 성 차이라 하는데 생물학적인 성차이가 단순히 신체구조뿐만 아니라 뇌 구조의 차이까지도 포함한다.

임신 5개월경이 되면 뉴런의 증식이 대체로 완료된다(Sidman & Rakic, 1973). 그러므로 이 시기가 지나면 조산한 아기도 어느 정도의 생존가능성을 기대할 수 있게 된다. 태아는 이 시기부터 태어날 때까지의 4개월 동안은 뇌가 외상이나 손상에 매우 민감한 시기이다. 뉴런이 만들어지고 있는 시기에는 뉴런의 손상이 생겨 일부가 소멸한다 해도 그것을 대체할 수 있는 뉴런을 더 만들 수 있지만, 뉴런의 증식이 종료되면 뉴런을 다시 만들 수 없기 때문이다. 태아의 뉴런은 실제로 필요한 숫자보다 훨씬 더 많은 양을 만들어 갓 태어난 아기가 가장 많은 수의 뉴런을 가지고 태어난다. 그 이후로는 계속 그 수가 감소할 뿐 더 이상 만들어지지 않는다.

2) 뇌의 발달

영아가 걷고, 뛰고, 딸랑이를 흔들고, 미소짓고, 찡그리고 하는 모습을 보이는 것은 두뇌의 변화에서 수반되는 것이다. 단일 세포에서 시작하여 9개월 후에 출생함에 따라 영아의 뇌와 신경세포는 1,000억 개의 신경세포를 갖게 된다. 이 신경세포는 정보처리를 담당하는 뉴런이다.

영아기는 두뇌발달이 급속하게 이루어지는데 머리와 뇌의 크기는 성인의 크기에 가깝고, 출생 시 뇌의 무게는 300~400g으로 성인(1,400~1,600g)의 1/4이다(정현주 외, 1998).

뇌는 움직임, 행동을 관장하고 신체의 항상성을 유지시킨다. 즉, 심장의 박동, 혈압, 혈액 내의 농도, 체온 등을 일정하게 유지시키고 인지, 감정, 기억, 학습 등을 담당한다(위키백과).

영아기는 뇌의 성장 급등기이고, 출생 후 뇌의 급속한 성장은 첫째, 신경교라는 신경세포의 발달에 의해 이루어진다. 둘째, 신경교의 가장 중요한 기능은 수초화인데 미엘린이 축색돌기 둘레에 막을 형성하는 현상을 말한다. 셋째, 뉴런과 뉴런을 연결해 주는 시냅스의 형성이 뇌의 성장급등기 동안 급속하게 이루어지기 때문이다.

뇌는 대뇌, 소뇌, 뇌간(뇌줄기)의 세 부분으로 구성되어 있다. 대뇌는 전두엽, 두정엽, 후두엽, 측두엽으로 나누어지며, 뇌간은 중간뇌, 다리뇌, 연수(숨뇌)로 구성되어 있다. 뇌의 다른 부위는 출생 시에도 기능을 하지만, 출생 후 계속해서 발달하고 재편성된다. 6개월경에는 감각영역과 운동영역의 발달이 이루어지며, 영아기 후반부터 대뇌피질의 전두엽(고등 인지기능을 담당)이 급속하게 발달하므로 뇌의 각 부위는 발달하는 시기가 각기 다르다.

(1) 대뇌

뇌 중 가장 많은 부분을 차지하며, 좌우 2개의 반구로 구성되어 있다. 표면의 대뇌피질과 내부의 백질로 구성되어 있으며 부위에 따라 각각의 기능이 다르다. 운동, 감각, 언어, 기억 및 고등정신 기능뿐만 아니라 생명유지에 필요한 각성, 자율신경계의 조절, 호르몬의 생성, 항상성의 유지 등의 기능을 수행하기도 한다. 대뇌피질은 전두엽, 두정엽, 측두엽, 후두엽으로 나뉜다. 대뇌피질은 사고나 추론 같은 복잡한 인지능력을 관장하나 대뇌피질은 출생 시 발달이 가장 덜 된 부위이다.

전두엽은 영아기 후반부터 성인에 이르기까지 가장 늦게까지 발달하며 기억력, 사고력의 고등행동을 관장한다. 전두엽 앞쪽은 브로카 영역이 언어기능과 사고, 판단, 추리, 지혜 등 인간의 고등정신 기능을 담당하며, 전두엽 아래쪽은 동기 부여와 관련이 있다.

두정엽은 출생에서부터 2세까지 발달하며 주로 신체 감각을 관장하는 기능을 한다. 측두엽은 생후 3~4개월부터 1년까지 발달을 하며, 청각정보 처리, 색, 모양 등이 인지하는 기능과 베르니케 영역은 언어 이해와 해석의 기능을 한다. 후두엽은

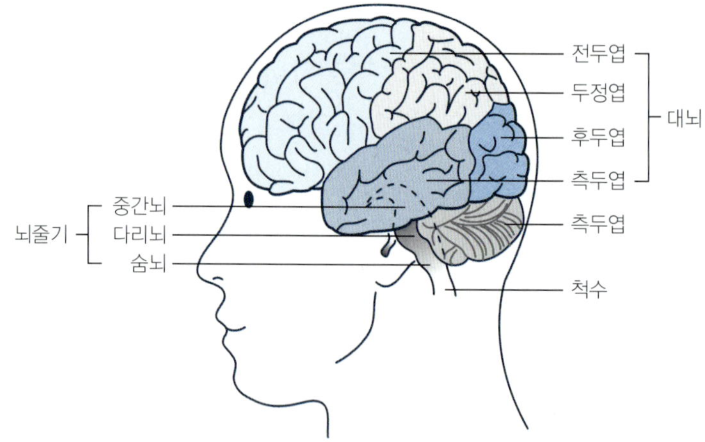

그림 6-2 뇌의 구조

생후 3~4개월부터 1년까지 발달을 하며, 시각정보를 처리 기능을 한다.

출생 후 대뇌피질은 계속해서 발달하는데(Johson, 1998), 첫째, 뉴런의 크기가 증가하고 구조가 복잡해진다. 둘째, 신경섬유 주위에 미엘린이라 불리는 지방물질이 형성된다. 셋째, 뉴런 간의 시냅스의 수가 증가한다. 넷째, 대뇌피질과 뇌의 다른 영역−특히 시상, 소뇌, 해마−간의 연결이 증가한다. 다섯째, 대뇌피질의 여러 영역이 점점 세분화된 기능을 맡게 된다. 좌반구는 신체의 오른쪽 부분을 통제(언어능

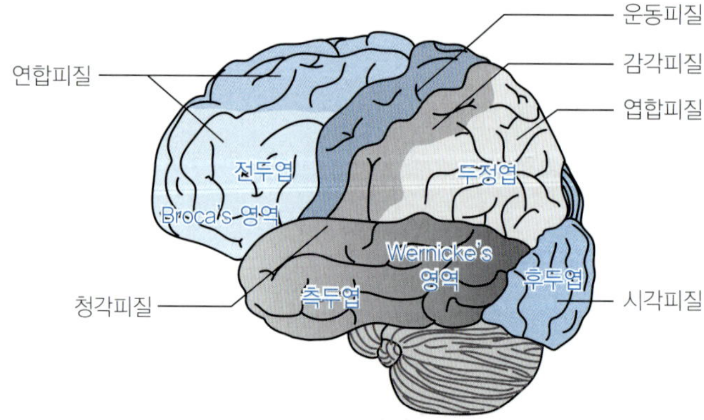

그림 6-3 대뇌피질

력, 청각, 언어기억, 의사결정, 기쁨과 같은 긍정적 정서의 표현), 우반구는 신체의 왼쪽 부분을 통제(공간지각능력-거리지각, 지도읽기, 기하학적 조형에 대한 이해, 촉각, 음악과 같은 비언어적 소리, 슬픔과 같은 부정적 정서의 표현)한다. 여섯째, 대뇌피질의 발달 순서는 영아기에 나타나는 여러 가지 능력과 일치하며, 시각과 청각을 관장하는 피질의 시냅스의 성장과 미엘린의 형성을 시각과 청각의 발달이 급속히 이루어지는 출생 후 3~4개월에 시작하여 첫돌까지 계속된다.

(2) 소뇌

대뇌의 뒤쪽 아랫부분에 위치하며, 무게는 150g 정도이고 전체 뇌용적의 10% 정도를 차지하는 중추신경계의 일부이다. 소뇌는 직접 자발적 운동을 일으키지는 않으나, 뇌의 다른 부분이나 척수로부터 외부에 대한 감각정보를 받아 이를 처리(process), 구성(organize), 통합(integrate)하여 운동기능의 조율에 사용한다. 소뇌의 이러한 운동조절 기능이 조화되어, 정밀한 운동이 가능하도록 한다. 운동기능과 자세조정을 관장하고, 해마는 기억을 담당하며, 시상은 감각정보를 대뇌피질에 전달한다.

(3) 뇌간(뇌줄기)

뇌간은 중간뇌, 다리뇌, 연수(숨뇌)로 나누어진다. 뇌간(뇌줄기)은 반사운동과 신체기능을 통제하고 출생 시 이미 완전한 기능을 한다. 중간뇌는 뇌간의 최상부에 위치하며 주로 청각반사와 시각반사에 관여하고, 의식상태를 조절하는 정중망상체(paramedianreticularformation)가 위치한다. 다리뇌(pons)는 중간뇌와 연수(숨뇌, medulla, myelencehalon) 사이에 위치하며, 얼굴 표정근, 저작근 등을 지배한다. 연수(medulla, myelencehalon)는 뇌간의 가장 하부에 척수와 연결되어 위치하며 호흡기, 순환기, 소화기관의 운동을 조절하는 기능이 있으며 자율신경중추를 갖고 있다.

3) 신경계의 발달

출생에서 3세까지는 뇌의 기본 골격이 형성되며 신경세포끼리 연결회로가 만들어지는 시기이다. 인간이 평생 갖게 될 1,000~2,000억 개의 뉴런은 임신 6개월경에 이미 형성된다.

뇌와 척수는 연합뉴런으로 이루어져 자극의 처리와 가공을 담당하는 중추신경계이다. 뇌와 척수의 주체인 신경계는 신경원과 신경교라는 세포로 구성되고, 신경교세포는 신경원 세포에 영양을 공급하고, 신경계를 결합시키는 접착제 역할을 한다. 신경원 세포(뉴런, neuron)는 뇌의 한 부분에서 다른 부분으로, 또는 신체의 한 부분에서 다른 부분으로 정보를 받아들이고 전달하는 역할을 한다.

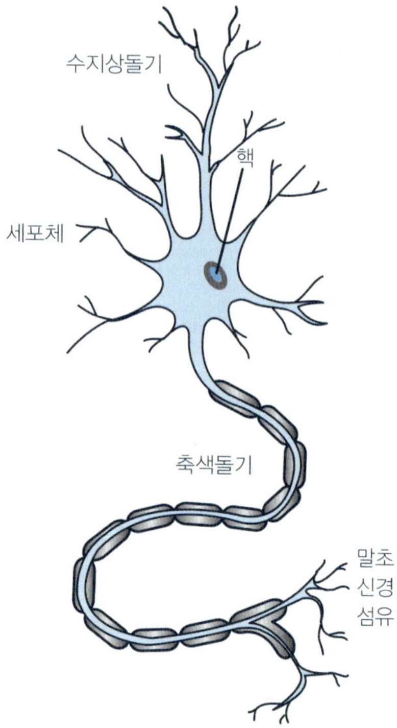

그림 6-4 뉴런의 구조

(1) 뉴런의 증식

뉴런이라고 부르는 뇌세포는 우리 신체의 다른 부분을 구성하는 세포와 달리 죽거나 손상되었을 때 쉽게 재생되지 않기 때문에 출생을 전후한 시기에 가장 많고, 그 이후로는 대체로 감소하는 것으로 알려져 있다.

뉴런은 세포체, 수상돌기, 축색돌기, 말초신경섬유로 구성되어 있는데 첫째, 세포체는 신경세포의 몸체이고, 수상돌기는 나뭇가지 모양으로 신경전류를 받아들이는 역할을 한다. 둘째, 축색돌기는 세포체에 연결되어 있으며 관모양이며, 세포체로부터 다른 세포로 정보를 전달한다. 셋째, 수초(미엘린, myelin)는 지방성 물질로 축색돌기 둘레에 막을 형성하여 뉴런을 보호하고 신경전류의 전달속도를 증가시킨다. 넷째, 말초신경섬유는 축색돌기 끝부분에 위치하여 정보를 전달하는 역할을 한다.

임신 7개월부터 장미 가시처럼 작은 돌출인 수상돌기 가시가 나타난다. 태아기 때 시작된 수상돌기의 발달은 출생 후 성인까지도 지속되며 학습과 같은 환경적 자극에 의해 특히 크게 영향을 받는다(Greenough, Black, & Wallace, 1987; Quartz & Sejnowski, 1997).

(2) 시냅스 형성과 수초화

말초신경섬유와 다른 신경세포의 수상돌기가 연결되는 부분을 시냅스(synapse)라 한다.

영아는 성인보다 더 많은 수의 뉴런과 시냅스를 갖고 있으나 적절한 자극을 받지 못하면 약 절반가량이 소멸된다. 따라서 영아기에는 감각경험을 많이 제공하여 두뇌발달을 도와야 한다. 단순한 시냅스 연결은 태아기 때부터 이미 이루어지기 시작하여 출생 후에도 계속된다. 특히 생후 1년 동안 급속히 증가하고 축색돌기와 수상돌기의 접점이 과잉 형성되는 경향이 있다. 그러나 이러한 시냅스의 과잉 형성 자체는 생득적 프로그램에 따라 진행되며 환경적 요인에 영향을 거의 받지 않는 것으로 알려져 있다. 예를 들어, 신생아에게 빛이나 소리와 같은 감각자극을 더 많이 제

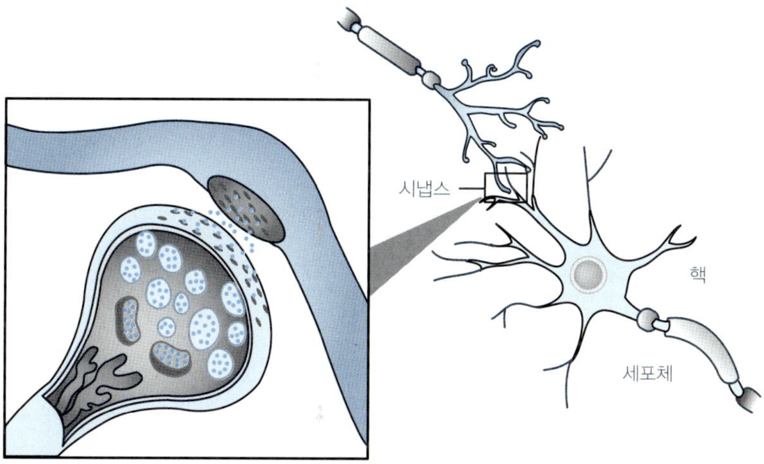

그림 6-5 시냅스의 연결

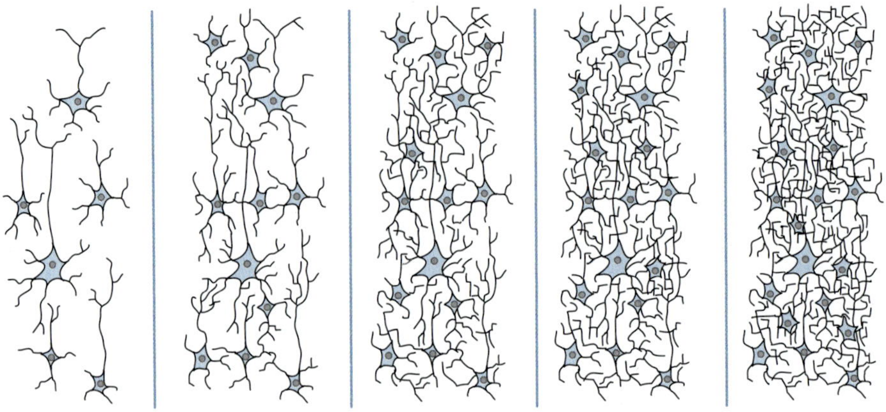

그림 6-6 시냅스의 연결
출처: Papalia et al.(2003)

공한다고 해서 시각 피질이나 청각 피질의 시냅스가 보다 더 많이 형성되는 것은 아니라는 것이다. 환경적 요인은 뉴런이나 시냅스가 처음 형성될 때가 아닌 그 다음 단계에서 시냅스의 선택적 소멸과정에서 회로가 세분화, 정교화될 때 중요한 역할을 한다. 또한 발달 초기의 시냅스 형성과 소멸과정이 한 차례 끝난 후 개인별 고유 경험이나 학습, 훈련 등에 의한 시냅스가 형성 또는 강화가 이뤄질 때 환경적 요인이 작용하게 된다. [그림 6-6]은 사람의 뇌에서 브로카 영역의 시냅스 발달을 볼 수 있다. 어휘가 폭발적으로 증가하는 생후 18~24개월의 시냅스 연결도 폭발적으로 증가하는 것을 볼 수 있다.

출생 직후 영아는 아직 경험하지 않은 많은 언어의 음소 변별 능력을 가지고 있지만 그 가운데서 경험을 통해 자극받지 못하는 외국어 처리 시냅스가 사라진다. 이러한 뇌세포의 자살과 시냅스의 소멸은 신경계가 보다 정교하게 만들어지는 과정이다. 과잉 생산된 뉴런과 시냅스의 연결을 통해 중복 회로를 구성하여 자극을 받지 못하거나 자주 사용되지 않는 뉴런이나 시냅스를 없애는 것으로 기능을 더 정교화하고 세분화해 나간다. 기능의 정교화와 세분화 과정에는 적절한 환경 자극이 제공되지 않으면 이루어지지 않는다.

뉴런의 생성 이후 시냅스가 발달하면 수초화도 시작된다. 뉴런의 수초화는 축색돌기가 수초라는 덮개에 의하여 마디를 이루며 둘러싸이는 과정을 말한다. 이러한 수초는 지방세포층의 절연 물질로 이루어져 있어 신경 자극이 마디를 건너뛰어 전달됨으로써 신경자극을 보다 빠르게 전달하여 뇌가 신체의 다른 부분과 더욱 효율적으로 전달되도록 한다.

수초화는 임신 후 4개월쯤부터 뉴런이 생성되고 시냅스가 발달할 때쯤에 계속해서 꾸준히 일어난다. 이러한 수초화는 대뇌, 소뇌 등의 영역부터 시각, 청각적 신경세포까지 몸 전체의 신경 대부분에서 일어난다.

수초 형성은 신경을 보호하고 영양분을 공급하는 역할 외에 신경세포의 시냅스 형성에 관여하기 때문에 인간의 지능발달에 매우 중요하다. 수초 형성에는 지질과 단백질이 절대 필요하므로 충분한 영양섭취가 뒷받침되어야 한다. 수초화는 출생 시 미숙한 상태이나 3~4세에 70%, 10세에 90%, 15~16세에 95%가 형성된다. 대뇌 이외의 다른 뇌조직의 수초화는 생후 1년 내로 완성되며, 운동신경이나 감각신경의 말초신경의 수초화는 임신 5, 6개월부터 생후 1~5개월 만에 만료된다. 그러나 전두엽은 20세까지 수초화가 계속된다. 따라서 3~4세까지의 수초 형성기가 가장 중요하다. 이때 태아나 영유아의 영양부족은 글리아 세포의 증식과 수초화에 커다란 지장을 초래한다. 수초 형성이 불량하면 신경전달 속도가 늦다.

4) 민감기와 뇌 가소성

어떠한 기능을 효율적으로 수행할 수 있는 최적의 상태를 만들어 가는데 외부 자극의 영향력이 가장 강력한 시기를 민감기라고 한다. 그러므로 적절하게 발달하기 위해서는 민감기 동안 해당 자극이 있어야 하며, 이 시기를 놓치게 되면 그 기능의 발달이 지연되거나 왜곡될 수 있다.

영아의 뇌의 발달은 환경에도 민감하여 뇌의 구조는 환경으로부터 받은 자극의 양과 종류에 의해서 영향을 받게 된다. 신경과학자들은 뇌가 환경의 요구에 반응하여 변화하는 매우 강하고 잘 발달된 능력인 가소성(plasticity)을 가지고 있다는 것을 입증하였다. 뇌의 가소성이란 중추신경계의 적응능력으로 뇌의 유연한 적응능력을 말한다. 즉, 비교적 짧은 기간 가해진 자극에 의해 뇌 내의 장기적인 변화가 일어나 자극이 제거된 후에도 그 변화가 계속되는 것을 말한다.

뇌는 출생 후에도 계속 변화한다. 민감기가 지나면 중추신경계는 가소성이 없는 시기로 들어선다. 그러므로 성인기에 뇌 손상을 입으면 그로 인해 잃었던 신경회로를 다시 만들 수 없게 되며, 손상된 뉴런을 대체할 새로운 뉴런을 만들어내기도 어렵게 된다. 예를 들어, 만 3세의 선천적인 청각장애를 갖고 태어난 영아는 정상인보다 시각자극의 움직임을 탐지하는 기능이 더 뛰어나다. 이는 청각피질이 재구조화하여 시각 자극에 반응하는 피질로 발달하는 것이다. 그러나 4세 이후에 청각장애를 갖은 사람들은 중복회로가 사라진 후에는 환경 자극을 통한 피질의 재구조화가 어려워진다.

생후 2년간의 영아기는 뇌발달의 민감기로서 경험에 의해 구조나 기능이 수정될 수 있기 때문에 교사와 부모들은 영아들에게 자극이 풍부한 환경을 제공해야 한다. 일생에 걸친 뇌의 가소성에도 불구하고 뇌에 미치는 학습의 영향이 가장 효과적일 수 있는 최적의, 또는 민감한 시기가 영유아기이며, 또한 집중, 이해, 기억, 운동기능 통제, 감정조절, 연계성, 언어형성 능력을 위한 뇌의 통로가 생성되는 가장 민감한 시기이기도 하다.

5) 영아기 뇌발달을 위한 프로그램

(1) 태담으로 태아의 뇌를 자극한다

태내에서 150억 개의 신경세포가 만들어지는데 이러한 뇌세포는 숫자만으로 중요한 것이 아니라, 세포를 연결하는 신경조직이라는 회로가 있어야만 정보를 축적하고 학습하고 분석할 수 있다. 이 회로는 태아의 성장과 성정과 함께 늘어난다. 그런데 이 회로는 자극을 받으면 성장이 증가하지만 자극을 받지 못하면 발달을 멈춘다. 이때 태아의 뇌세포를 자극하는 가장 효과적인 방법이 바로 태담이라고 한다. 태담은 태아의 뇌를 자극하고 세포나 회로를 비약적으로 증가시킨다. 사람의 뇌세포의 수나 형태는 모두 같지만, 세포를 연결하는 회로가 많으면 많을수록 머리가 좋아진다고 한다. 따라서 엄마가 태담을 거듭 반복함으로써 태아의 뇌는 자극을 받고 성장을 계속한다.

(2) 충분한 영양섭취를 할 수 있도록 한다

뇌발달이 왕성한 시기에 충분한 영양과 외적 자극을 입력시켜야 하는데 영양불량으로 뇌가 구조적으로나 기능적으로나 돌이킬 수 없는 영향을 받는 것은 임신 마지막부터 생후 2년까지이며, 만성적인 영양결핍은 항구적인 뇌 손상을 가져와 2, 3세에도 영향을 미친다. 영양실조 어린이는 지적 발달과 동적 발달이 크게 저하되고 2차적으로 고립 환경을 만들어 환경의 영향, 물리화학적 변화, 인간적인 발달, 인격 형성에 매우 중요하다. 이것은 생후 3년은 두뇌의 신경세포가 급속도로 발달하는 시기이므로 이때의 영양이 좋고 나쁨이 어린이 지능발달에 많은 영향을 미치게 때문이다.

(3) 스킨십을 자주한다

평소에 영아와 눈을 맞추고 안아주며 놀이나 마사지를 통해 안정적인 애착관계를 형성한다. 피부는 뇌와 신경망으로 연결되어 있어 서로 정보를 주고받기 때문에 피부에 가해지는 아주 약한 자극도 뇌에 잘 전달된다. 애착은 영유아에게 정서적 안정감, 사회성발달의 토대를 마련하며 지적 성장에도 크게 영향을 미친다. 또한 안정된 애착을 형성한 영아는 웬만한 스트레스에 잘 견디며 회복력도 높다. 애정차단증후군으로 진단된 영아의 키와 머리둘레는 정상적인 발달을 했을 경우 성장곡선과 확연한 차이가 난다.

(4) 자유롭게 탐색할 수 있는 기회를 주고 오감을 자극한다

영아가 기거나 걷게 되면서 환경에 대한 탐색활동이 보다 적극적이고 능동적으로 이루어진다. 이러한 탐색을 통해 다양한 환경과의 상호작용을 통해 탐색과 발견의 기회를 갖게 한다. 주위 탐색, 다양한 감각경험과 움직임은 단지 신체뿐이 아닌 정서적·언어적·사회적 발달뿐만 아니라 뉴런의 크기와 연결구조에 영향을 미친다. 인위적인 교구보다는 아이들 스스로 탐색하는 활동 자체가 오감을 자극한다.

(5) 충분한 휴식과 수면을 취하도록 한다

영아의 성장과 뇌발달을 위해 충분한 수면과 휴식은 꼭 필요하다. 시종일관 구변 탐색으로 뇌가 쉽게 지쳐 있다. 그러므로 수면을 통해 뇌기능을 정비해야 한다. 숙면을 취하는 동안 영아의 뇌는 뇌에 필요한 성분들을 생성한다. 뇌의 주요 에너지원이 되는 포도당이 가장 많이 사용될 때가 바로 수면시간이다. 잠을 자는 동안 포도당의 사용이 많다는 것은 그 만큼 뇌의 활동이 활발하다는 반증이다. 특히 REM 수면은 낮에 많은 경험과 정보를 받아들였다가 잠잘 때 작업두뇌의 기능을 정비한다. 해마가 새로운 경험을 단단히 만들고 불필요한 내용은 제거함으로써 효율적 기능을 할 수 있게 한다. 잠이 부족할 경우 REM 수면이 생략되므로 학습내용을 공고히 하기 어렵다.

(6) 보고 듣는 것에 따라 다른 신경망을 형성한다

TV는 단시간에 방대한 정보를 접하게 되며, 보고 있을 때의 뇌는 후두엽과 소리를 듣는 측두엽만이 활성화된다. 이것은 뇌를 수동적으로 전환시키며 능동적인 일 처리를 방해한다. 0~24개월의 영아가 '비디오증후군'의 진단을 받으면 지적·정서적·사회성 결여증상이 생기며, 오늘날 심각한 사회문제가 되고 있다. 그러므로 TV 시청을 계획성 있게 절제하는 습관이 필요하다.

2. 인지발달

1) 피아제(Piaget, 1963)의 인지발달단계

피아제(1960)는 감각기관을 통해 받아들인 정보가 인지발달의 중요한 내용으로 보았으며, 감각운동기와 대상영속성으로 설명하고 있다.

(1) 감각운동기

피아제는 영아기 인지발달단계를 감각운동기라 명명하고 출생에서부터 만 2세까지의 시기로 6단계로 나누었다. 이 시기의 영아는 보고 듣는 것과 같은 신체적 감각 경험과 운동발달에 의지해야 한다. 감각운동기 초기의 영아의 인지구조는 대부분이 반사(reflex)로부터 도출된 감각운동 행위이다. 그러나 이 시기의 말기인 만 2세경에는 이러한 행위들이 점차 내면화되고 표상화되어 초보적인 수준의 상징능력을 획득하게 된다. 피아제는 감각운동기를 반사활동기, 1차 순환반응기, 2차 순환반응기, 2차 반응의 협응기, 3차 순환반응기, 사고의 시작 등 하위 6단계로 나누어 설명하고 있다.

표 6-1 인지발달의 네 단계

시기	연령범위
감각운동기	출생~1 ½, 2세
전조작기	1 ½, 2~6, 7세
구체적 조작기	6, 7세~11, 12세
형식적 조작기	11, 12세~ 성인기

출처: Ault, R. L.(1982). p. 40; 곽금주 역(1989). p. 40

(2) 감각운동기의 하위 6단계

① 제1단계 : 반사의 수정(modification of reflex)

감각운동기의 첫 번째 하위단계인 반사행동의 수정단계는 출생에서 1개월까지이다. 이 시기의 영아는 빨기반사행동이 나타나는데 이것은 입에 닿는 것은 무조건 빨기행동을 보이는 것이다. 우유병, 젖꼭지를 빠는 것처럼 손가락, 옷자락에 빨기반사행동을 한다. 1개월 동안 빨기반사행동은 수정이 되어 의도적으로 빨기행동을 증가시킨다. 배가 고픈 영아는 더 세게 우유병의 젖꼭지를 빨지만, 그렇지 않을 때는 우유병 젖꼭지를 혀로 밀어낸다. 이 반사행동은 점차 의도적·효율적이 되어 물체를 빨므로써 그 물체를 인식하고 빨기반사행동의 강도, 지속을 선택한다.

이와 유사하게 특정 자극을 향해 머리를 돌릴 수 있게 되면서 빨기반사는 점차 감소, 사라지고 의도적·효율적 운동으로 대체된다. 모든 반사가 변하거나 사라지는 것이 아니라 일생에 걸쳐 유지되는 반사도 있다.

② 제2단계 : 1차 순환반응(primary circular reactions)

감각운동기의 두 번째 하위단계는 1차 순환반응 단계로 1~4개월에 나타난다. 이 시기의 영아는 자신의 신체에 관심이 있고, 우연한 행동에 흥미로운 결과가 나타날 때 그것을 반복하게 된다. '손가락 빨기' 행동이 그 예인데 우연히 손가락을 입 속에 넣고 빨다가 손가락이 입에서 빠지게 되면 빨기를 반복하기 위해 다시 손가락을 입 속에 넣는다. 1차적 의미는 영아관심의 대상이 외부가 아니라 영아 자신의 신체에 있기 때문이다. 1차 순환반응은 목적이 없으며 기존도식에 대한 수정이고, 이러한 도식의 수정은 인지가 발달된다는 것을 의미한다. 손가락을 빠는데 손가락이 무엇인지 알아내는 것에는 관심이 없고 이러한 목적은 감각운동기의 나중 단계에서 나타난다.

③ 제3단계 : 2차 순환반응(secondary circular reactions)

감각운동기의 세 번째 하위단계는 2차 순환반응 단계로 4~10개월이다. 이 시기의 영아는 여전히 우연히 일어나는 흥미로운 반응을 반복하는 순환을 반응을 나타

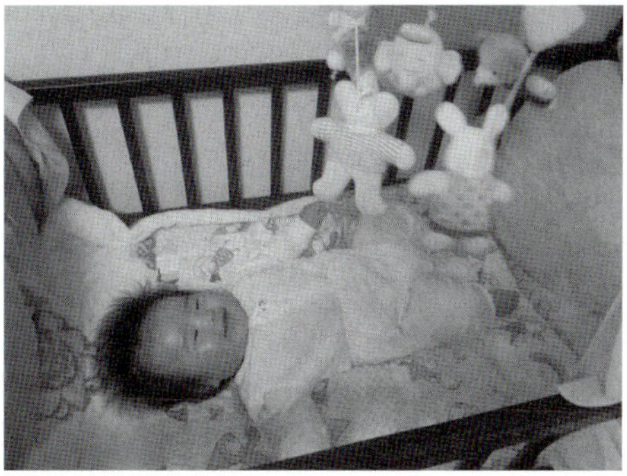
모빌을 보는 영아

낸다. 다만 1차인 자신의 신체가 아니라 2차인 외부 대상, 사건에 대해 반복적인 행동을 한다.

2차 순환반응단계에서 영아는 자신의 행동과 사건 간의 연관성을 발견하여 의도성을 가진 순환반응을 하기는 하나, 완전하게 의도성을 나타낸다고는 볼 수 없다.

피아제는 영아는 팔을 흔들어 한 손과 줄로 연결되어 요람 위에 매달린 공이 흔들리는 장난감을 쳐다보다가 이를 반복하다가 결국에는 공을 흔들 목적으로 한 팔(줄연결된)을 흔들게 한다. 이때의 순환반응은 의도성을 가진 것으로 볼 수 있다.

약 6개월경에 옹알이가 나타나는데 자신의 소리에 양육자가 반응을 보이는 것에 흥미를 느끼고 계속해서 그 옹알이를 모방한다. 영아는 주변의 옹알이 소리에 귀 기울이고 반응하면서 이러한 과정에서 양육자와 사회, 정서적 관계를 이루고, 한 단어가 두 단어가 되면서 언어가 발달하게 된다.

④ 제4단계 : 2차 순환반응의 조정(coordination of secondary reactions)

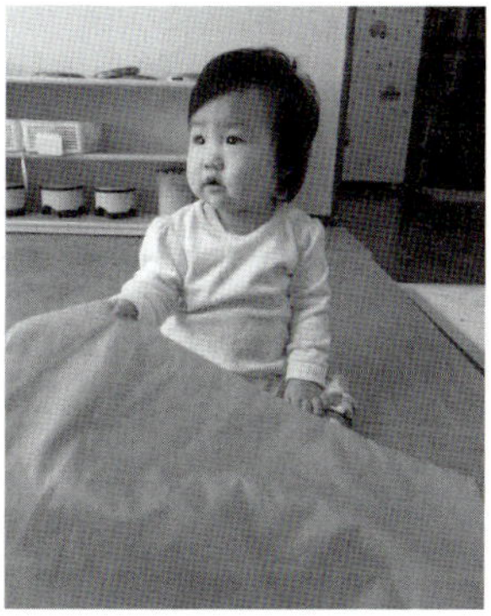
감추어진 사물을 찾기 위해
담요를 잡아당기는 영아

감각운동기 하위 4단계인 2차 순환반응 조정의 단계는 10~12개월이다. 이 시기의 영아는 괄목할 만한 발달을 나타내는데, 목적을 위해 이전에 획득한 두세 개의 도식을 결합시킬 수 있게 된다. 예를 들어, 베개 뒤에 감춰진 성냥갑을 찾아내고, 목표를 찾기 위해 두 개의 도식을 사용하는데 치우기도식, 잡기도식이다. 베개 뒤에 감춰진 성냥갑을 찾기 위해서 베개를 치우고, 성냥갑을 잡는 행동을 보인다. 이러한 행동은 의도적·지적인 행동이다. 이 단계에서는 특정한 목표를 위해 이전의 획득된 도식들을 결합한 것이다.

⑤ 제5단계 : 3차 순환반응(teriary circular reactions)

감각운동기 하위 5단계인 3차 순환반응의 단계는 12~18개월이다. 이 시기의 영아는 행동의 결과를 보기 위해서 의도적으로 자신의 행동을 다양하게 변화시킬 수 있는 것이다. 2차 순환반응과 3차 순환반응 간의 구별은 외부 사건, 대상을 변화시키기 위해서 자신의 행동이 변화시키느냐의 유무이다. 예를 들어, 막대를 물가에 던졌을 때 막대가 떠오르는 일은 2차 순환반응이고, 그 막대의 수, 크기를 다양하게 변화시켜 던져보는 것은 3차 순환반응의 예이다.

⑥ 제6단계 : 표상적 사고(representational thought)의 시작

감각운동기의 하위 6단계는 표상적 사고의 시작으로 18~24개월이다. 이 시기의 영아는 문제를 해결하기 위해 의도적·효율적으로 행동하는 방법을 배운다. 직접 해보지 않고도 사고할 수 있게 되는 것이다. 이를 표상적 사고라 하는데, 이는 행동하기 전에 문제에 대해 정신적으로 추론하는 것을 말한다.

영아는 이전 도식을 외적으로 해보지 않고도 머릿속으로 생각하여 문제를 해결하였다. 예를 들어, 조금 열려 있는 서랍 속에 들어 있는 물건이 조금 밖으로 나와 있다. 그것을 꺼내기 위해 전에는 무조건 서랍 속에 손을 넣거나 깨물거나 흔들거나 했는데, 이 단계의 영아는 입을 벌렸다 오므렸다 하면서 서랍을 서서히 열어서 물건을 꺼내게 된다. 여기서 입을 조금씩 벌리는 모양에서 추론하여 서랍을 여는 문제해결을 하게 된 것이다. 이러한 변화는 영아가 인지적으로 표상을 사용할 수 있기 때문에 가능한 것이다. 이러한 지적 능력은 나중에 지연모방을 가능하게 한다.

이상 감각운동기의 영아는 처음에는 반사행동을 하다가 다음에는 자신과 외부 대상에 대해 다양한 활동을 반복하고 마침내 표상적 사고를 하게 되었다.

표 6-2 감각운동기의 6단계별 특징

단계	전형적인 행동
1단계 : 반사의 수정 (0~1개월)	신생아의 반사(빨기, 잡기, 쳐다보기)능력이 효율적으로 되어 더욱 의도적인 운동이 반사를 대체함
2단계 : 1차 순환반응 (1~4개월)	영아의 신체중심으로 흥미로운 신체의 움직임을 반복함
3단계 : 2차 순환반응 (4~10개월)	주변 환경에서 재미있는 결과를 가져오는 사건을 반복하는 것에 목표를 둔 행동, 친숙한 행동 모방, 흥미로운 외부 사건을 반복함
4단계 : 2차 순환반응 조정 (10~12개월)	목적을 이루기 위해 도식을 결합. 의도적이고 목표 지향적인 행동, 사물을 처음 숨긴 장소에서 찾을 수 있는 능력(대상영속성), 사건에 대한 기대 증진, 영아가 흔히 하는 행동과는 약간 다른 행동을 모방함
5단계 : 3차 순환반응 (12~18개월)	새로운 것을 위해 다양하게 반복하므로 사물의 속성 탐색, 새로운 행동의 모방, 숨겨진 사물을 찾기 위하여 여러 장소를 살피는 능력을 나타냄
6단계 : 표상적 사고의 시작 (18~24개월)	행동하기 전에 사고, 문제에 대한 갑작스러운 해결을 하는 것에서 나타나듯이 사물과 사건의 내적 묘사, 보이지 않는 동안 이동되었던 사물을 찾는 능력, 지연모방, 가상놀이를 함

출처: Ault, R. L. (1982); 곽금주 역(1989). p. 53

2) 대상영속성의 발달

(1) 대상영속성의 개념

피아제는 대상영속성(object permanence)은 인지발달과 병행하여 발달한다고 설명하고 있다. 대상영속성이란 물체가 눈에 보이지 않거나 소리가 들리지 않더라도 그 물체가 계속 존재한다는 것이다. 즉, 대상이 지각되지 않을 때도 그 대상이 여전히 존재한다는 것을 아는 것이다. 출생에서 2개월까지는 대상을 보고 있다가 무엇이 가려져 보이지 않게 되면 보는 것을 중지하고 다른 행동을 한다.

대상영속성

피아제의 대상영속성 개념 발달단계는 다음과 같이 구분한다.

① 하위단계 1

대상영속성의 개념이 전혀 없다. 물체가 시야에서 사라지면 더 이상 그 물체에 관심을 보이지 않는다.

② 하위단계 2

대상영속성의 개념이 어렴풋이 나타난다. 물체가 사라지기 전에 머물렀던 지점을 바라보다가 이내 고개를 돌린다. 2~4개월 영아는 대상이 사라진 그곳을 다시 나타나기를 기다리는 것처럼 잠시 동안 쳐다보지만 탐색은 하지 않는다. 이 시기의 영아는 대상영속성을 가지고 있지 않는 것이다. 예를 들어, 어떤 물건을 손에 쥐고 있다고 바닥에 떨어뜨리면 손을 계속 흔들 뿐이고 더 이상 그것을 찾으려 하지 않는다.

③ 하위단계 3

주변의 물체가 보이지 않아도 어딘가에 존재한다는 사실을 어렴풋이 이해하며, 눈에 보이는 경우 잡으려고 애쓰지만 물체가 완전히 사라진 경우에는 찾으려 하지 않는다. 4~8개월 영아는 손에서 바닥으로 떨어진 물건을 찾을 수 있게 된다. 다만 자신이 떨어뜨렸거나 옮긴 물건만을 찾게 된다. 이 단계는 대상영속성 초기 단계이며, 완전히 가려진 물건은 찾지 못하나 부분적으로 가려진 물건은 찾을 수 있다.

④ 하위단계 4

시야에서 사라진 물체를 적극적으로 찾으려고 한다. 영아가 보고 있는 동안에 물체를 처음 감춘 장소에서 다른 장소로 옮겨 놓아도 처음 감추었던 장소에서 그 물건을 찾으려고 한다. 8~12개월 영아는 물체를 보는 동안 물체를 감추면 처음 감춘 장소에서 찾아낸다. 그러나 장소를 여러 번 옮겨서 감춘 사물은 찾지 못한다.

⑤ 하위단계 5

아직도 보이지 않는 곳으로의 이동은 이해하지 못한다. 12~18개월 영아는 물건을 감출 때 여러 번 감춘 장소를 이동하여도 마지막 장소에 숨겨진 물건을 찾을 수 있다. 그러나 물건의 이동을 보여주지 않으면 찾지 못한다.

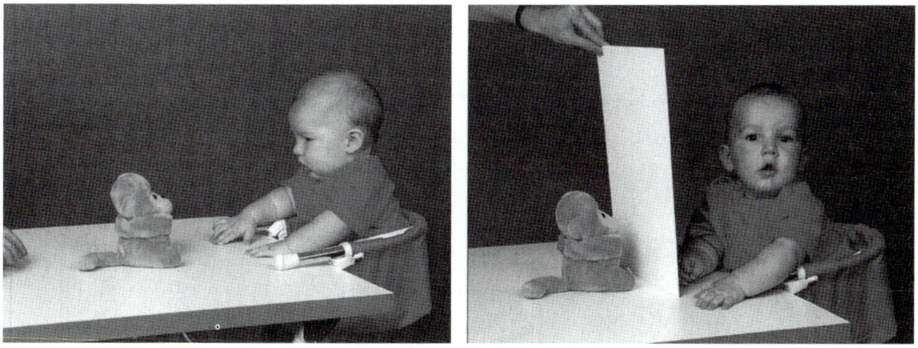

그림 6-7 대상영속성 실험 그림
출처: Santrock(2003)

⑥ 하위단계 6

대상영속성의 개념이 완전하게 발달한다. 보이는 곳의 이동뿐만 아니라 보이지 않는 곳의 이동도 모두 이해할 수 있으며, 숨기는 장면을 목격하지 않은 대상물도 찾을 수 있다. 마지막 단계인 18~24개월 영아는 물건의 이동을 보지 못해도 정신적 표상에 의해서 가려진 채로 이동시킨 물건을 찾아내게 된다.

표 6-3 대상영속성의 하위 6단계와 특징

연령범위	특징
0~2개월	어떤 기대나 탐색을 보이지 않음
2~4개월	수동적으로 기대함
4~8개월	부분적으로 가려진 대상을 탐색함(대상영속성 초기단계)
8~12개월	완전히 가려진 대상을 탐색함
12~18개월	보고 있는 동안 옮겨진 대상을 탐색함
18개월 이후	보지 않는 동안 옮겨진 대상을 탐색함

출처: Ault, R .L.(1982); 곽금주 역(1989). p. 53

3) 정신적 표상의 발달

피아제에 의하면 영아기는 오감각을 이용하여 사물과 사건을 인지하는 감각운동기적 인지단계라고 하였다. 영아들은 18개월이 되어서야 자신의 경험을 정신적으로 표상하기 시작한다. 그러나 대상영속성 개념의 발달이 8개월경 부분적으로 나타나기 시작하여 12개월경에는 숨겨진 사물을 찾아내는 능력이 나타나는데, 영아들은 일정 시간 경과 후에 보았던 사물을 정신적으로 표상하기 시작하는 것이다(McDonough & Mandler, 1998). 이러한 영아기의 지연모방능력과 문제해결능력에 대한 최근의 연구들은 영아들이 매우 이른 시기에 정신적 표상능력이 나타남을 보여준다.

(1) 지연모방

영아는 다른 사람의 행동을 보고 일정 시간이 지연된 후에 그 행동을 기억했다가 유사하게 모방한다. 이를 지연모방(deferred imitation)이라고 한다.

영아기 지연모방의 발달은 생후 6주된 신생아에게 나타난다. 눈 앞에 있는 성인의 얼굴 표정을 보고는 그 다음날 그 성인을 보았을 때 그때와 같은 표정을 흉내낼 수 있다(Meltzoff & Moore, 1994). 6~9개월 영아에게 여섯 개의 행동을 보여주었

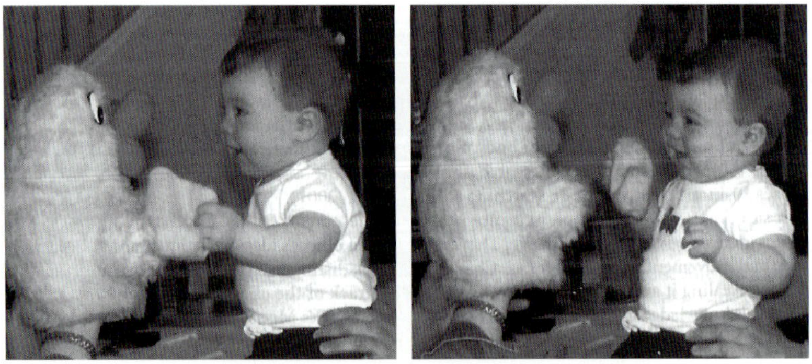

그림 6-8 영아의 지연모방 실험

출처: Berk, L. E.(2012). p. 210

을 때 하루 지연 후 보여주었던 행동을 안 보여주었던 행동보다 많이 하였다(Collie & Hayne, 1999). 12~18개월 영아는 성인과 친구의 행동을 몇 개월 후에도 지연모방하였고, 성인의 이상한 행동도 1주일 지연 후에 흉내 낼 수 있었다. 또한 14개월 영아는 성인의 이상한 행동을 모방할 때 자신의 도식을 사용하여 그 행동을 수정하여 모방하였다. 18개월 영아는 지연모방 시 모방행동을 추론할 수 있음을 보여주었다. 즉, 완성되지 않은 행동도 자신의 도식대로 완성하여 모방하는 것을 보여준다(Gergely, Bekkering & Kiraly, 2002).

곽금주 외(2005)는 19~24개월 영아의 모방비율은 [표 6-4]와 같이 나타내었다.

표 6-4 모방발달지표(%)

측정/개월	16	17	18	19	20	21	22	23	24
정수리 두드리는 것을 모방	26.3	25.3	23.7	33.8	34.3	50.7	44.7	54.2	55.7
귓불 당기는 것을 모방	17.1	20.0	26.3	27.9	30.0	46.4	39.5	52.8	57.0
코 찡그리는 것을 모방	13.2	22.7	19.7	13.2	24.3	39.1	27.6	43.1	46.8

출처: 곽금주 외(2005). p. 183

(2) 문제해결

영아는 매우 이른 시기부터 의도적이고, 수단-목적행동 순서로 문제해결을 하는 단서를 보이기 시작한다. 4개월 영아의 55.8%는 의도적으로 친숙한 행동을 하려고 시도하고, 절반 정도가 초보적인 수준에서 문제해결을 시도하는 것으로 나타났다. 8개월 영아가 활동을 다시 시작하기 위해 그 대상에게 시도하는 비율이 59.3%였고, 원하는 물건을 갖기 위해 장애물을 제거하는 행동을 보였다. 7~8개월 영아가 목적을 위해 수단을 사용하는데 헝겊 끝에 있는 놀잇감을 잡기 위해 헝겊을 끌어당기는 행동을 보였다(Willatts, 1999). 또한 10~12개월 영아는 한 상황에서 획득한 전략을 다른 문제해결 시 사용하는 유추(analogy)행동을 통해 문제해결을 시도하였

그림 6-9 10~12개월 영아의 유추를 이용한 문제해결
출처: Berk, L. E.(2012). p. 220

다. 한 연구에서 영아에게 세 가지 유사한 문제해결과제가 제시되는데, 그 과제는 영아가 장벽을 넘어야 하고, 줄을 잡아 당겨야 하고, 그래서 매력적인 장난감 얻을 수 있게 된다. 부모가 첫 번째 문제상황해결을 시범 보이자, 영아는 그것을 기억했다가 나머지 두 문제를 해결하였다(Chen, Sanchez & Campbell, 1997).

영아는 1세가 되면서 간단한 문제해결을 위해 도구를 사용하게 되고, 그 비율은 점차 증가하는데 12~18개월 영아의 문제해결 발달지표는 [표 6-5]와 같다(곽금주 외, 2005).

표 6-5 문제해결력 지표(%)

측정/개월	12	13	14	15	16	17	18
어른에게 장난감을 돌려준다.	61.1	69.2	87.8	84.7			
물건을 갖기 위해 우회한다.	80.6	82.1	85.1	84.7	90.8	94.7	88.2
도구를 사용해서 간단히 문제를 해결한다.	23.6	34.6	45.9	54.2	64.5	69.3	84.2
물건을 포갤 수 있다.	51.4	60.3	64.9	63.9	78.9	74.7	81.6
바닥에 떨어져 있는 장난감을 침대나 소파 위로 끌어올릴 수 있다.		75.6	77.0	81.9			
숟가락과 컵의 방향을 수정할 수 있다.				43.1	61.8	56.0	75.0

출처: 곽금주 외(2005). p. 153

4) 영아기 인지발달을 위한 놀잇감

교사와 부모는 영아의 인지발달을 위해 적절한 환경을 마련해 주어야 한다. 또한 감각운동기 영아를 위한 환경에는 인적 환경, 물적 환경이 있는데 교사와 부모는 따뜻한 접촉에 의한 상호작용과 놀잇감을 제공해야 한다.

인지발달을 돕는 놀잇감은 [표 6-6]과 같다.

표 6-6 영아기의 인지발달을 돕는 놀잇감

2개월 이후	6개월 이후	1세 이후
• 요람용 모빌 • 딸랑이, 손잡이 달린 종소리 나는 놀잇감 • 부드럽고 규칙적인 리듬, 노래, 자장가, 사람의 허밍, 찬트 등 또는 이런 것이 담긴 CD	• 잡으면 소리 나는 장난감 • 끼우는 컵(크기가 여러 개인) • 손으로 잡을 수 있는 부드러운 헝겊으로 된 공 • 봉제인형(솜을 넣은 동물인형) • 채우고 비울 수 있는 장난감 • 부엌용품 중 냄비, 수저, 솥 • 물에 뜨는 사물들(목욕 시)	• 큰 인형 • 장난감 접시 • 장난감 전화 • 망치와 못 장난감 • 끌고 밀 수 있는 놀잇감 • 자동차, 트럭 장난감 • 종, 심벌즈 같은 흔들고 두드릴 수 있는 장난감 • 단순한 퍼즐 • 모래상자, 삽, 양동이 • 영아의 종아리 정도 오는 깊이의 물놀이장과 놀잇감

출처: Johnson, J. E. et al.(2005). p. 248 재인용; Bronson, M. B.(1995)

5) 인지발달과 학습을 지원하기 위한 프로그램

영아는 자신, 다른 사람과 관개 맺기, 세상에 대해 알 필요가 있는 많은 기본적인 개념에 대해 학습한다. 인지발달을 지원하기 위한 프로그램으로는 다음과 같다.

• 영아에게 조용히 말하고, 사물을 함께 보고, 편안한 자세를 유지하도록 함으로써 영아가 조용하고 집중할 수 있는 상태가 유지되도록 돕는다.
• 주의를 산만하게 하고 방해하는 것들을 제한하고 영아가 집중할 수 있도록 돕

는다. 영아의 행동에 대해 관심을 표현하고 성취하려고 하는 것을 관찰하고 반영한다.

- 언어영역에 인형을 넣어준다거나 언덕을 구성하도록 블록 위에 초록색 천을 덮고 농장 동물들을 놓아두는 것과 같은 새로운 방법으로 자료를 제공해 주면서 호기심이 일어나도록 한다.
- "무슨 일인지 보러 가자!"와 같이 어떤 것을 알리거나 제안하면서 호기심이 일어나도록 한다.
- 충분히 흥미롭지만 불가능하지 않은 자료를 제공해 주고, 새로운 선택을 제안하고, 관심과 격려를 표현하면서 성취 동기를 지원한다.
- 영아가 성취를 보일 때 느끼는 기쁨을 함께 나누면서 성취 동기를 지원한다.
- 다양한 감각적 자료(모래, 물, 옥수수 녹말, 후각병 등)를 제공하여 놀이와 탐색 경험을 제안함으로써 감각적 학습을 지원한다.
- 예측가능한 일상생활을 유지하고 방을 정돈함으로써 영아의 기억력이 발달하도록 돕는다. 예를 들어, 영아가 찾을 수 있는 곳에 놀잇감을 둔다.
- 영아와 아침에는 무엇을 했는지, 전 날에는 무엇을 했는지에 대해 대화한다.
- 놀잇감과 활동을 유목화하고, 대응하며 구별하고, 비교하며 대비할 수 있는 기회를 많이 준다.
- 문제가 발생했을 때 바로 해결하지 않음으로써 문제해결력이 생기도록 한다. 예를 들어, 영아가 미끄럼틀 뒤로 굴러간 공을 잡을 수 없을 때는 "우리가 어떻게 할 수 있을까?" 하고 물어보고 영아가 해결책을 생각해 보게 한다.
- 까꿍놀이와 같은 게임을 하고, 가버렸지만 다시 돌아올 엄마에 대한 책을 읽어준다. 또한 대상영속성의 발달을 위해 접힌 부분에 감춰진 그림이 있는 책을 읽어준다.
- 공이나 비밀상자와 같이 영아의 행동에 우연히 반응하는 놀잇감을 제공하고, 원인과 결과를 이해시키기 위해 눌러서 빛을 켜고 끌 수 있는 놀잇감을 제공한다.
- 공간의 사용을 이해하도록 컵 쌓기, 고리 끼우기, 작은 말, 기어가기 위한 터널

과 같은 놀잇감과 자료를 제공한다.

- 도구의 사용에 대한 이해를 증진시키기 위해 마커나 페인트, 물, 가정용품 모형, 장난감 전화기, 열쇠 등을 제공한다.
- 영아의 놀이가 다음 단계로 비계 설정될 수 있도록 영아의 놀이를 조금 더 정교하고 복잡하게 하기 위한 방법으로 말하고, 생각하게 해주고, 자료를 제공한다.
- 모양, 크기와 양, 수의 비교 및 일대일 대응을 알려 주기 위해서 놀잇감을 제공하고 말해 준다. '오늘, 지금, 나중에, 전에, 후에'와 같은 시간 개념에 대해서도 말해 준다.

3. 기억발달

1) 영아의 기억발달

(1) 재인기억

재인기억이란 이전에 본 자극을 알아보는 것이다. 영아들은 얼마나 기억할 수 있을까? 또 언제부터 기억할 수 있는 것인가에 대한 의문은 신생아를 대상으로 하는 기억연구에 의해 수행되었다. 이러한 연구는 주로 선호도, 조건형성 등의 방법으로 이루어졌다. 선호도 절차연구는 영아가 이미 노출되었던 자극과 새로운 자극을 동시에 제시했을 때 새로운 자극을 더 오랜 시간 쳐다본다. 따라서 새로운 자극을 본 시간은 새로운 자극과 이미 보았던 자극을 본 전체 시간에 대한 비율로 측정된다. 습관화는 어떤 자극을 여러 번 반복하여 제시받으면 그 자극에 대한 반응강도가 감소하는 것을 의미한다.

영아의 재인기억에 대한 조건형성 절차방법에서 비교적 어린 영아, 즉 2~3개월 영아도 단서를 제공하면 전에 보았던 것을 기억할 수 있음을 나타냈다. 로브콜리어(Rovee-Collier, 1999)는 아기의 침대 위에 모빌을 매달고 영아의 한쪽 발과 모빌을 끈으로 연결하였다. 영아가 발을 움직이면 머리 위의 모빌이 함께 움직이게 된다.

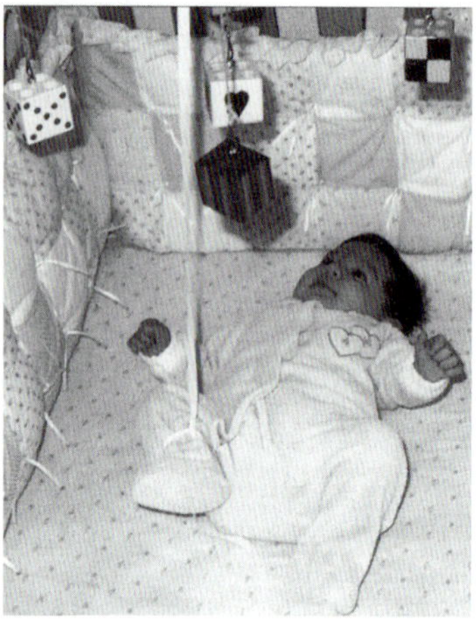

그림 6-10 로브콜리어 실험
출처: Santrock(2004)

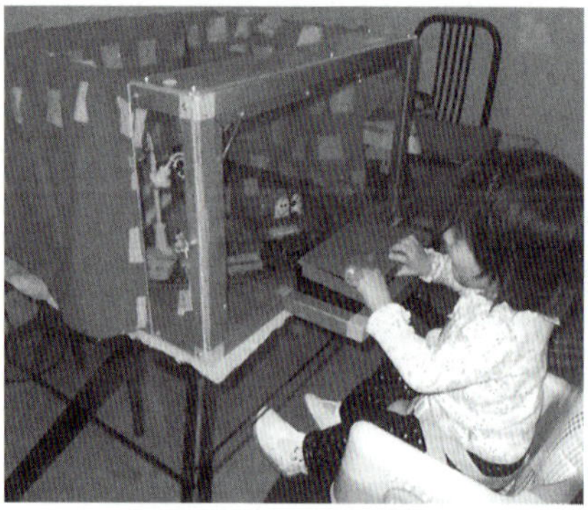

그림 6-11 영아 기억연구를 위한 장난감 기차과제 실험
출처: Berk, L. E.(2012). p. 210

영아는 얼마간 모빌을 보다가 발을 차면 모빌이 움직이는 것을 알게 되었다. 3개월 영아는 이를 기억하여 1~2주 후에 같은 침대(끈을 묶지 않은)로 눕혔는데 대부분의 영아는 발을 차는 행동을 나타냈다. 이것은 발을 차면 모빌이 움직인다는 것을 기억하고 있다는 것을 나타내는 것이다.

또한 생후 6~18개월 영아는 기억실험을 위한 '장난감 기차놀이' 연구에서 레버를 이용하여 기차 놀잇감 철로를 움직이는 것을 기억하여 13주 후에도 레버를 눌러 기차를 움직이게 할 수 있었다. 연구결과, 6개월 영아가 2를 기억, 12개월 영아는 8을, 18개월 영아는 18을 기억함으로써 연령이 증가함에 따라 기억의 정도가 가파르게 증가함을 나타냈다(Berk, 2012).

이와 같이 영아는 매우 이른 시기부터 재인기억 능력을 가지고 있고, 연령이 증가함에 따라 기억량이 증가하였다.

(2) 회상기억

영아기 회상기억은 재인기억보다 더 연구하기 어렵다. 회상기억은 지각적으로 선택지가 없어서 영아가 기억해 내기 위해서는 본 것에 대한 것을 머릿속에 가지고 있어야 한다. 또한 영아는 글이나 말로 표현할 수 없으므로 그러하다. 그러나 대상영속성, 지연모방 과제를 이용하여 회상기억 연구가 가능하다.

대상영속성을 이용한 회상기억 연구에서는 7개월 영아가 좋아하는 장난감을 항상 두는 곳에서 이동시켰을 때 놀란 표정을 보일 경우, 그 영아는 기억을 한 것이

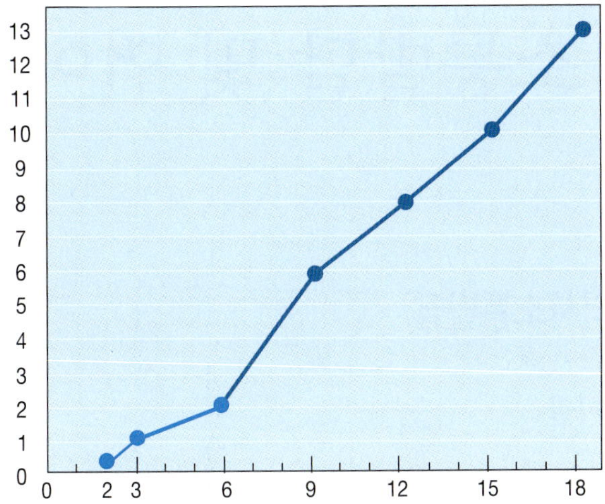

그림 6-12 2~18개월 영아의 파지기억

출처: Berk, L. E.(2012), p. 220

다. 1세경에 대상영속성이 보이므로 없어진 물건을 찾는 영아의 행동은 대상영속성개념이 있는 것인 동시에 회상기억을 하고 있다는 결과이다.

지연모방 과제를 이용한 회상기억 연구에서는 13개월 영아가 '인형 목욕 시키기' 실험에서 목욕과정을 그대로 회상하여 재연함으로써 회상기억이 이른 시기에 발달함을 알 수 있게 한다(정옥분, 2013 재인용).

이와 유사하게 로브콜리어(1999)는 3개월 영아가 기억과제를 2일~2주 경과 후에도 부분적으로 기억하였음을 나타냈다. 또한 8주 영아도 2주 경과 후에 기억하였음을 밝혔다. 또한 파간(Fagan, 1973)은 5~6개월 영아가 5~10초간 보았던 자극에 대해 2주 경과 후에도 기억할 수 있음을 나타냈다(최경숙, 2007 재인용).

7개월 영아도 어떤 행동을 본 후에 몇 시간, 며칠 후에 그 행동을 흉내 내었다. 1세경이며 낯선 놀잇감을 대상으로 한 행동을 1개월 후에 모방하였다. 2세경에는 3개월 경과 후에도 기회상기억이 가능하다고 나타냈다(유효순 외, 2013).

영아의 회상기억은 월령이 증가함에 따라 증가하였고, 한 연령 내에서 지연기간(시간경과)이 길어질수록 회상기억은 감소하였다.

| 7장 |

의사소통발달 및 언어발달

1. 영아의 의사소통발달

1) 의사소통이란

의사소통이란 언어를 매개로 하여 감정, 의견, 생각을 상대에게 전달하는 것을 말한다. 언어 이외에 억양이나 몸짓, 표정 등도 의사소통의 수단이 된다.

의사소통 능력은 말하는 사람과 듣는 사람이 언어가 지니는 문법과 문장의 규칙을 파악하고, 말하는 사람이 듣는 사람의 개인적 요인이나 상황에 대한 정보를 인지하여 자신이 필요로 하는 정보를 표현하면서 대화를 지속시키는 능력이다. 이러한 정의는 언어와 인지관계를 다루는 언어심리학적 입장과, 말하는 사람과 듣는 사람의 사회적 상호소통이라는 맥락에서 언어를 사용하는 데 필요한 사회규칙을 강조하는 언어사회학적 관점이다. 즉, 언어심리학적 입장은 말하는 사람이나 듣는 사람이 언어의 문법적 규칙과 문장 규칙이 어떻게 의미와 관계되는가를 이해하는 능력을 중시한다. 그러나 언어사회학적 입장은 말하는 사람과 듣는 사람의 사회계층, 성별, 인종, 지위, 친숙도와 같은 개인적인 변수나 그들의 사회적 맥락, 의사소통의 경로, 주제 등에 따라 언어의 체계적인 규칙 등에 관심을 갖는다.

의사소통을 할 때에는 언어가 지니는 문장의 규칙을 알아야 할 뿐만 아니라 그 사회가 인정하는 방법으로 자기의 의사를 표현할 수 있어야 한다. 그 외에 필요한 것은 대화할 수 있는 능력이다. 즉, 자신의 의사를 문장 규칙에 따라 사회에서 인정되는 방법으로 표현하되 상대와 지속적으로 대화할 수 있을 만큼 상대방의 말을 이해하고 자신의 생각과 의견을 표현할 수 있는 능력이 필요하다.

2) 영아의 의사소통의 발달

영아가 언어를 습득하게 되는 이유는 의사소통을 위한 것이다.

언어를 처음 배웠던 방법은 삶의 초기에 일어나기 때문에 기억할 수 없고, 그 과정은 노력이 필요없는 것처럼 보인다. 그러나 실제로 영아는 다른 사람과 대화를 하기 위해 특정한 사람의 목소리를 인식하는 것, 한 단어가 끝나면 다른 단어를 주로 사용한다.

영아가 어휘와 문장을 사용하게 되면서 더욱 더 효과적으로 의사소통을 할 수 있게 된다. 그러나 대화를 보다 효과적으로 하기 위해서는 듣기, 말하기 이외에도 여러 사회적 기술이 필요하다. 예를 들어, 말을 할 때에는 차례를 지키고 자신이 말할 차례임을 인지한다. 또한 청취자의 능력이나 흥미, 지식, 요구 등을 고려하여 대화하는 과정에서 지나치게 혼자 이야기하거나 상대방의 이야기를 중단시키는 것을 삼가는 등의 기술을 가져야 한다. 이러한 의사소통 능력은 피아제는 그의 저서 『언어와 사고』에서 영유아는 근본적으로 자아중심적이어서 상대방이 자신과 다른 견해를 갖고 있다는 사실을 이해하지 못하므로 의사소통 능력을 보유하지 못하고 있다고 보았다.

그러나 인간은 말할 수 있기 전에 이미 몸짓이나 얼굴 표정 등으로 의사소통을 한다. 예를 들어, 영아는 싫을 경우에는 머리를 젓거나 손으로 밀어내는 몸짓으로 의사표현을 한다. 즉, 출생에서 첫 어휘를 사용하기 이전에 영아는 울음, 옹알이, 미소, 몸짓 등으로 의사소통을 한다. 영아는 의사소통에서 차례를 지켜야 한다는 것을 이해한다.

10개월경 영아는 다른 사람과의 의사소통을 시도한다(Golinkoff, 1993). 이 시기 영아들은 다른 사람들을 쳐다보면서 사물을 만지거나 가리키거나 바깥으로 나가자고 손을 가리킨다. 이것은 상대방에게 사물에 대한 것을 말하거나 자신의 의도를 나타내는 것이다

12개월경 영아는 언어를 사용하면서 손으로 지적하기, 손 흔들기, 머리 끄덕이기

등을 이용하여 자신의 의사를 표현한다.

18~24개월에 들어서면서 영아는 두 단어 단계의 시기로 다양한 의사소통 의도를 표현하게 된다. 이후 점점 어휘도 확장되고 구문도 문장단계로 발달하게 된다. 그러나 영아가 의사소통하기 위해서는 피아제가 말한 바와 같이 자기중심적 사고에서 벗어나 타인의 입장을 이해할 수 있어야 하는데 3세 정도가 되면 상대방이 말을 하고 있을 때는 잠시 기다릴 줄도 알게 된다(곽금주 외, 2005).

3) 영아의 의사소통발달을 위한 상호작용

(1) 반응적 상호작용

영아기 언어발달을 돕기 위해서 부모와 영아의 상호작용은 매우 중요하다. 한 그룹의 엄마에게 영아가 옹알이를 할 때 웃어주거나 말을 해주고 만져주는 반응을 10분 동안 해주도록 하였더니 반응을 해준 영아들은 좀 더 알아들을 수 있는 음정과 자음, 모음을 내는 등 보다 성숙한 옹알이를 하는 것을 알 수 있었다(Goldstein et al., 2003).

영아가 말을 하기 시작한 뒤에는 새로운 어휘를 배울 수 있도록 영아에게 많은 말을 들려주고, 영아가 관심을 보이는 사물이나 상황에 대해 이야기해 주는 것이 필요하다. 특히 책을 읽어 줄 때 그림책을 보면서 그림을 자세히 이야기해 주고 영아의 질문에 답해 주거나 반응해 주는 것이 효과적이다. 15~21개월된 영아와 어머니 간의 언어적 상호작용을 분석한 결과, 어머니가 영아가 가지고 놀고 있던 장난감에 대하여 언급을 많이 한 경우 영아의 어휘발달이 높은 것으로 나타났다(Tomasello & Farrar, 1986).

부모는 영아의 언어에 감정이입을 하고, 영아가 대화할 때까지 기다린다. 그리고 영아가 자신을 표현하고 언어를 듣고 이해하며, 유능한 의사소통자가 되도록 하기 위해 지원을 해야 한다. 영아를 지원해 줄 수 있는 부모와 교사의 12가지의 전략은 다음과 같다.

① 관계 형성하기: 감정이입할 수 있는 언어 파트너가 돼라

다른 사람을 돌볼 때, 보통 돌보는 사람과 의사소통하기를 원한다. 영아는 안전함을 느끼고 애정 어린 방식으로 돌보아진다고 느낄 때 양육자와 의사소통하기를 원한다. 영아는 의사소통하는 것이 기쁘거나 의사소통의 정서나 느낌이 따뜻하고 애정 어릴 때, 그리고 의사소통을 하면 반응을 얻을 것이라고 생각할 때 의사소통한다.

② 반응하고 주고받기: 상호작용적인 언어 파트너가 돼라

영아와 상호작용을 통해서 부모는 영아가 의사소통을 위해 언어를 사용하는 방법을 배우도록 해야 한다. 영아가 마실 것을 원하고 부모가 요구에 반응할 때, 영아는 의사소통이 자신이 필요로 하는 것을 얻기 위한 효과적인 방법임을 알게 된다. 영아가 소리를 내거나 단어를 사용할 때는 부모는 주고받을 수 있도록 반응해 주고 기다려준다. 상대방과 교대로 하는 이러한 대화의 춤(conversational dance)은 영아가 대화의 방법을 알게 한다. 사람들은 사회적 맥락에서 생각을 교환하기 위해 대화를 주고받는다. 이러한 성인과 영아 간의 대화는 언어를 주고받을 수 있는 능력뿐만 아니라 영아의 어휘를 확장시켜 준다. 따라서 영아와의 대화에서는 영아보다 더 많은 기회를 가지거나 일방적으로 혼자 말함으로써 대화를 하지 않아야 한다(Girolametto, 2000). 대신에 동등하게 주고받는 대화로 상호적이고 반응적인 상호작용을 하도록 한다.

③ 비언어적인 의사소통에 반응하라

아주 어린 영아는 부모에게 무언가를 말할 수 있을까? 아주 어린 영아는 하품을 통해 자신이 지치고 따분하다는 것을 전달하고, 성인의 몸에 바짝 안기는 것은 안전하고 편안하고 싶다는 것을 말해 준다. 영아가 부모에게 달려오는 것은 관계 맺기를 원한다는 의미이고, 발로 차는 것은 "불편해요"라고 말하는 것이다. 영아가 고개를 돌리면 상호작용하는 것을 쉬고 싶다는 의사소통일 수 있다. 영아가 등을 움츠리는 것과 같이 강렬한 표현은 "아파요"라든지 "그만 하세요"라는 말을 의미한다.

성인이 영아의 비언어적 의사소통을 이해하고 반응해 주면, 영아는 성인이 의사소통의 파트너라는 것을 알게 된다. 반응적인 성인과 함께, 영아는 의사소통을 위해 비언어적인 다양한 방법을 계속 사용하면서 곧 소리와 단어를 사용할 수 있게 된다.

④ 성인의 행동을 서술하는 말과 영아의 행동을 서술하는 말을 사용하라

성인의 행동을 서술하는 말(self-talk)은 성인이 영아와 함께 있는 동안 자신이 무엇을 하고 있는지를 설명할 때 사용하는 말이다. 예를 들어, 교사가 기저귀를 갈면서 영아에게 "선생님은 지금 네 기저귀를 갈고 있어. 이제 선생님은 네 발을 들어올릴 거야. 기저귀를 넣고 있어. 다 됐다."라고 말하는 것이다. 영아의 행동을 서술하는 말(parallel talk)은 영아가 무엇을 하고 있는지에 대해 성인이 말하는 것이다. 즉, 영아가 현재 하고 있는 것을 성인이 영아에게 설명해 주는 말이다. 예를 들어, 영아가 놀거나 먹을 때 성인이 우유를 가리키면서 영아에게 "음, 네가 우유를 먹고 있네."라고 말하는 것이다. 이러한 전략은 언어를 행동 및 사물 조작과 연결시키고, 단어를 생동감 있게 만들며, 영아에게 의미를 부여해 준다.

⑤ 풍부하고 다양한 단어를 사용하여 영아와 자주 말하라

부모는 영아와 얼마나 많이 말하고 노래하며 그림책을 보는지에 대한 여러 연구결과, 부모가 영아와 하는 대화의 양과 질은 영아가 말을 배우는 데 직접적인 영향을 미친다(Hart & Risley, 1999; Honing & Brophy, 1996; Shonkoff & Phillips, 2000). 부모가 자녀와 매일 사용하는 전체 단어의 수와 다양성, 대화의 양, 부모로부터 듣는 긍정적인 언어는 영아의 모든 언어발달과 관련이 있다(Hart & Risley, 1999). 또한 부모가 영아와 얼마나 많은 대화를 하는지에 따라 놀라운 차이가 있다. 어떤 영아는 한 시간에 평균 600단어를 듣는 반면, 다른 영아는 한 시간에 2,100단어를 듣는다. 어떤 영아는 한 시간에 평균 100개의 다른 단어를 듣는 반면, 다른 영아는 한 시간에 500개의 다른 단어를 듣는다. 영아가 듣는 언어량의 차이는 영아의 언어발달에 차이를 가져온다. 말을 많이 하는 부모와 함께 지내는 영아는 3세에 말을 더 많이 하고 더 풍부한 어휘를 사용하게 된다.

영아는 부모와 말하는 시간이 길수록 어휘는 더 많이 발달하고, 3세 때 IQ 검사에서 더 높은 점수를 받는다(Hart & Risley, 1999). 영아의 어휘를 늘리기 위해서는 일상생활에서 영아와 풍부한 언어를 사용하고 많은 상호작용을 하는 것이 필요하다. 예를 들어, 기저귀를 가는 시간은 부모와 교사가 '첫 번째, 우리 기저귀를 갈자', '두 번째, 우리 기저귀를 버리자'와 같은 대화를 하기에 아주 좋은 시간이다. 손, 코, 눈, 귀, 발가락에 대해서 말하는 것은 영아가 신체 부위를 분명히 알게 하고, 부모가 기저귀를 더 쉽게 갈 수 있도록 해준다.

⑥ 공동주의(공유된 주의집중) 전략을 사용하라

서양 문화에서 성인은 영아와 대화할 때 사람이나 사물을 자주 가리키면서 영아의 주의를 집중시킨다. 청각장애아의 엄마는 자녀가 엄마의 수화를 보는 동시에 엄마가 말하고 있는 사물이나 사건을 보고 있다는 것을 알 때 자녀에게 수화를 더 많이 하게 된다(Harris, 1992, McDevitt & Ormrod, 2000). 이와 같이 영아가 사물이나 사람에 관심을 두고 있을 때 부모가 그 이름을 말한다면, 영아는 가장 잘 배울 수 있다. 공동주의(joint attention)는 부모와 영아가 동시에 동일한 것에 초점을 맞출 때 일어난다. 대화할 대상을 가리키거나 영아가 대화할 대상을 바라볼 때까지 기다리는 것은 영아가 대상에 맞는 올바른 이름을 붙일 수 있도록 돕는 것이다. 이런 공유된 주의집중 형태는 언어발달을 강화시킨다(Adamson, Bakeman & Deckner, 2004).

⑦ 4E(격려, 확장, 정교화, 확장) 접근법을 사용하라

영아의 언어를 고치려 하지 말고 주의 깊게 듣고 반응하면서 대화하도록 격려(Encourage)하며, 영아의 단어와 대화에서 의미와 문법을 확장(Expand)시킨다. 또한 소리, 단어, 문장을 더 정교화(Elaborate) 시키고 더 길게 확장(Extend)시킨다. 예를 들어, 다른 소리나 새로운 단어 또는 조금 더 긴 문장을 추가해 준다. 영아의 언어를 모방하고 확장하는 것은 언어를 다음 단계로 발달시켜 준다. 영아는 부모가 확장하는 것을 듣고 새롭게 모델링된 언어 형태를 사용하기 시작한다. 4E 접근법으로 영아는 의사소통에 있어 언어를 좀 더 많이 사용할 수 있다.

⑧ 의미 있게 반응하는 말을 사용하라

부모가 영아와 언어로 대화할 때 같은 주제로 계속 이야기하면 주제를 바꿀 때보다 영아가 대답을 더 많이 한다(Dunham & Dunham, 1996). 쿠잉 소리를 내는 대화는 부모에게는 지루할 수도 있지만, 영아는 기쁘고 즐거우며 정서적 공감을 갖게 된다. 또한 영아 언어의 지속적인 발달은 부모에게 충분한 즐거운 보상이 된다. 또한 부모의 의미론적 정교화(semantic elaboration)는 영아가 한 주제에 머무르게 한다. 영아가 '자동차'에 대해 말할 때 성인이 자동차의 모양이나 색에 대해 의미 있게 반응해 주면, 영아는 자동차라는 주제에 머물러서 자동차에 대해 또 다른 무언가를 더 말할 수 있다.

⑨ 영아 대상어(infant-directed speech: 영아 중심으로 말하는 것)를 사용하라

영아 대상어는 영아와 상호작용할 때에 영아중심으로 말하는 것이다. 서구 문화의 많은 부모는 영아와 대화를 할 때 영아가 말하는 수준보다 조금 더 높게 조절해서 말한다. 즉, 부모가 영아의 언어 사용 수준에 맞추든지 그 수준보다 조금 더 높게 영아에게 말하는 것을 말한다.

영아 대상어는 아기식 말투라고도 하는데 이는 영아와의 대화에서 도움이 되는 것으로 알려져 있다. 어머니가 영아와 이야기하는 말투를 보면 아동이나 성인과 이야기할 때와는 아주 다르다. 2세 영아와 이야기하는 어머니의 말투는 억양이 높고 정확한 발음으로 천천히 이야기하고, 반복을 하며 문장이 간단하다. 이러한 말투의 특징은 청각장애아 엄마가 수화를 사용할 때에도 나타난다. 청각장애아 엄마가 아이에게 수화동작을 더 자주 반복하며 과장된 몸짓을 사용하는 것을 알 수 있다. 뿐만 아니라 어린 영아와 교감하고 물건을 보여줄 때 엄마들의 움직임들은 어른들과 소통할 때보다 훨씬 적극적이고 넓은 행동이 나타나며 반복적이며 단순하다. 이러한 특성은 지구상의 대부분의 나라에서 비슷하게 나타난다. 이와 같이 영아와 이야기할 때 단어를 강조하거나 반복하거나 영아가 한 말을 그대로 반복해 주는 것, 또한 영아에게 이야기할 때는 가급적 단순한 문장으로 천천히 이야기하는 것이 영아의 언어발달에 도움이 된다.

영아 대상어를 사용하는 부모는 영아가 이해하고 연습할 수 있도록 언어를 간결하고 단순하게 사용하여 모델링한다. 예를 들어, 다음과 같은 전략을 사용한다.

- 반응적인 말을 사용한다.
- 짧은 문장과 간단한 어휘를 사용한다.
- 목소리의 고저와 억양을 과장한다.
- 영아를 향해 의사소통 한다.
- 단어와 말 사이를 좀 더 길게 쉰다.
- 단어를 자주 반복한다.
- 반복되는 것을 걱정하지 않는다.
- 단어에서 모음만 길게 소리 낸다.
- 작은 것을 가리키는 말을 사용한다.
- 영아가 한 말을 자주 다시 고쳐서 말한다. 예를 들어, 영아가 "가."라고 하면 부모는 " 그래, 우리 가자."라고 고쳐서 말한다.
- 현재 있는 것에 대해 말한다.
- 자주 구나 문장의 부분만을 말한다.
- 질문을 하고 말을 이끌어 내려고 노력한다.
- 상황이 이루어지고 있을 때 단어(명사나 동사)에 이름을 붙인다.

⑩ 질문을 하고 신중하게 통제하라

질문은 성인이 영아와 대화를 시작하기 위해서나 대화 순서를 위해서 또는 정보를 얻기 위해 자주 사용한다. 질문은 교사가 답을 알 수 없기 때문에 묻는 진짜 질문(true question)이 있고, 영아를 시험해 보기 위해서라는 질문이 있다. 예를 들어, 바닥에 있는 장난감을 가리킬 때 "이게 뭐지?"라고 묻는다면, 이런 질문은 보통 정답이 한 개뿐이기 때문에 폐쇄형 질문(closed question)이라고 한다. "또 어떤 노래를 부를까?" 라고 물어보는 것은 답을 여러 개 생각할 수 있는 개방형 질문(opened question)이다. 선택형 질문(choice question)은 성인으로부터 독립적이고 싶어하는 영아가 좋아하는 질문이다. 예를 들어, "주스 줄까, 우유 줄까?" 라고 물어 보는 것이다.

영아는 순서 주고받기, 상호 간에 흥미 있는 주제 유지하기, 지시어를 최소로 사용하여 대화를 이끌어 내는 유형의 상호작용하는 것을 좋아하고 이를 통해 발달한다. 이 유형은 지시어와 혼잣말을 자주 사용하고, 질문은 가끔 하며, 성인에 의해 주제가 빨리 바뀌며, 주제를 지속하는 수준이 낮은 지시적 유형(directive style)과 반대되는 것이다(Katz & Snow, 2000).

행동의 통제는 조심스럽게 사용해야 한다. 행동의 통제는 활동을 집단으로 하거나 안전한 관계를 지속하기 위해 교사가 사용하는 것이다. 부모가 금지하는 말, 예를 들어 "그거 그만!", "안돼."를 자주 사용하면 부모가 영아의 말을 반복해 주고 부연 설명해 주고 확장시키는 말을 사용할 때보다 덜 호의적인 아이가 된다(Hart & Risley, 1992).

⑪ 눈으로 들어라

영아는 다른 사람이 관심을 가지고 집중해서 들어주는 것을 좋아한다. 성인이 모델을 보여줄 때 영아는 성장하고 듣는 것을 배우며 말하기와 듣기를 번갈아 하게 된다. 대화를 한다는 것은 듣기와 말하기를 교대로 하는 것을 의미함을 영아가 알기 때문에 양육자가 말하려는 것이 끝날 때까지 끈기 있게 기다리면서 양육자의 의도를 쳐다본다.

⑫ 읽어 주고 노래하고 손유희나 까꿍놀이 같은 사회적 게임을 사용하라

놀이활동은 즐거운 언어학습에서 중요하다. 놀이활동에 경험을 활용하는 것도 좋다. 언어발달은 영아와 성인의 상호작용과 또래와 함께하는 경험을 통해 이루어진다. 놀이를 통해 언어발달과 의사소통을 촉진할 수 있다. 읽어주기는 문자가 의미 있다는 것과 문장의 해석과 의미를 이해하는 것이며, 물, 모래, 놀잇감, 동물, 사람에 대한 경험은 개념에 대한 이해를 돕고, 후에 이러한 풍부한 이해를 바탕으로 이야기가 가능해진다. 또한 친숙한 노래를 들으면 기쁨을 몸으로 표현한다.

언어는 영아가 의사소통하는 법을 배우기 때문에 궁극적으로 읽거나 쓰기를 연결하는 중요한 다리 역할을 한다. 즉, 문해로 이르는 가교 역할을 하는 것이다.

(2) 다양한 탐색활동

영아는 자신의 신체로부터 외부 세계로 관심을 확대해 가며 탐색활동을 한다. 영아는 일상생활 속에서 감각적 자극을 활용하여 탐색을 하고, 정보를 수집하며 인지발달을 이루어 나간다. 특히, 영아의 기질에 따라 탐색활동 반경이 다르므로 교사는 개인별 특성을 고려하여 탐색활동을 확장해 주도록 노력해야 한다.

또한 교사는 영아가 자연환경을 탐색할 기회를 충분히 제공해 주어야 한다. 산책 및 견학활동이나 실내활동을 통해 동식물의 성장과정을 관찰하고 자연의 변화과정을 체험하면서 자연과 생명의 소중함을 느낄 수 있도록 해주어야 한다. 예를 들어, 하루 일과 중 산책활동을 계획하여 영아가 새싹이 돋고 잎이 무성해지는 과정을 거쳐 잎이 떨어지고 나뭇잎만 남는 과정을 보며 나무의 성장과 계절의 변화도 인식할 수 있도록 한다. 이러한 과정을 통해 영아는 "있고, 없고", "많고, 적고", "하나, 둘" 등의 수학적 용어를 사용함으로써 수학적 경험의 폭도 확장시킬 수 있다.

(3) 풍부한 놀잇감과 놀이활동

① 놀잇감

생애 첫 1년은 구강기적 욕구가 강한 시기이다. 그러므로 영아는 입을 통해서 탐색을 하며 대부분의 시간을 보낸다. 그러므로 영아에게 여러 가지 색, 모양, 질감을 탐색할 수 있는 놀잇감을 제공하고, 소리를 탐색할 수 있는 악기류의 놀잇감을 제공하여 충분한 시간 동안 영아기 놀잇감을 가지고 놀 수 있도록 해주어야 한다. 예를 들어, 가정용 생활용품은 영아에게 훌륭한 소리 내기와 소꿉놀이 활동을 해 볼 수 있는 유용한 놀잇감이다. 모양 맞추기, 컵 쌓기, 퍼즐이나 블록 등의 놀잇감은 영아의 인지발달 촉진을 위한 대표적인 놀잇감이다. 이러한 놀잇감을 충분히 가지고 놀 수 있도록 안전한 환경으로 제공해 주어야 한다.

② 놀이활동

인지발달 관점에서 보면, 놀이는 새롭고 복잡한 사건이나 사물을 배우는 방법이다. 즉, 영아는 놀이활동을 통해 인지발달을 촉진해 나갈 수 있다.

감각운동기인 영아기에는 주로 기능놀이를 하는데 딸랑이를 흔들거나 자동차를 앞뒤로 굴리는 것과 같이 단순히 반복적으로 근육을 움직이는 놀이를 주로 한다. 그러므로 영아에게 감각적 자극을 제공함으로써 인지발달을 촉진할 수 있다.

영아기에는 자율성의 욕구가 커지면서 영아가 스스로 해보려 한다. 또한 영아는 놀이활동 시 스스로 다양한 방법을 시도해 보며 문제해결을 하고, 인지적으로 성장해 간다. 이러한 영아에게 교사는 놀이활동을 격려하고 영아 스스로 해볼 수 있는 기회를 충분히 제공한 것이 필요하다. 또한 영아는 혼자놀이를 즐기며 또래 간 상호작용은 드문 편이다.

한편 영아기 후반기에는 인지적 성장과 언어발달로 인해 보다 체계적인 놀이활동이 가능해진다. 따라서 놀이활동이 초기보다 고차원적으로 할 수 있게 된다. 혼자놀이를 주로 하던 영아가 또래와 놀이를 즐기기 시작하며, 또래와의 상호작용을 통해 더욱 성장해 나간다. 이때 교사는 영아의 놀이패턴을 관찰하고 또래와의 놀이에 어울리지 못한 영아가 있으면 적절한 교사의 개입을 통해 함께 놀이하는 즐거움을 알려주며 놀이패턴을 확장할 수 있다.

2. 영아의 언어발달

1) 언어의 정의

언어란 사회적으로 의미가 통하는 음형태의 구조적인 조직이다. 즉, 언어란 우리가 말하고 듣고 쓰는 데 포함되는 규칙들의 순서체계이다. 사회적으로 의미가 통한다는 뜻에서 보면 언어는 의사소통이라는 말과 혼동될 수 있다. 의사소통이 가장 중요한 기능 중 하나이기는 하나, 언어가 곧 의사소통은 아니다. 의사소통은 언어가 없이도 가능하기 때문이다.

2) 언어의 중요성

영아의 사회·정서발달뿐만 아니라 학습을 촉진하는 다목적 도구로 언어를 사용하게 되면 영아들이 보다 적극적으로 주변을 이해하고 자신의 생각을 표현하고 주변을 통제할 수 있다. 따라서 언어발달은 영아기의 중요 발달과업이다. 언어발달에서 초기 언어에 노출이 결정적인데, 영아가 첫 출생에서 두 돌 사이 언어와 언어적 상호작용에 더 많은 경험을 할수록 취학 연령이 되었을 때 언어적 기술이 더 발달해 있게 된다. 즉, 영아기는 언어발달에서 중요한 시기이기도 하다.

3) 언어의 구성요소

언어는 다섯 가지 기본요소로 구성되어 있다. 언어를 습득하게 되는 과정은 음운, 형태, 구문, 의미, 어용의 발달을 의미한다. 음운과 의미론적 발달은 영아기에 매우 빠른 속도로 이루어지지만, 구문론적 발달은 영아기 말에 시작해서 유아기까지 계속된다.

(1) 음운론적 발달

음운은 언어의 소리체계를 의미하며 소리의 강약, 억양, 발음 등이 포함한다. 음소는 소리의 기본단위이며 모든 언어에는 모음과 자음의 기본 음소가 있다. 음소의 수는 언어에 따라 다른데 한국어의 음소는 30개 정도이고, 영어의 음소는 40개 정도이다. 음운론적 발달의 대표적인 예는 모음과 자음을 구별하고, 그 특징을 이해하게 되는 것이다.

언어발달에는 우선 음운론적 지식이 필요한데 음운론적 지식이란 영아가 기본 소리형태의 결합에 대한 규칙을 아는 것이다. 영아가 성장하면서 자신이 발성하는 음소 중에서 어떤 것은 받아들여지고 어떤 것은 받아들여지지 않는다는 것은 구별하기 시작한다. 즉, 말 속에서 단어가 결합되는 법칙과 불규칙성을 발견하게 된다.

영아는 다양한 음소를 산출해 내는 능력을 가지고 있다. 영아는 단어의 의미를 이해하기 훨씬 전부터 의미 있는 소리와 의미 없는 소리를 가려낼 수 있으며, 출생 후 4개월이 되면 인간의 언어를 구성하는 150개의 '소리'를 구별할 수 있는 능력이 있다(Kuhl, 1993, 2007). 즉, 영아는 어떤 음소이든지 소리 낼 수 있고, 어떤 언어든지 말할 수 있는 잠재력을 가지고 태어난다는 것이다. 모국어의 음소를 정확하게 발음하려는 능력을 획득하는 것이 음운론적 발달인데 받아들여지는 음소는 영아들이 여러 소리를 낼 때 모국어의 음소들이 강화를 받으면 자연히 증가하게 되고, 강화를 받지 못하여 점차 사라지게 된다.

생후 1년 무렵의 영아는 모국어에 있는 소리만 낼 수 있게 되는데 이것은 주위에서 모국어만 듣게 된 결과이다. 이와 같이 인간의 소리를 거의 모두 낼 수 있게끔 발전하는 것을 음소의 확장(phonetic expansion)이라고 하고, 점차 모국어의 음소만 내게 되는 것을 음소의 축소(phonetic contraction)라고 한다.

(2) 형태론적 발달

단어의 구성을 형태라 하며 이를 연구하는 것이 형태론이다. 형태소는 특별한 의미를 전달하는 소리의 기본 단위이다. 즉, 음소들이 연합되어 의미를 갖는 최소의 단위가 이것을 형태소라 부른다. 예를 들어, 'ㅇ'과 'ㅏ'가 합쳐지면 '아'라는 형태소가 이루어진다. 대부분의 단어는 한 개의 형태소로 구성되지만 두 개 이상의 형태소로 구성되는 단어도 있다. 예를 들면, '발달'은 한 개의 형태소로 구성된 단어이지만 '영아의'는 '영아'와 '의'의 두 개의 형태소로 구성된 단어이다.

영아가 음소를 발성할 수 있게 된 후에라야 형태소를 발성할 수 있다. 영아가 형태소를 사용한다는 것은 음소를 결합하여 사용함으로써 자신의 생각이나 상징의 의미를 전하려는 시도라고 볼 수 있다.

(3) 구문론적 발달

구문이란, 의미 있는 구와 절, 그리고 문장을 형성하기 위해 단어가 배열되는 방식을 말한다. 즉, 문장을 구성하는 단어들의 문법규칙에 대한 것이다. 이를 연구하는 것이 구문론(syntax)이다. 한국어는 주어, 목적어, 서술어의 순으로 배열되고, 영어는 주어, 서술어, 목적어의 순으로 한국어와 영어의 단어 배열 순서는 다르다. 따라서 구문론적 발달이란 단어를 문법적으로 정확한 순서로 배열하여 문장을 만드는 능력과 문법의 규칙을 이해하고 구사하는 능력이 발달하는 것을 의미한다. 즉, 단어가 결합되어 수용할 만한 구나 문장을 만드는 것이다. 예를 들어, '엄마가 아기에게 우유를 주었다.'라고 하였을 때 이 문장의 구문론적 이해를 한다면 누가 누구에게 주었는지 알 수 있다. 아동의 구문발달을 보면 초기에는 매우 일반적인 규칙이 가정되지만 영아가 성장하면서 점차 좀 더 구체적 규칙들에 의해 일반적인 규칙들이 좁혀진다. 아동들은 완전히 성인의 문장처럼 복잡한 문장을 산출해 낼 때까지 자신의 문법체계를 계속 수정하고 정리해 간다.

(4) 의미론적 발달

의미란 단어와 문장에서 표현된 의미를 말하며, 이를 연구하는 것이 의미론(semantics)이다. 예를 들어, 여아와 소녀는 여성이라는 단어의 의미론적 특성은 같으나 연령에 따른 의미는 각각 다르다. 단어는 그 단어가 문장에서 어떻게 사용될 것인가에 대한 의미론적 제한을 갖는다. 모든 단어에는 일련의 의미론적 특징이 있다. 예를 들어, '인형이 아이에게 가게에 가서 아이스크림을 사라고 말한다.'라는 문장은 구문론적으로는 아무 문제가 없다 그러나 인형은 말을 하지 못하기 때문에 의미론적으로는 틀린 문장이다.

(5) 어용론적 발달(화용론)

언어의 중요한 기능 중의 하나가 의사소통이다. 어용이란 효율적인 의사소통을 하기 위해 언어를 적절하게 사용하는 규칙을 말한다. 어용론은 사회언어적 지식을 포함하는데, 모든 문화에는 언어가 언제, 어디서, 어떻게 사용되어야 하는지에 대한 규칙이 있다. 예를 들어, 우리말에 존댓말과 낮춤말, '감사하다'는 말이 대상에 따라 '고마워', '고맙다', '감사합니다' 등 다양하다. 어용론적 발달을 통해 영아는 단어나 구 또는 문장을 적절히 사용함으로써 의미가 전달되는 법을 배운다. 즉, 어용론적 발달은 영아로 하여금 다른 사람과의 의사소통을 원활하게 할 수 있도록 도와준다. 그러므로 원활한 의사소통을 위해서는 차례를 지켜야 하며, 자신이 어떠한 상황에 있으며, 누구와 말하고 있고, 듣는 사람이 무엇을 듣고자 하는지 등을 알아야 한다.

4) 영아의 언어발달

영아의 언어발달은 언어 이전의 단계, 한 단어 단계, 두 단어 단계를 거치면서 이루어진다.

(1) 언어 이전의 단계

영아기 언어발달은 출생 이전부터 시작된다. 아기는 출생 이전부터 엄마의 목소리를 들을 수 있으며, 출생 직후에 엄마의 목소리를 다른 사람의 목소리와 구별할 수 있다. 출생 이후에는 울음, 미소, 옹알이 등으로 자신을 표현하며 주위 사람들과 의사소통을 하고자 한다.

영아의 언어발달에 있어 언어 이전의 시기란 울음, 쿠잉, 옹알이 등 비언어적 형태로 의사소통을 하는 시기로, 일반적으로 영아가 최초의 어휘를 사용할 수 있는 12개월까지의 비언어적 의사소통이 이루어지는 시기를 말한다.

① 울음

- 분화되지 않은 울음 : 영아들이 처음으로 내는 소리가 울음이다. 울음은 의사 전달의 수단으로 영아의 요구를 표시할 수 있는 유일한 방법이지만, 출생 후 약 1개월까지는 울음이 아직 분화되지 않아 배가 고파서 우는 것인지 혹은 고통이나 공포로 인해 우는 것인지를 식별할 수 없다.

  이 시기에 영아들은 다른 영아의 울음보다 자신의 울음소리에 자극을 받아 계속 우는 경향이 있다(Simmer, 1971).

- 분화된 울음 : 생후 1개월에서 2개월 사이에는 분화된 울음이 나타나는 시기로, 영아는 울음의 강도와 지속시간으로 의사소통을 한다. 어머니는 영아의 울음소리의 음조와 강도로 아기가 배가 고픈지, 고통스러운지를 알 수 있다. 즉, 고통스러울 경우에는 갑자기 크게 불규칙적으로 울며 흐느끼거나 끙끙거리며 앓는 소리를 낸다. 그리고 배가 고픈 경우에는 울음소리가 점점 커지며 울다가 입술을 빨기도 한다.

② 쿠잉과 옹알이

출생 후 2개월이 되면 '우우우', '아하하'와 같은 모음으로 된소리를 내기 시작하는데 이를 쿠잉(cooing)이라고 한다. 쿠잉은 아기가 숨 쉴 때 호흡에 맞추어 내는 소리로 아기가 매우 흥분해 있거나 즐거울 때 내는 소리일 뿐 별다른 의미를 담고 있지 않다. 쿠잉은 곧 옹알이(babbling)로 발달하는데 영아에게 옹알이는 의사소통의 두 번째 수단이다. 옹알이는 언어와 유사한 최초의 말소리로 생후 2개월에 시작하여 6~8개월경 절정에 이르렀다가 대개의 경우 1년이 지나면 점차 감소하게 된다.

옹알이는 영아가 반사적·비언어적 발성훈련을 끝내고 복잡한 기술을 요하는 음성기제를 통제하기 위한 기술을 습득하는 과정이다. 5개월경 '다하', '바하'와 같은 모음과 자음이 합쳐진 소리로 나타나며, 처음에 짧게 내던 옹알이 소리는 '바하바하바하', '다하마하바하'와 같이 점차 길어진다. 옹알이는 일종의 놀이이며 발성 연습의 효과도 있는데 일반적으로 기분이 좋을 때 많이 한다.

③ 음성모방

영아는 6~7개월이 되면 물체의 소리나 말소리를 들었을 때에 그것과 아주 비슷한 음성을 말하게 된다. 하나하나의 소리 그 자체보다도 말의 리듬이나 억양 등의 말 전체의 모방이 먼저 나타난다. 10개월경부터 음성모방은 더욱 뚜렷해진다. 단순한 음성의 모방뿐만 아니라, 그것이 의미하는 대상이나 상황에 관련시켜서 모방한 음성을 말하게 된다. 이렇게 해서 자발적으로 특정한 대상이나 상황을 향해서 특정의 소리를 발하게 되면 그 음성이 곧 첫 말(초어)이 되는 것이다.

음성모방은 모국어에 필요한 소리를 획득하는 중요한 활동이다. 음성모방은 자기소리 모방과 타인소리 모방이 있다.

- 자기 소리 모방 : 생후 6개월경의 영아는 단순한 자음과 모음이 결합된 소리(마마, 바바 등)을 반복해서 사용하여 옹알이를 한다. 이러한 자음과 모음의 결합을 영아가 첫 단어를 말하는 것이라고 해석하지만 이 시기의 단어들을 의미가 없는 말이다. 우연히 자신이 낸 소리에 자극을 받아 영아는 계속 동일한 소리를 반복하여 같은 말을 하는 것으로 자기소리 모방이라 할 수 있다.
- 타인 소리 모방 : 언어 이전의 언어발달단계의 마지막 단계로 생후 9개월 정도가 되면서 영아는 자기 주변의 사람들이 낸 소리를 의도적으로 모방하기 시작한다. 그러나 이 시기의 모방은 사람들의 말의 의미를 알고 반복하는 것이 아니라 메아리처럼 단지 소리를 그대로 따라 하는 반향어(echolalia)이다.

④ 몸짓

생후 9개월에서 11개월의 영아들은 타인과의 의사소통에 몸짓을 사용하는 일이 많이 나타난다. 단어를 사용해서 말을 시작한 후에도 계속 몸짓을 사용함으로써 부족한 어휘력을 보완하려는 노력을 보여준다. 따라서 어휘력이 어느 정도 쌓이게 될 때까지 영아의 언어는 단어들과 몸짓의 복합적인 형태를 띠게 된다.

표 7-1 영아기 공통적인 몸짓과 그 의미

몸짓(의미)
• 젖을 빨지 않고 입 밖으로 흐르도록 함 (배가 더 이상 고프지 않음, 만족하게 먹었음)
• 혀로 젖꼭지를 밀어냄 (유쾌하지 않음)
• 입을 삐쭉이 내밈 (원치 않음)
• 물건을 향해서 손 내밈 (그 물건을 손에 쥐기 원함)
• 사람을 향해서 손 내밈 (안아주기를 원함)
• 입술 빨기 또는 혀 내밈 (배고픔)
• 미소 짓기와 팔 내뻗음 (안아주기를 원함)
• 재채기 (춥거나 기저귀가 젖음)
• 옷을 갈아 입히거나 목욕을 시킬 때 버둥거리거나 울기 (이 행위를 싫어하고 화가 났음)
• 손가락으로 가리키기 (그 물건을 달라고 함)

출처: Hurlock(1978)

(2) 한 단어 단계(one-word stage: 일어문)의 언어

영아가 출생 후 10~13개월이 되면 진정한 의미의 언어로 첫 단어를 말한다. 영아들은 다른 사람들의 말을 이해하는 것에 비해 자신의 생각을 언어로 표현하는 것은 아직 미숙하다. 그러나 생후 1년이 되면 영아는 분명하게 이해할 수 있는 단어를 사용할 수 있으며, 그 단어가 자신의 생각을 표현하는 수단이 된다. 주로 '까까', '엄마', '아빠' 등 사물이나 사건을 지칭하는 말이나 자신의 기분을 표현하는 말이며, 대개 자음 하나와 모음 하나가 합쳐진 말을 반복한다. 단어 하나가 전체 문장을 의미하기 때문에 한 단어 단계 또는 일어문이라고 한다. 이 하나의 단어는 여러 의미를 함축하고 있다. 예를 들어, '엄마'라는 말이 어느 때는 엄마를 부르는 것이고, 어느 경우에는 배가 고파 먹을 것을 달라는 의미가 되기도 한다. 따라서 이 시기의 영아의 말은 상황적 맥락을 통해서만 그 의미를 이해할 수 있기 때문에 영아의 소리뿐만 아니라 몸짓, 표정과 같은 신체언어를 참조하여 의미를 파악해야 한다.

① 과잉확대(overextension)

영아들은 한 단어의 의미를 사용하는 대상물 이외의 물체에까지 확대시켜 적용하는 경우를 말한다. 예를 들어, 모든 남자를 다 '아빠'라고 하거나 네 발 달린 동물들은 모두 '멍멍이' 라고 한다.

② 과잉축소(underextension)

한 단어의 의미를 특정한 것에 국한시켜 사용하는 것을 말한다. 예를 들어, 백 원이나 오백 원 같은 동전만을 '돈' 이라고 하거나 자기의 신발 모두는 구두라고 하고 엄마의 구두는 구두가 아니라고 한다.

(3) 두 단어 단계(two-word stage: 이어문)의 언어

생후 18개월을 전후로 하여 24개월 사이에 영아들의 단어 수는 급격하게 증가하며, 영아가 50개 단어를 사용할 수 있게 된다. 이 시기의 영아들은 주변에서 들리는 소리를 열심히 듣고 따라 하며, 전에 들어본 적이 없는 소리도 따라해 보려고 노력한다. 15개월이 되면 영아는 1주일에 2~3개의 단어를 배우고, 18개월이 지나면 1주일에 10개 이상의 단어를 배우게 되어 2세 전후로 300개 이상의 어휘를 사용할 수 있게 된다. 이처럼 놀라운 언어발달 속도로 인해 2세 전후의 시기를 '언어의 폭발기' 라고 한다. 이 시기의 영아는 많은 어휘를 표현할 수 있음에도 불구하고 이 시기의 영아는 두 개의 단어를 사용한다. 그러므로 이 시기를 두 단어 단계 또는 이어문의 단계라 한다.

① 전보식 언어

영아가 두 개의 단어를 연결한 이어문은 전치사나 동사를 빼고 중요한 단어만 나열하기 때문에 마치 전보와 갈 다하여 '전보식' 또는 '전문식' 언어라고 한다.

두 단어 문장이 처음 나타나기 시작할 때는 주로 사람-동사(엄마 가), 동사-사물(까까 줘), 동사-장소(집에 가)의 형태를 취한다. 예를 들어, '엄마 가' 라는 의미는 화가 나서 어머가 다른 곳으로의 가라는 의미하기도 하고, 엄마와 함께 밖으로 나가자는 의미도 되는 것이다. 즉, 핵심적인 단어만으로 구성된 언어이다.

② 주축어와 개방어(pivot words and open words)

영아들이 만든 두 단어는 주축어와 개방어를 사용하는데 주축어는 이 시기의 영아들이 많이 사용하는데 구에서 처음 나타나는 것으로 쓰이는 어휘가 다양하다. 예를 들어, '없다 우유', '없다 까까' 에서 없다는 주축어가 되고 '우유', '까까' 는 개방어가 된다.

③ 과잉 규칙화(overgenerailization)

영아가 이제까지 알게 된 문법적 지식을 가지고 규칙이 과잉적용되는 오류를 의미한다. 예를 들어, 존칭격 어미 '~요' 를 동사에 붙여서 '~ 먹어다요' 라고 표현하거나 주격조사 '~가' 를 붙여 ' ~선생님이가' 로 표현하기도 한다.

영아기의 각 월령에 따른 보편적 언어발달 과정을 요약하면 [표 7-2]와 같다.

표 7-2 월령에 따른 보편적인 언어발달

월령	언어발달
출생	• 울음
1~3개월	• 쿠잉
4~6개월	• 옹알이를 함 • 대부분의 영아들이 말소리에 반응함(6개월) • 절반 이상의 영아가 강한 어조로 말하는 '안돼'를 알아들음(6개월)
6~8개월	• 모든 언어에 반응하다가 특정 언어에 반응하는 것으로 변화 • 대부분의 영아가 보통 어조로 말하는 '안돼'를 알아들음(8개월)
8~10개월	• 손가락으로 가리키는 등의 제스처를 사용, 말을 이해하기 시작
10~13개월	• 첫 단어, 일어문, 첫 말의 시작
13~15개월	• 도움을 청할 때 어머니나 가족을 부름(15개월) • 자신, 가족, 주변의 친숙한 물건을 지칭하는 단어를 이해할 수 있음(15개월)
18개월	• 폭발적인 어휘 획득의 시작, 두 단어 문장 시작(전보식 언어)

월령	언어발달
18~24개월	• 언어이해의 급증, 간접적인 요구를 이해하기 시작(예: 문 좀 닫아 줄래?) • 자신의 감정, 느낌, 욕구를 말로 표현하며 소유를 나타내는 말을 이해함(19개월) • 금지에 대해 이해할 수 있음(22개월) • '뭐야?'라는 질문을 함(23개월) • 다섯 단어 이상의 긴 문장을 이해할 수 있음(24개월)
30개월	• 듣는 사람을 고려하여 말을 수정함, 문법에 대한 초보적인 지식이 생김

한 연구(이승복, 1994)에서 영아가 처음으로 말하기 시작하는 생후 10개월부터 문장이 나타나기 시작하는 17개월까지 영아의 말을 수집하여 그 단어를 말한 상황과 그때의 동작 등을 기초로 하여 단어의 의미를 분석한 결과, 21개의 의미기능 범주를 분리해 냈다. 분석한 21개의 의미기능의 범주를 발달순서로 살펴보면 [표 7-3]과 같다.

표 7-3 영아가 사용하는 단어의 의미기능(발달순서별)

동작 충족	여러 가지 동작을 하면서 '엄마', '아빠' 등의 밀을 하는 경우인데, 이 말은 아무런 의미도 없고 단지 동작을 구성하는 한 요소이다. 즉, 동작에 수반되는 말이다.
부르기	엄마를 보고 '엄마'라고 부르는 경우처럼 다른 사람의 주의를 끌기 위해 그 사람을 부르는 말이다.
요구하기	다른 사람에게 자신이 원하는 바를 해달라고 요구하는 말인데, 팔을 벌리거나 손을 뻗으면서 칭얼대는 소리가 수반되는, 아직은 대상에 대한 요구와 동작에 대한 요구가 분화되지 않은 말이다.
요구대상	특정 대상을 분명히 밝히지 않은 요구하기와는 달리 특정한 대상에 대한 요구를 나타내는 말로서 칭얼거리는 소리나 몸짓이 수반된다.
감탄어	감탄이나 즐거움, 놀라움 등의 감정을 표현하는 말로서 영아는 감정을 불러일으킨 상황에서 손뼉을 치는 등의 동작과 함께 "아, 아", "엄마!" 등의 말을 소리 낸다. 동작이 수반된다는 점에서 동작 충족적인 말과 유사하나 자신의 가정을 나타낸다는 점에서 다르다.
지시어	손으로 또는 눈으로 가리키는 대상을 이름하는 말인데, 예를 들어 영아가 빵을 손에 들고는 빵을 보면서 '맘맘'라고 할 때 '이것은 맘맘다'는 의미를 나타내는 것이다.
연상어	어떤 사물이나 장소, 상황에서 연상되는 사물이나 사람을 이름 부를 때 하는 말로, 영아가 주전자, 컵 등을 가리키면서 '맘마'라는 말을 하는 경우가 이에 속한다.

거부	자신에게 일어나고 이는 사건에 대해 거부하는 뜻을 표현하기 위해 머리를 흔들거나 돌아앉든지 하면서 말을 하는데, 처음에는 '요구하기'의 의미기능으로 사용된 '엄마'라는 말로 거부의 뜻을 나타내다가 나중에는 "시어(싫어)", "안 해" 등의 말로 표현한다.
상태어	사람 또는 사물의 상태를 표현하는 말인데, 예를 들어 뜨거운 곳에 손을 대어다가 "뜨, 아뜨"라고 하는 것은 뜨겁다는 상태를 나타내는 것이다.
소유격	어떤 대상을 보고 그것의 소유자를 가리키는 말이다. 예를 들어, 엄마가 쓰던 펜을 가지고 다니면서 '엄마'라고 하는 것은 엄마의 것이라는 뜻이다.
수여격	행위자의 동작을 받는 대상을 이르는 말인데, 예를 들어, 언니가 놀이를 하고 있을 때 언니에게 놀잇감을 가져다주며 "언니야"라고 말하는 경우이다.
처소격	자신의 행동의 방향을 나타내는 의미기능을 표현하는 것인데, 아빠에게 안겨 있다가 엄마에게로 손을 벌리며 "엄마"라고 말하는 것은 엄마에게로 가겠다는 뜻이다.
동작	전반적인 요구를 나타내던 '요구하기'의 기능을 하는 '엄마'라는 말로부터 분화가 이루어져 요구하는 동작(action)을 "어부바", "안어" 등의 말로 표현하며, 또 자신에게 일어나고 있는 동작을 거부하는 뜻으로 거부의 대상과 동작을 함께 조합해서 거부 동작의 의미기능을 나타내기도 한다.
대상격	자신이나 타인의 동작이 행하여지는 대상을 이르는 말인데, 엄마가 물을 마시는 것을 보고 "무, 무"라고 말하는 것은 엄마가 물을 마신다는 것을 의미한다.
형용어	어떤 대상이나 사건을 수식하는 말인데, 감탄어로 자신의 감정을 나타내던 표현이 발달되어, 감정을 일으킨 대상의 상태를 직접 나타내게 된다. 예를 들어, 뜨거운 죽을 입에 대면 "아커" 하면서 뜨겁다는 상태를 표현한다.
재발	이미 일어났던 사건이 다시 일어나기를 기대하는 말인데, 예를 들어 엄마가 준 과자를 다 먹고 나서 더 달라는 말을 '엄마'라는 '요구하기'의 의미기능 형태로 표현한다.
의문문	어떤 사건이나 사상에 대해서 다른 사람에게 묻는 말인데, 처음에는 단지 억양으로 물음을 표현하지만 차츰 언어표현으로, 예를 들어, "뭐야?" 등의 말로 질문의 표현을 할 수 있게 된다.
행위자격	어떤 사건이 일어났을 때 이 사건을 일으키는 동작의 주체를 의미한다. 예를 들어, 초인종 소리를 듣고는 밖을 내다보며 "아빠"라고 말할 때는 아빠가 오셨다는 것을 의미한다.
부인	처한 상황에서 일어난 사건을 부정하는 말인데, 아직은 부인의 의미기능이 확실하게 나타나지는 않는다. 그러므로 '문이 안 열린다'는 의미를 나타내기 위해서도 "엄마" 등의 단어를 사용한다.
대답	다른 사람이 부르는 말이나 묻는 말에 대해 "으응", "응" 등으로 대답하는 말이다.
부재	어떤 대상을 찾거나 관심을 가지고 있을 때 그 대상이 보이지 않을 때 주로 "없다"라는 말을 사용한다.

출처: 이승복(1994)

| 8장 |

정서발달

1. 영아 정서의 발달

1) 정서의 개념

정서가 무엇인가에 대해 정의를 내리는 것을 쉬운 일이 아니다. 그러나 일반적으로 정서란 자극에 직면하여 발생하거나 자극에 수반되는 여러 가지 생리적 변화(혈압, 맥박 수, 호흡의 변화)라든가 눈에 보이는 행동(미소, 찡그림)을 수반하는 기쁨, 슬픔, 공포 등이다.

2) 영아기의 정서의 기능

정서는 우리 일상생활과 밀접하며 인간의 생존과 삶을 영위하는 데 중요한 기능을 한다. 영아의 심리적 발달에서 정서 표현의 기능을 살펴보면 다음과 같다.

첫째, 영아의 상태를 다른 사람, 특히 양육자에게 알림으로써 부모로 하여금 영아를 보살피게 하는 기능을 한다(Lamb, 1988). 예를 들어, 영아의 미소는 부모로 하여금 영아와의 상호작용을 더욱 더 계속하도록 하기도 하며, 영아의 불편한 얼굴 표정은 부모로 하여금 영아에게 무슨 문제가 있는지 살펴보고 문제를 해결하도록 한다.

둘째, 영아기 정서는 특정 자극에 대해 특정한 행동을 하도록 동기를 부여한다(Lamb, 1988). 예를 들어, '분노'는 공격행동의 동기를 부여하고, '공포'는 회피행동의 동기를 부여한다(Termine & Izad, 1988). 이와 같은 정서 표현의 기능은 인간이 환경에 적응하기 위해 진화한 결과라고 할 수 있다.

3) 영아의 정서발달 이론

영아는 비언어적 의사소통을 통해서 타인과 관계를 맺기 때문에 정서발달에서 빨리 유능하게 된다. 정서발달에서 얻게 되는 주요한 능력과 성취감은 다음과 같다.

① 환경에 대한 자신의 반응을 조절하기 위한 학습
② 자신의 정서를 표현하고 타인의 정서를 이해하기 위한 학습
③ 양육자와의 애착관계 발달
④ 자아에 대한 인식 발달

영아는 여러 가지 방법으로 점점 더 자신의 정서반응을 조절할 수 있게 되고, 타인을 이해하고, 의사소통할 수 있게 되며, 타인과 깊이 있고 의미 있는 관계를 가지게 된다. 이러한 성취감을 통해서 영아는 인간으로서 일관성 있는 자아에 대한 인식이 발달한다. 영아는 친밀하고 안정감 있는 사람들과의 관계 속에서 정서적 능력이 발달한다.

(1) 이자드의 생물학적 접근

이자드(Izard, 1978)는 정서가 이미 사전 프로그램화되어 있어 더 이상 분화될 필요가 없으며, 모든 정서는 출생 시부터 존재하나 단지 표현되지 않았을 뿐이라는 주장이다. 즉, 모든 정서상태는 영아의 일상생활에서 필요한 때에 또한 이미 결정된 일정한 순서에 따라 나타나게 된다. 또한 영아의 정서 중 호기심이나 혐오감 등은 출생 시부터 존재하고, 화, 놀람, 슬픔은 3~4개월, 공포는 5~7개월, 수줍음은 6~8개월에 나타나지만 모욕감과 죄책감은 2세 전에는 나타나지 않는다는 것을 발견하였다. 이 연구결과에 따라 이자드는 이러한 정서는 생물학적으로 프로그램화된 것이라고 주장하였다. 다시 말해서, 우리가 행복할 때 미소를 짓게 하고, 우리가

불편할 때 얼굴을 찡그리게 하는 것은 우리의 유전인자 속에 들어 있다는 것이다.

(2) 스로우페의 인지이론

스로우페(Sroufe, 1979)는 정서의 세분화에 인지적 요인을 강조하였다. 즉, 정서의 분화가 생물학적 성숙보다는 오히려 영아가 성장하면서 보이는 인지변화의 결과라고 믿는다. 4~8개월된 영아를 대상으로 한 연구에서 가면을 쓴 사람이 영아에게 다가오는 실험을 하였다. 낯선 사람이 가면을 쓰고 영아에게 다가왔을 때에 영아는 울었지만, 엄마가 가면을 쓰고 다가왔을 때는 영아는 웃었다. 이 연구결과는 이 무렵의 영아는 어떤 상황에서 어떤 정서를 표현해야 하는가를 인지적으로 알 수 있다는 것을 알 수 있다. 8개월경이면 대상영속성의 개념을 이해하고, 인과관계, 다른 사람의 행동을 예측할 수 있으며, 의도성을 이해하게 되면서 좀 더 정서가 분화되어 기쁨, 화, 두려움 등을 경험하게 된다.

영아들이 12개월경이 되면 화를 표현할 수 있는데, 이전에는 화는 분노의 형태로 나타난다. 분노는 장기간의 고통이나 실망에 대한 원시적 표현이다. 6개월이 지나 인지발달이 이루어지면서 사물이나 사람에 대한 구체적인 화가 이 분노에서 나오게 되는데, 이 화는 6개월경에 나타나는 분노가 사람과 사물에 대한 분노가 구체적인 화로 나타나는 것이다. 또한 영아가 성장하면서 방해의 원인을 지각할 수 있게 되면서 초기의 분노와는 달리 화를 바로 그 대상에게 직접적으로 나타내게 된다.

즐거움이나 기쁨과 같은 긍정적 정서는 미소나 웃음으로 표현된다. 이런 긍정적인 정서의 발달에서도 인지적 요인이 중요한 역할을 한다. 영아는 주위 환경에 적극적으로 주의를 기울이고 그 의미를 해석하며 이를 통해 자극에 대한 도식을 형성해 간다. 미소는 이러한 재인, 도식의 조절, 그리고 기대의 결과로 나타나는 즐거움의 표현이다. 웃음은 미소보다 한 달 정도 뒤에 나타나며 기쁨이나 환희를 나타낸다. 스로우페는 두려움의 발달도 인지발달에 의한다고 생각했다. 그는 영아의 낯선 사람에 대한 두려움은 출생 초기 몇 달 사이에는 일어날 수 없다고 보았는데, 이때에는 낯선 사람과 친숙한 사람의 얼굴을 구별할 수 있는 지각-인지능력이 발달되지 않았기 때문이다. 이러한 능력은 생후 6~9개월 사이에 나타나며, 바로 이때가 영아의 낯가림 시기이다.

이와 같이 정서발달에 인지적 요소를 연결시키는 데 주의할 점은 특정한 정서가 관찰되는 시기가 특정한 인지발달이 관찰되는 시기와 일치된다는 점이다. 예를 들어, 대상영속성 개념을 획득하였다고 관찰될 때, 영아는 옆에 있던 엄마가 방을 나가면 불안해하였다. 그러나 이것이 대상영속성 개념의 인지발달이 영아가 격리불안의 정서를 경험하는 데 필수 선행요소라는 것은 아님을 주의하여야 한다. 또한 정서가 인지발달에 영향을 줄 수 있다는 사실이다. 이러한 점에서 인지와 정서는 상호 의존적이며 서로 영향을 미친다고 볼 수 있다.

(3) 학습(사회적 경험)이론

학습이론은 정서발달에서 사회화의 역할을 강조한 말라테스타(Malatesta)의 이론이다.

말라테스타(1985)는 정서발달은 양육과정에서 나타나는 모방과 강화를 통해 이루어진다고 하였다. 대부분의 어머니들은 영아에게 주로 긍정적인 정서인 행복이나 기쁨과 같은 얼굴 표정을 보이며, 영아는 어머니의 이런 표정을 모방한다. 그러나 우울증에 걸린 어머니는 주로 슬픈 표정을 하고 있기 때문에 영아도 슬픈 표정을 모방하게 된다. 영아는 어머니의 얼굴 표정을 모방하고, 이러한 모방이 강화되면서 정서가 발달한다. 정서의 사회화는 강화과정을 통해서 이루어진다. 영아가 자신의 표정과 비슷한 표정을 지으면 어머니가 미소를 지어 강화를 해준다. 특히 영아가 기쁜 표정을 지을 때 어머니는 긍정적 반응을 보인다. 이러한 강화는 영아의 부정적 정서반응을 감소시키고 긍정적 반응을 증가시킨다.

4) 영아의 정서 표현

영아가 살아가면서 환경에 반응하고 유능하게 행동할 수 있도록 자신의 반응을 조절하는 방법을 배우는 것이 중요하다. 예를 들면 성인이 복도를 걸어가다가 타고 있는 초에 손을 스친다면 얼른 손을 치울 것이다. 그 다음 손에 데었는지 확인하고 데지 않았다면 그냥 지나칠 것이다. 이것은 성인이 환경에서 경험을 사용하여 두려움과 고통에 대해 정서적으로 조절하고 있음을 말해 준다. 그러나 만약 손을 데지 않았는데도 한 시간 동안 울고 소리를 지른다면, 그러한 행동은 반응에 대한 어떠한 조절 없이 나오는 것이다. 반응은 더 많이 데는 것을 막을 수 있으므로 중요하다. 또한 반응에 대한 조절은 에너지를 소비해야 하는 것과 집중해야 할 것에 대한 이해이다.

(1) 정서 표현의 발달

정서발달이론에서 언급한 바와 같이 정서의 표현은 매우 일찍부터 나타난다. 출생 직후 며칠 되지 않은 신생아도 관심, 기쁨, 슬픔, 분노, 놀라움 등의 정서를 얼굴 표정으로 나타낸다. 이러한 정서는 모든 문화권의 영아들에게서 볼 수 있으며, 생의 초기에 나타나며 얼굴 표정만 보고도 정서 상태를 알 수 있다. 그러므로 이러한 정서를 기본정서 또는 일차정서라고 한다. 일차정서 중 기쁨, 슬픔, 분노, 놀라움 등은 생의 초기, 즉 생후 2개월에서 7개월경부터 나타지만 수치, 부끄러움, 죄책감, 자부심 등은 첫돌이 지나 사람들과의 관계 속에서 형성되는데, 이를 이차정서 또는 복합정서라고 부른다.

이차정서는 영아가 거울이나 사진으로 자신을 알아보기 전에는 출현하지 않는다. 즉, 출생 후 24개월이 되면 자신과 사회적 관계에 대한 복잡한 이해를 반영하는 부끄러움, 죄책감, 부러움 등이 나타난다. 이차정서는 자신에 대한 인식뿐만 아니라 자신의 행동을 평가하는 능력도 필요로 한다. 즉, 해서는 안 된다고 하는 것을 했을 때에는 죄책감을 느낄 것이고, 어려운 일을 해냈을 때에는 매우 자랑스러워할 것이다. 출생 후 2년 동안에 출현하는 여러 가지 정서발달은 [표 8-1]과 같다.

표 8-1 영아기 정서발달의 예정표

월령	예정표
출생	• 신생아의 정서는 즐거운 자극과 유혹과 불쾌한 자극의 회피
2~3개월	• 사회적 미소를 보이고 성인들의 얼굴 표정에 본능적으로 반응
3~4개월	• 적극적인 자극에 웃기 시작 • 부모-아기의 관계가 심각하게 방해되면 슬픈 표정이 나타남
6~8개월	• 기본적 정서 표현이 잘 조직화되고, 환경의 시간에 따라 의미 있게 변화 • 자주 여러 상황에서 화를 내게 됨 • 공포, 낯가림이 나타나기 시작 • 친숙한 양육자에 대한 애착이 명확히 나타나며, 격리불안이 나타남 • 양육자를 탐색을 위한 안전기반으로 이용함
8~12개월	• 얼굴 표정을 조직화된 유형으로 이해하고, 점점 더 의미 있게 이해함 • 작은 놀람에도 웃음
18~24개월	• 수줍음, 당황, 죄의식, 자긍심과 같은 자의적인 정서가 나타남 • 감정에 관련된 어휘가 급격히 발달 • 정서적 자아 규제가 향상 • 걸음마기 영아는 타인의 정서적 반응이 자신들의 그것과는 다를 수 있다는 것을 이해하기 시작 • 감정이입의 첫 번째 신호가 나타남

출처: 박낭자 외(2007)

(2) 영아기의 대표적 정서

① 일차정서

영아가 표현하는 여러 정서 중 대표적인 일차정서로는 기쁨, 공포, 분노를 들 수 있다.

• 기쁨 : 기쁨의 감정은 미소나 웃음 등으로 표현되며, 건강한 영아일수록 기쁨의 표현이 명확하고 빈번하게 나타난다. 출생 직후 신생아는 외부 세계와 전혀

관계없이도 미소를 짓는다. 이때 나타나는 배냇 미소는 선천적·반사적인 것으로, 깊은 수면이나 엄마의 부드러운 피부접촉과 목소리가 들릴 때 미소이다. 4주경에는 갑자기 움직이는 물체들과 같은 외부의 자극에 대해 미소를 보이며 기쁨, 분노, 중성적인 표정을 가진 사람의 얼굴을 보여주면, 이 중에서 기쁜 표정을 하고 있는 얼굴을 더 오래 주시한다. 6~10주경에는 부모와의 대화에서 사회적 미소를 보인다. 3개월경 친숙한 사람에게 의미 있는 미소를 보이고 친숙한 사람과 그렇지 않은 사람에 대해 다르게 미소를 짓는다. 특히 사회적 상호작용이 이루어질 때 가장 빈번하게 미소를 보이며 이러한 반응은 친숙한 사람과의 친밀감을 강화시키는 역할을 한다(Ellsworth, Muir, & Hains, 1993). 9~12개월경에는 친숙한 사람이 사라졌다가 갑자기 나타나는 '까꿍놀이'에 미소와 웃음을 보이며, 1년 이후에는 자신이 원인을 제공한 사건에 대해 미소를 보인다. 특히 웃음은 미소와 마찬가지로 기쁨의 표현으로 3~4개월경 강한 자극 후에 나타난다. 웃음을 유발하기 위해서는 미소를 유발하기 위한 자극보다 더 강한 자극이 필요하다.

• 화, 분노 : 분노의 표현은 자신이 원하는 바를 쉽게 만족시키는 방법이 되기도 하므로 가장 보편적으로 나타나는 정서이다.

신생아는 배고픔이나 고통 등의 불쾌한 경험에 울음으로 표현하게 된다. 4개월에서 6개월이 되면 분노의 표현이 강하고 빈도도 증가하게 된다. 예를 들어, 자신이 갖고 있는 것을 빼앗기거나 자신이 하고 싶은 것을 제지받을 때 생기는 욕구의 좌절 때문에 분노가 일어난다. 이는 특히 어머니가 이러한 상황을 방치했을 때 더욱 강하게 나타나며, 배가 고프거나 아플 때 더욱 빈번하게 나타난다.

영아가 성장함에 따라 분노의 표현양식도 달라진다. 처음에는 자신이 느끼는 좌절감을 고통스런 울음으로 표현하지만, 4~6개월경에는 성난 목소리로 소리를 지른다.

분노는 2세경이 되면 최고조에 달하는데 이러한 분노를 사랑과 수용으로 감싸지 않으면 공격성으로 발전하게 된다. 이러한 분노의 감정은 감추거나 통제하고, 육체적 공격보다는 말로 표현할 수 있도록 배우며, 사회적으로 수용되는 방식으로 분노를 표현하게 된다. 또한 영아기 말에는 자신의 감정을 숨기는 것이 필요하다는 사실도 알게 된다.

• 두려움, 공포 : 공포는 신체적·심리적 위험에 대한 반응으로 나타난다. 출생 초기에는 대부분 부모로부터 보호를 받고 있으므로, 공포의 감정을 유발하는 자극물이 주변에 별로 없다. 공포를 유발시키는 선천적인 요인으로 심한 고통이나 큰 소리, 새로운 사람이나 장소, 높은 장소나 어두움, 다른 사람과의 위협적인 상호작용 등이다.

화와 마찬가지로 두려움, 공포는 6개월경 인지발달로 인해 나타나며 친숙하지 않은 대상에 대해 경계심을 갖게 된다. 그러나 영아에게서 가장 빈번하게 나타나는 두려움의 표현은 애착이 형성된 사람과의 분리나 낯선 사람과의 만남이다. 즉, 낯가림이다.

이러한 영아의 두려움, 공포가 영아가 12개월이 되면 엄마가 갑자기 사라지는 것에 대한 공포감이 나타나며, 2세경에는 공포의 대상이 확대되어 어두운 곳, 동물에 대해서도 두려움을 갖게 된다. 연령이 증가하면서 실제가 아닌 상상에 의해서도 공포를 느낀다.

② 이차정서

이차정서는 일차정서보다 늦게 나타나고 보다 복잡한 인지능력이 필요로 한다. 자아의 인식이 이차정서에 필수적이다. 즉, 당황, 수치심, 죄책감, 질투, 자긍심 등을 포함하는 이차정서는 영아가 자신을 거울이나 사진으로 알아보기 전에는 출현하지 않는다. 영아의 자아 인식에 관한 연구(Lewis & Brooks, 1978)에서 영아의 코에 입술 연지를 찍고서 거울 앞에 세워놓고 영아가 어떤 반응을 보이는지 관찰하였다. 만약 영아가 거울을 보고 입술 연지가 묻은 자신의 코를 만진다면, 이것은 거울에 비친 모습이 자신이라는 것을 인식한다는 것을 의미한다. 9~24개월된 영아 96명을 대상으로 실험한 결과, 12개월이 지난 대부분의 영아는 코를 만지는 반응을 보였다. 이차정서는 대부분 얼굴 표정 외에도 손톱을 깨물거나 고개를 숙이는 등의 신체동작을 수반한다.

- 질투 : 질투는 분노, 애정, 공포의 혼합형 정서로 애정을 상실했거나 상실할까봐 두려워 나타나는 정서이다. 질투는 18개월을 전후로 나타나며 엄마가 다른 아이에게 애정을 표현하면 울거나 그 아이를 밀치는 등의 반응을 보인다.

  영아에게 자주 볼 수 있는 질투는 동생이 태어남으로 인해 부모의 애정을 빼앗길 위험 느낄 때 나타난다. 동생을 본 경우 심하게 보채거나 몰래 동생의 눈을 찌르는 등 동생을 괴롭히기도 하고 심하면 보채거나 실수해 버리는 퇴행행동도 보인다. 이러한 질투는 2~3세에 가장 많이 나타난다.

  이차정서는 또한 자신에 대한 인식뿐만 아니라 자신의 행동을 평가하는 능력까지도 필요로 한다. 즉, 해서는 안 된다고 생각하는 짓을 했을 때는 죄책감을 느낄 것이다. 자긍심은 어려운 일을 해냈을 때 매우 자랑스러워하며 느끼는 정서이다.

5) 정서의 이해와 정서 조절

(1) 정서의 이해

영아가 정서를 인지하고 이해할 수 있는 시기는 일반적으로 생후 6개월경 엄마의 감정에 따른 얼굴 표정을 구분하기 시작한다고 한다. 생후 8~10개월경이면 불확실하거나 모호한 상황에서 다른 사람의 정서를 자신의 행동의 길잡이로 삼는 사회적 참조(social reference)가 나타난다.

사회적 참조란 낯선 상황에서 자신의 행동을 선택하기 위하여 타인의 정서적 표현을 참고하는 것으로, 생후 1년이 되면 영아는 타인의 정서를 인식하고 이러한 정서를 자신에 행동에 반영한다. 예를 들어, 엄마가 즐거운 표정으로 낯선 장난감을 바라보고 있으면 그 장난감에 접근을 하지만 공포의 표정을 하고 있으면 접근을 하지 않는다. 생후 1년이 지나면서 언어발달로 인해 영아는 이제 단순히 얼굴 표정이나 울음으로 자신의 정서를 나타내는 것이 아니라 언어로 나타낼 수 있게 된다.

영아가 말하기 시작하면서 약 18~36개월경에는 자신의 정서를 언어로 나타내기 시작한다. 한 연구(Bretherton & Beeghly, 1982)에서 28개월된 영아들의 엄마를 대상으로 영아들이 자신과 타인의 심리적 상태를 다양한 정서를 나타내는 어휘를 사용하고 있었다.

[표 8-2]와 같이 영아는 자신과 타인의 정서를 나타내는 어휘를 사용하며 특정한 정서와 행동을 일으키는 상황에 대하여 이야기할 수 있었음을 알 수 있다. 예를 들어, "엄마가 화났어. 내가 우유를 쏟아서" 하는 것은 타인의 정서의 원인을 이해할 수 있는 것을 의미한다. 이러한 원인과 결과에 대한 정서 표현은 3~4세경부터 보다 풍요롭게 기술하게 된다. 예를 들면 인정을 받는 것은 행복함을 유발하고, 특정 사건은 부정적 정서를 유발한다는 것을 안다. 나아가 동생이 울 때 안아준다거나 화난 친구와 장난감을 나누어 갖는 것은 영아가 타인의 부정적 정서를 감소시킬 수 있는 방법을 알고 있음이다.

표 8-2 28개월경 영아의 정서 표현 어휘 사용율

	정서용어	사용 백분율
긍정적 정서	옳음	93
	사랑	87
	좋아한다	80
	행복	60
	자랑스러움	27
부정적 정서	나쁨	87
	슬픔	57
	화남	17

출처: 유효순 외(2013)

(2) 정서 조절

영아는 세상에 대한 관심을 지속시켜 나갈 뿐만 아니라 감각적이고 정서적인 경험을 다루게 된다. 신생아는 태어났을 때 자궁에서 보호되던 환경과는 매우 다른 빛과 소리, 온도, 감촉, 느낌, 맛, 냄새에 적응해야 한다. 이때 미성숙한 중추신경이 중요성에 대한 구별이나 감각을 여과하는 능력 없이 감각 정보에 일일이 반응한다면, 아기는 세상에 대해 혼란스러워할 것이다. 어떻게 해서든지 아기는 반응을 조절해야 하고 생존을 위해 가장 적절한 정보에만 반응할 필요가 있다. 자궁 밖의 세상에서 살기 위해 아기는 호흡과 체온 먹고 소화시키는 것, 배설, 잠자고 깨는 것을 조절할 수 있어야 한다. 또한 신체적·정서적 경험에 대해 자신의 반응을 조절하는 것을 배워야만 한다.

정서적 조절이란 아기가 행하는 활동(시선 회피, 손가락 빨기)과 성인이 행하는 활동(달래기, 흔들어주기, 감싸주기)을 통해 아기가 힘들어할 때 도와주고 안정되고 자극에 되게 하는 것을 말한다

영아의 조절체계, 즉 안정되고 주의를 기울이도록 도와주는 신체적·정서적 측면과 세상에 대한 관심체계, 즉 세상의 경험으로부터 배우기 위해 감각을 사용하는 것 사이에 균형을 갖는다고 설명할 수 있다. 이 두 체계는 상당히 얽혀 있는데 아기는 세상으로부터 감각 정보를 얻기 위해 안정되고 주의를 기울이는 능력이 있는 반면, 이와 동시에 안정감과 흥미를 지속시키기 위해 세상으로부터의 감각정보를 사용할 수 있다. 예를 들어, 엄마의 조용한 목소리와 부드럽게 흔들어 주는 것, 아빠의 심장 소리와 손을 잡아주는 것은 우는 아기를 안정되게 하고 조용하고 주의 깊은 상태가 되도록 도와준다. 영아는 스스로 마음을 진정시키고 조절하려고 할 때 잘 되지 않을 때, 성인이 잘 감싸주고 곁에서 아기를 잡아 주면 영아는 편안하게 잠이 든다.

아주 어린 영아는 신경계와 소화관, 대·소근육이 미성숙하기 때문에 여러 가지로 노력을 한다. 알스(Als, 1982)는 조절과 관련된 자율계, 안정계, 집중계, 자기조절계 등의 체계들 간의 밀접한 관계를 인간 행동조직의 위계로 [그림 8-1]과 같이 도식화하였다.

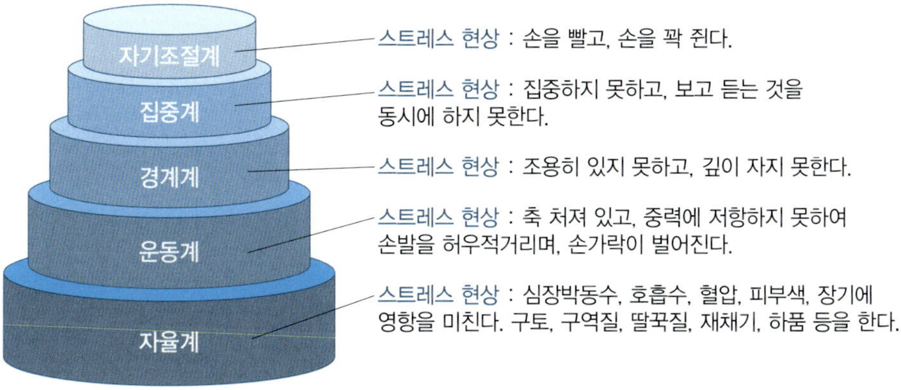

그림 8-1 알스의 행동조직의 위계
출처: Als, Lester, Tronick, & Brazelton(1982)

알스는 아주 어린 영아의 안정감은 체온과 소화, 호흡을 조절하는 자율계가 안정적이면 근육 긴장, 중력에 저항하는 능력, 움직임을 조절할 수 있는 운동계가 잘 작동하게 된다.

다음 단계인 경계계는 영아가 깊은 수면과 REM 수면, 조용함과 활동적인 상태를 조절하는 단계로 경계계가 잘 조절되면 아기는 집중계에 도달한다. 집중계는 정보에 집중하고 자극에 관심을 보이며 안정되고 편안해지는 것과 관련된다. 위계의 가장 높은 단계인 자기조절계에서 영아는 먼저 스스로 편안해지지 못하면 울거나 경고하거나 딸꾹질 또는 침을 흘리거나 움켜잡는 등으로 표현하며, 그 다음에 자율계의 조직은 음으로써 상실해 나간다. 민감한 부모는 영아가 완전히 포기할 때까지 놔두기보다는 아기가 스스로 편안해지려고 하고 혼란된 상태를 나타낼 때 반응해 준다. 또한 힘들어하는 아기가 회복되고 안정을 찾도록 도와야 한다.

로빈슨과 아세베도(Robinson & Acevedo, 2001)는 정서발달에서 관계의 역할을 강조하면서 이러한 어려움의 순간들을 부모는 자녀의 정서적 신호를 이해할 수 있어야 한다고 하였다. 너무 빨리 자기 위안(self-comfortion)을 찾는 영아는 성인의 도움과 세상을 알아가는 데 수동적인 태도를 보인다. 또한 성인에게 도움을 요청하지 않는 것은 두려움이 생길 때 회피나 분리행동을 하게 한다.

안정애착과 초기 정서 조절에 관한 연구(Braungart-Rieker, Garwood, Powers, & Wang, 2001)에서 영아가 정서를 잘 조절하는 데는 기질의 영향으로 보고 있다. 무관심하고 거부적인 부모는 아기가 힘들어할 때 스스로 편안해지는 방법을 찾도록 내버려두는 반면, 아기의 정서적 요구에 민감하게 반응하는 부모는 영아가 조절기술을 발달시키도록 도울 수 있다.

부모가 반응이 민감하지 못한 영아는 생후 4개월에 이미 자신의 감정을 억제하고 자신의 반응을 상당히 조절하며 상황 대처방법을 발달시킨다 한다. 그런가 하면 지나치게 정서적으로 반응하기도 하는데, 이것은 민감한 기질의 영아가 부모가 반응하도록 지나친 반응을 하는 것이다.

양육자인 부모는 영아의 마음을 따뜻하게 하고, 기저귀가 젖어 있지 않게 하며, 잘 먹이고 쉬게 하며, 편안한 상태가 되도록 함으로써 영아가 자신의 신체적 상황을 조절하도록 돕는다. 아기가 울 때 부모는 아기를 안고, 흔들며, 토닥여주고, 감싸고, 다른 장소나 밖으로 이동하면서 달래야 한다. 또한 아기가 안정되고 깨어 있을 때는 흥미 있는 것에 집중하도록 기회를 주고 지지해 주어야 한다.

6) 정서발달 촉진을 위한 프로그램

영아의 정서발달을 위한 방법은 다음과 같다.

- 스트레스를 받고 불행해하는 아기를 감싸주고, 곁에서 안아주며, 흔들어주고, 조용히 말하거나 노래해 줌으로써 편안하게 해준다.
- 아기가 손 빠는 것을 허락하고 요구할 때 먹이고 깊이 잠들고 안정되게 깰 수 있도록 도와줌으로써 스스로 조절하는 것을 배우게 한다.
- 아기가 깨어 있을 때 상호작용을 한다. 조용히 말해 주고 흥미 있어 할 때 아기와 눈을 맞춘다. 자유롭게 해주기도 하고 휴식이 필요할 때 돌봐준다.

- 아기의 얼굴 표정을 거울로 볼 수 있게 해주고, 목소리의 음조를 일정하게 하여 감정을 표현할 수 있는 말을 한다.
- 양육자의 감정을 정직하고 분명하게 표현한다.
- 영아가 모든 정서를 표현하도록 한다. 나쁜 감정은 없으며, 아기가 사회적으로 받아들일 수 있는 방법으로 감정을 표현하는 방법을 배울 필요가 있다.
- 양육자의 얼굴 표정과 언어를 사용해서 아기가 일정한 거리에서 안전한지 그렇지 않은지 알 수 있게 한다.
- 영아가 탐색을 두려워할 때 반응적이고 확신 있게 해준다. 양육자가 아기를 지켜보고 있고 안전하게 지켜준다는 것을 알게 한다.
- 영아가 탐색하고 놀 수 있도록 격려해 주고, 아기가 양육자에게 오면 반긴다.

2. 기질

1) 기질이란

기질(temperament)이란 한 개인의 행동유형과 반응의 특성을 말한다. 기질을 형성하는 심리적 특성이 성인기 성격의 토대라고 믿기 때문에 기질의 차이에 관심을 가져왔다.

심리학자들은 영아의 경우, 성격이라는 용어 대신 기질이라는 용어를 사용한다. 기질과 성격의 구분은 인자형과 표현형의 구분과 유사하다. 인자형은 기본 패턴(잠재력)을 결정하지만, 표현형은 인자형의 잠재력이 환경에 의해 영향을 받은 결과로 나타난다. 즉, 기질은 아동기나 성인기에 성격으로 나타나는 것은 기본 패턴이 수없이 많은 생활경험에 의해 영향을 받은 결과이다(Buss & Plomin, 1984; Dilalla, Kagan, & Reznick, 1994).

기질이 어떠한 심리적 특성인가에 대해서는 다음과 같이 두 가지 측면에서 생각해 볼 수 있다(송명자, 2011). 첫째, 영아의 기질이 유전의 영향을 받는가 또는 환경에 의해 형성되는가 하는 것이다. 일란성 쌍생아가 이란성 쌍생아보다 대부분의 기질 특성에서 훨씬 유사한 것으로 나타났다. 이것은 기질이 유전의 영향을 받는 것이라는 사실을 지지하는 것이다. 그러나 일란성 쌍생아의 경우에도 유전계수가 .40 정도인 것은 영아의 기질에 환경도 중요한 역할을 한다는 것을 의미한다. 이렇듯 기질의 유전과 환경의 영향에 대해 명확한 결론을 내리기는 어렵다.

두 번째는 기질이 지속적인가 아니면 변화되는 것인가 하는 안정에 관한 것이다. 기질의 안정성에 대한 결론도 역시 쉽지 않다. 예를 들어, 심하게 낯가림을 하던 영아가 유아기에 또래와의 관계에서도 거부반응을 보이는지에 대한 명확한 결론을 내리기 어렵다. 기질이 유전적으로 타고난다고 믿는 학자들은 영아의 성장과정에 기질이 일관성 있게 안정적으로 나타난다고 주장한다. 일반적으로 공포반응이나 활동 수준 등은 대단히 안정적인 것으로 알려지고 있다. 또한 낯가림이 심한 영아는 유아기에도 여전히 낯선 사람을 두려워하고, 아동기에도 여전히 까다로운 성향을 보여주고 있다. 이러한 지속성은 매우 극단적인 경우 매우 수줍어하거나 매우 외향적인 경우 등에만 해당된다(Kerr et al., 1994; Sanson et al., 1996). 이러한 결과는 유전적으로 많은 영향을 받는 것으로 보이는 기질특성도 환경의 영향에 의해 변화할 수 있다는 것을 의미한다. 그리고 부모의 양육태도와 같은 지속적인 환경의 영향력에 의해 기질의 변화가 일어날 수 있음을 지지되고 있다.

2) 기질의 유형

기질이 어떤 특성으로 구성되어 있는가에 관해서는 영아의 기질에 관해 학자마다 견해가 다르다. 여기에서는 NYLS 모형과 EAS 모형, Rothbart 모형을 중심으로 기질을 구성하는 요소를 살펴보면 다음과 같다.

(1) NYLS 모형

NYLS(NEw York Longitudinal Study)는 Thomas와 Chess에 의해 1956년에 시작된 뉴욕종단연구로 기질에 대한 선구자적 연구이다. 이 연구는 141명의 영아를 대상으로 아동기까지 관찰법, 부모와 교사를 통한 면접법, 다양한 심리검사를 이용하여 종단연구를 통해 활동성, 규칙성, 적응성, 반응강도, 반응역치, 기분, 부의산만성, 지구력의 9가지 기질의 구성요인을 발견했다.

또한 토마스와 체스는 이러한 9가지 특성을 기준으로 세 가지 유형으로 구분하였다.

첫째, 순한(easy) 영아로 이 유형의 영아는 행복하게 잠을 깨고 장난감을 가지고 혼자 잘 놀며, 쉽사리 당황하지 않는다. 규칙적인 생물학적 시간표에 따라 수유나 수면이 이루어지고, 낯선 사람에게도 미소를 보이며 이들로부터 음식도 잘 받아먹는다. 새로운 생활습관에 쉽게 적응하며 좌절에 순응한다.

둘째, 까다로운(difficult) 영아로 영아는 눈을 뜨기 전부터 울고, 생물학적 기능이 불규칙적이다. 이들은 불행해 보이고 절대적이며 조그만 좌절에도 강한 반응을 보이고, 새로운 사람이나 상황에 적응하는데 많은 시간이 필요하다.

셋째, 반응이 느린(slow-to-warm) 영아는 반응이 느린 영아는 수동적이고 새로운 상황에 대해 움츠러드는 경향을 보인다. 새로운 상황을 좋아하지 않지만, 다시 기회가 주어지면 결국 흥미를 가지고 참여하는 경향이 있다.

(2) EAS 모형

EAS 모형은 영아의 기질은 정서성(Emotionality: E), 활동성(Activity: A) 그리고 사회성(Sociability: S)의 세 요소로 이루어진다는 것으로 버스와 플로민(Buss & Plomin, 1984, 1986)이 제시한 모형이다. EAS 모형은 NYLS 모형으로는 35% 정도의 영아가 어느 유형에도 분류되지 않는다는 점을 지적하였다.

정서성은 정서적 반응의 강도이며, 영아가 자극에 대해 얼마나 빨리 부정적인 반응을 보이는가를 말한다. 예를 들어, 정서성이 높은 영아는 쉽게 놀라거나 쉽게 잠에서 깨어나고 큰 소리에 우는 반응을 보인다. 버스와 플로민에 의하면 정서성에

표 8-3 NYLS 기질의 구성요인

구성요인	설명
활동성 (activity)	신체적 움직임의 양(젖 먹이기, 목욕하기, 옷 입히기 등의 일상생활에서 영아가 하는 신체활동의 양)
규칙성 (rhythmicity)	먹고 자고 배설하는 것에 대한 규칙성(수유시간, 수면의 주기, 배변습관 등의 예측가능성)
접근/회피 (approach/withdrawal)	새로운 환경에 평안해 하는 정도[새로운 사건이나 자극(장난감이나 음식 등)에 영아가 어떤 반응(접근 또는 회피)을 보이는가?]
적응성 (adaptability)	변화에 대처하고 마음의 동요로부터 회복될 수 있는 정도(변화된 상황에 영아가 얼마나 쉽게 적응하는가?)
반응강도 (intensity)	정서적 표현의 강도(영아가 보이는 긍정적 또는 부정적 반응의 강도)
반응역치 (threshold)	빛, 소리, 감촉, 냄새, 맛과 같은 감각 정보에 대한 반응 정도(영아의 반응을 유발하는 데 필요한 자극의 양)
기분 (mood)	불안해하거나 울거나 다른 사람에게 반항하는 것에 반하여 기쁘고 즐거운 기분이 지속되는 시간의 양(영아가 보이는 행복하고 기분 좋은 반응의 빈도와 불행하거나 부정적인 행도의 빈도)
주의산만성 (distractibility)	주의가 얼마나 쉽게 산만해지는지의 정도(외부 사건이나 자극에 의해 영아가 현재 하고 있는 행동이 쉽게 방해받는 정도)
지구력 (attention span and persistence)	한 활동을 얼마나 오래 지속할 수 있는지의 정도(어떤 활동의 지속시간과 장애에 직면했을 때 그 활동을 계속하려는 의지)

출처: Tomas, A. & Chess, S.(1986)

서의 개인차는 영아의 신경계의 차이로, 영아에 따라 유전적으로 더 빨리 부정적인 반응을 보이는 영아도 있다고 한다. 첫돌이 되면서 정서성은 공포와 분노 반응으로 나타나기 시작한다.

활동성은 영아가 일상생활에서 보이는 행동의 강도와 속도이며, 활동성이 높은 영아는 잠시도 가만히 있지 못하고 계속 움직이며, 끊임없이 새로운 것을 탐색하고 격렬한 활동을 한다. 활동 수준은 영아가 얼마나 빨리 얼마나 멀리 갈 수 있는가를 결정하지만, 어떤 방향으로 갈 것인가는 환경이 결정한다.

사회성은 영아가 양육자와 얼마나 친밀한 관계를 갖는가를 의미하는 것이고, 얼마나 다른 사람과 함께 있기를 좋아하며, 영아가 얼마나 사람들로부터의 자극을 좋아하는가를 말한다. 사회성이 높은 영아는 혼자 있는 것을 싫어하고, 낯선 사람에게도 쉽게 접근한다.

(3) Rothbart 모형

로스바트(Rothbart, 1989)가 기질의 구성요소를 반응성(reactivity)과 자기조절(self-regulation)을 제시하고 반응성(reactivity)은 EAS 모형의 정서성과 유사한 것으로 자극에 대해 영아가 얼마나 쉽게, 얼마나 강렬하게 반응하는가를 말한다. 정서성과 반응성의 차이는 반응성이 긍정적인 반응도 포함한다는 것으로, 예를 들어, 영아가 새로운 장난감을 보고 미소 짓거나 웃는 것이다.

자기조절(self-regulation)은 영아가 스스로 자신의 반응을 증가시키거나 감소시키는 통제능력을 의미한다. 영아가 새로운 장난감에 대해서 어떻게 접근하며, 어떻게 탐색하는지 또는 그 장난감을 얼마나 오래 쳐다보는지 등이 자기조절의 예이다.

로스바트 모형에서 기질적 특성을 NYLS 모형과 EAS 모형과 같이 환경과 상호작용이 영아의 사회적 상호작용의 질을 결정한다는 관점이다. 영아의 반응성과 자기조절은 생물학적 영향도 크게 받지만 그보다도 양육자와 환경이 발달의 방향을 결정짓는 중요한 역할을 한다는 것이다.

최근에 들어와서 기질 연구가들(Ahadi & & Rothbart, 1994; Belsky, Hsieh, & Crnic, 1998; Kagan, 1994; Martin, Wisenbaker, & Huttunen, 1994) 간의 기질의 구성요소에 대한 합의된 5가지는 활동 수준, 접근/긍정적 정서성, 억제, 부정적 정서성 지구력/끈기이다.

활동 수준은 얼마나 몸을 많이 움직이고 격렬한 활동을 하는지를 의미하며, 접근/긍정적 정서성은 EAS 모형의 사회성과 유사하며 사람이나 사물에 대해 긍정적인 정서반응을 보이는 것을 말한다. 억제는 일상생활에서 말하는 수줍음과 같은 낯선 사람이나 낯선 상황, 새로운 물체에 대하여 두려움이나 회피반응을 보이는 것을 의미한다. 부정적 정서성은 쉽게 화를 내고, 짜증을 잘 내고, 좌절을 견디지 못하는 것을 말한다. 지구력/끈기는 주의를 집중하고 계속 노력하는 능력을 말한다.

3) 기질에 영향을 미치는 요인

(1) 기질과 부모의 양육행동

영아의 기질은 부모, 특히 주 양육자인 어머니와의 관계에 영향을 미친다. 예를 들어, '까다로운' 기질을 가진 영아는 부모를 좌절하게 만들고 부모로 하여금 영아에게 기대를 덜하게 한다. 부모의 양육태도 또한 영아의 기질을 변화시키기도 한다. 수줍고 소심한 기질을 가지고 태어났다 하더라도 격려하고 지지하는 환경에서 양육되는 영아는 이러한 속성이 점차 소멸되는 반면, 사교적이고 과감한 성격을 가지고 태어난다 하더라도 지나치게 스트레스를 주는 환경은 소심한 영아가 되게 한다. 즉, 영아의 발달은 자신이 타고난 기질과 그를 사회화시키는 사람의 기질 간의 상호작용의 산물이다. 부모와 자녀 간의 상호작용을 통해 부모는 자녀가 타고난 유전적 요인에 변화를 주는 역할을 한다.

대부분의 부모들은 둘째 아이가 태어나기 이전까지는 기질의 중요성을 별로 생각하지 않는다. 그러나 둘째가 태어나면 첫째와의 경험이 그대로 둘째에게 적용되지 않음을 깨닫게 된다. 이것은 바로 유전뿐만 아니라 환경도 아동의 발달에 영향을 주며, 아동은 생의 초기, 영아기부터 서로 다른 기질을 가지고 있어 이러한 차이가 부모-아동의 상호작용에 중요하게 관련된다는 사실을 나타낸다.

① 까다로운 영아에 대한 양육행동

다루기 어려운 영아는 부모를 좌절하게 만들고 부모로 하여금 영아에게 기대를 덜 하게 한다. 물론 영아의 기질과 부모의 양육태도의 관계는 일방적이라고 볼 수 없다. 일상생활의 불규칙적인 수면 패턴을 갖고 있어 예측하기 어렵고 새로운 상황에 적응하는 데 오랜 시간이 걸리며 거부나 의심 등 불안행동을 나타낸다. 욕구가 좌절되는 상황에서 적대적이고 심한 스트레스를 받아 신경질적으로 격하게 반응하므로 부모가 달래는 데 어려움을 겪는다.

토마스와 체스(Thomas & Chess, 1977)에 의하면 까다로운 영아들의 일부 부모들은 자녀 때문에 혼란스럽고 화가 나며, 자녀의 행동 때문에 우울하게 느끼고, 영아에게 부정적으로 반응하게 된다. 그러나 일부 부모들은 그러한 자녀들을 강하고 씩씩하며 도전적이라고 긍정적으로 이해하기도 한다. 이렇게 긍정적으로 생각하는 부모는 영아에게 긍정적이고, 활동적인 대응을 하며, 가끔 지치기는 하나 전체적으로 즐겁게 자녀를 돌보게 된다.

② 순한 영아에 대한 양육행동

순한 영아는 기질적으로 부모의 말을 잘 듣고 잘 따르는 특성이 있어 부모로부터 웃음, 애정 등의 긍정적 반응을 이끌어낸다. 그리고 부모는 양육하기 쉽다고 여긴다. 놀잇감을 혼자 잘 가지고 놀며 규칙적인 수면과 수유 및 배설을 하며 새로운 환경적 자극에 쉽게 적응한다.

③ 느린 영아에 대한 양육행동

느린 기질을 가진 영아는 수동적이며 소극적이고 활발한 기질을 가진 영아만큼 부모가 요구하는 진도에 맞춰 나가지 못한다. 이에 실망하여 부모가 관심을 갖지 않는다면 영아는 더욱 위축되고 발달과업을 제대로 이루지 못하게 된다. 그러나 부모가 이러한 성향을 무시하고 적극적으로 개입한다면 영아는 자신의 행동을 바꾸게 될 것이다.

(2) 기질과 조화 적합성

토마스와 체스는 영아의 기질과 환경이 상호작용하여 바람직한 결과를 만들어낸다는 '조화 적합성'을 주장한다. 즉, 영아의 이상적인 발달은 영아의 기질과 부모의 기질이 잘 조화를 이루었을 때 바람직한 방향으로 이루어질 수 있다는 것이다. 부모가 영아의 기질에 따라 양육행동을 조절한다면 그 결과는 보다 조화로운 관계가 된다. 반대로 영아의 기질과 부모의 양육행동이 조화를 이루지 못하면, 부모나 영아 모두 갈등을 경험하게 된다는 것이다. 그러므로 자녀의 기질에 맞게 반응하는 부모의 양육방식이 더 바람직하다는 것이다. 이러한 영아의 기질을 제대로 파악함으로써 부모와 자녀 간에 보다 조화로운 관계를 유지할 수 있다. 부모의 역할은 아동의 타고난 잠재력을 최대한 발휘할 수 있도록 풍부한 환경을 제공해 주는 것이다. 아동으로 하여금 많은 환경에 노출시켜서 그들이 무엇을 좋아하며 어떤 것에 능숙한지를 판단하고, 이 점을 최대한 지원해 줄 수 있어야 한다.

(3) 기질과 문제행동

영아의 기질은 후의 행동문제와 관련되는 것으로 나타난다. 예를 들어, 까다로운 영아의 약 70%가 자란 후에 행동문제를 보인 반면, 순한 영아는 약 18%만이 문제를 보였다. 이것은 영아의 행동유형이 부모의 양육태도와 맞지 않을 때에는 문제행동이 일어날 가능성이 있음을 시사한다. 그러나 부모가 융통성이 있으며 영아의 개인적인 기질특성을 존중해 주면서 영아를 양육한다면 각 영아가 자신의 개성대로 잘 자랄 수 있음을 알 수 있다.

샌슨과 로스바트(Sanson & Rothbart, 1995)는 영아의 기질에 따른 부모의 양육행동을 다음과 같이 정리하였다. 첫째, 부모는 영아의 독특한 개성을 존중한다. 영아의 개성을 존중하는 좋은 양육이란 부모가 영아에 대해 민감하고 융통성 있는 태도를 의미한다. 부모는 영아의 욕구나 영아가 보내는 신호에 민감할 필요가 있다. 부모는 모든 영아를 획일적인 태도로 대할 것이 아니라 각 영아의 기질을 존중해 주어야 한다. 둘째, 부모는 영아의 환경을 구조화한다. 순한 영아보다 까다로운 영아에게 사람이 많고 시끄러운 환경은 더 많은 문제를 발생한다. 또 두려움을 많은 영아나 위축된 영아는 새로운 상황에 서서히 노출하는 것이 더 도움이 된다. 따라서 영아의 기질에 따라 환경을 구조화해 주는 것이 바람직하다. 그러나 영아를 기질적으로 순한 영아, 까다로운 영아로 나누는 것은 그리 바람직하지 않다. 예를 들어, 순한 영아, 까다로운 영아로 명명된 영아가 환경 적응에 문제를 보이면 영아에게 책임을 돌리는 자기 예언 충족가능성의 위험이 있기 때문이다.

이와 같은 영아의 기질과 양육행동과 관계를 요약하면, 일반적으로 영아 개개인의 특성에 민감해야 하며, 영아의 개별적 특성에 대해 융통성 있게 반응한다. 마지막으로 영아를 부정적으로 명명하는 것은 가급적 피해야 한다.

| 9장 |

사회성발달

1. 애착발달

1) 애착의 정의

애착이란 한 사람이 다른 사람과 형성하는 애정적 유대감을 일컫는 말이다. 즉, 한 개인이 자신과 가장 가까운 사람에 대해서 느끼는 강한 감정적 유대관계를 뜻한다(Ainsworth et al., 1978; Bowlby, 1958).

보울비는 애착을 사랑하는 대상과 관계를 유지하려는 행동을 뜻하는 정신분석학적 용어로 사회적 학습에 의해서 촉진되기는 하나, 근본적으로는 생존유지 및 보호를 위한 본능적이고 생득적인 행동이라 했다. 예를 들어, 출생 초부터 영아는 울음이나 미소 짓기, 젖 빨기, 옹알이, 매달리기, 따라 다니기 등을 통해 다른 사람과의 접근과 접촉을 촉진하며 상호작용을 촉진시킨다(Bowlby, 1958). 이러한 행동들은 애착이 형성되기 이전의 전조행동이라 볼 수 있다.

애착행동은 애착인물과 가까이 있으려는 행동으로 주 양육자(어머니)를 가까이에 두려는 자녀의 행동뿐만 아니라 주 양육자(어머니)가 미소를 보내며 자녀로 하여금 상호작용에 참여하게 하는 행동도 포함된다.

할로우(Harlow)의 원숭이 애착행동의 초기 연구에서 애착은 어미가 새끼의 생리적 욕구를 충족시켜 주는 것과 관계가 있다는 주장이 제기되었으나 할로우의 연구를 통해 오류가 지적되었다. 우유병이 있는 철사 대리모와 부드러운 천으로 덮은 대리모 중 아기 원숭이는 우유를 먹을 때만 철사 대리모에게 가고 놀 때나 스트레스 상황에서는 천 대리모에게로 감으로 이러한 행위는 접촉이 주는 위안이 우유를

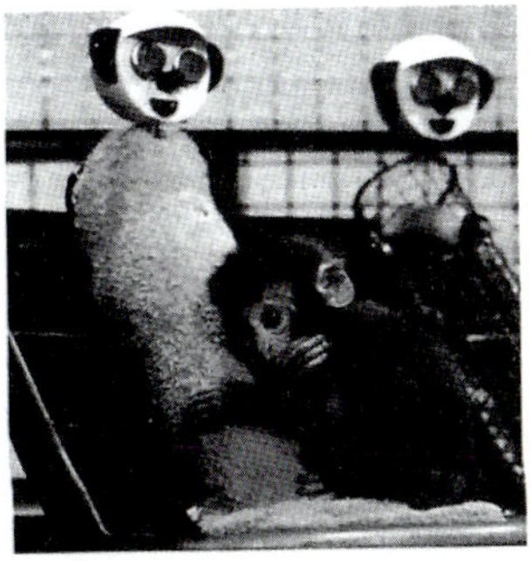

우유병이 철사엄마에게만 부착되 경우에도 원숭이 새끼는 헝겊엄마와 애착형성을 이룸

두려운 물체가 나타나자 원숭이 새끼는 헝겊엄마에게 매달림

그림 9-1 할로우의 실험에 사용된 '철사엄마'와 '헝겊엄마'

출처: 정옥분(2012). p. 375

주는 것보다 애착 형성에 더 중요함을 암시한다. 그리고 인간의 영유아를 대상으로 유사한 과정을 관찰한 초기 연구에서는 어머니의 아기에 대한 반응이 민감성 신속성, 어머니와 아기의 접촉의 양이 애착형성의 중요한 요인이라는 사실을 확인했다(Shaffer & Emerson, 1964).

2) 영아의 애착발달

애착발달은 영아가 태어난 직후부터 시작된다. 이러한 애착 형성 과정을 세 단계로 나뉘어 살펴보면 다음과 같다(Hertherington & Parke, 1993).

첫 단계는 출생부터 2주 사이이다. 이 시기는 영아가 다른 대상에 비해 사람을 비롯한 사회적 대상을 선호하면서 특정 대상을 구별하지 않고 모든 대상에게 애착을 보이는 단계이다.

두 번째 단계는 2주부터 6~8개월 사이로, 즉 영아가 어머니와 타인을 구분하면서 시작되며, 본격적인 애착이 형성되는 6~8개월까지이다. 영아는 냄새, 음성, 안는 방법, 얼굴의 특징 등 여러 감각 및 지각적 단서 등을 통합하여 어머니를 알게 된다. 이 시기에 어머니도 아기의 독특성을 알게 되고, 아기에게 맞도록 보살피는 방식을 조정하게 된다. 이러한 과정에서 상호적 애착의 기초가 형성되나 애착대상과 떨어지는 데 대한 저항은 보이지 않는다.

세 번째 단계에서는 영아가 비로소 특정 대상에 대한 강한 집착을 보이며, 애착대상과 떨어질 때에는 격리불안을 나타낸다. 이 기간에 애착대상 외의 다른 사람에 대한 낯가림이 시작된다.

일반적으로 생후 6개월 무렵부터 어머니에 대한 애착을 형성하기 시작한다. 영아기에 애착을 형성하였음을 알아볼 수 있는 행동은 낯가림과 분리불안이다.

낯가림은 영아가 자신에게 친숙한 애착대상에 대해 형성해 놓고 도식과 어긋나는 대상에 대해 나타내는 불안이나 공포의 반응이다. 낯가림은 6~8개월경에 시작되어 첫돌 전후로 최고조에 달했다가 서서히 감소되며 2세경까지 지속된다. 부모나 친숙한 사람이 함께 있는 경우에는 낯가림을 덜하고, 기질적으로 순한 영아가 까다로운 영아보다 낯가림을 덜하는 경향이 있다. 한 연구에서는 영아를 데리고 외출을 자주하면 낯가림이 적어진다고 보고(성현란, 1978; 장영미, 1978), 이는 반복적인 경험에 의해 낯선 사람에 대한 불안이나 공포가 감소될 수 있음을 시사한다.

격리불안 또는 분리불안은 영아가 애착대상인 어머니에게서 떨어질 때 나타나는 불안반응으로 어머니로부터 떨어지는 경험이 늘어날수록 더욱 강해지는 특징이 있다. 생후 6~8개월에 나타나기 시작하여 14~15개월경에 절정에 달했다가 2세경에 사라진다.

(1) 보울비의 애착발달

영국의 심리학자이자 소아과 의사인 보울비는 런던에 있는 아동심리센터에서 심리치료사로 일하였는데, 그가 많은 감정적으로 어려움을 겪고 있는 아이들을 상담하던 중 아이들과 그들의 보호자의 관계가 어떻게 형성되고 있는지에 따라서 아이의 사회적·정신적 발달이 달라진다고 생각을 하였다. 이 생각을 바탕으로 그는, 영아기 때의 부모와의 떨어짐이 나중에 아이의 부적응으로 이끌 수 있다는 이론을 세우기 시작하였다.

아이가 정상적인 사람으로 자라기 위해서는 영유아기 때 엄마와의 관계가 바르게 형성되어야 한다. 영유아기 때 엄마와의 올바른 관계를 통해 타인과의 관계가 형성되고 확장된다. 점점 자라면서 엄마에서 가족으로, 가족에서 친구와 사회로 확장된다. 보울비는 아기의 울고 웃는 행동에 적절한 반응을 했을 때 올바른 애착관계가 형성된다고 말한다. 보울비는 다음의 4단계를 거쳐 애착이 형성된다고 한다.

① 전 애착단계(출생 후~6주)

위협을 느낄 때 붙잡기, 미소 짓기, 울기, 눈 응시하기 등의 반사행동(자기 주변 사람에게 직접 사회적 반응을 보인다)이나 다양한 신호를 이용하여 주위의 사람들과 가까운 관계를 유지한다. 이러한 영아의 행동이 부모의 반응을 자극하고 영아와 부모 간의 애착관계를 형성하게 한다. 아직 애착이 형성되지 않아 낯선 사람에게 혼자 남겨져도 별로 개의치 않는다.

② 애착형성단계(6주~6, 8개월)

영아가 친숙한 사람과 낯선 사람에게 다르게 반응하기 시작한다. 자신을 주로 돌보는 사람에게 미소와 웃음을 지어보이며 고통스럽거나 불안하면 주로 돌보는 양육자를 찾는다. 자신이 필요할 때 어머니가 언제든지 반응할 것이라는 신뢰감을 발달시키기 시작한다. 낯선 얼굴과 친숙한 얼굴을 구별할 수 있음에도 불구하고 부모가 자기를 혼자 남겨놓고 자리를 떠나도 아직 심한 분리불안을 보이지 않는다.

③ 애착단계(6, 8개월~2세)

영아는 이미 애착이 형성된 사람에게 적극적으로 접근하며, 애착대상이 떠나면 분리불안을 나타낸다. 분리불안은 모든 문화권에서 보편적으로 나타나는데 보통 돌 전후에 나타나서 15개월 전후까지 계속된다. 분리불안은 애착대상이 시야에서 사라져도 계속 존재한다는 대상영속성 개념을 영아가 획득했다는 증거이다.

④ 상호관계의 형성단계(2세 이후)

24개월 전후로 영아는 정신적 표상능력과 언어능력이 발달하기 때문에 영아는 애착대상의 행동을 예측할 수 있다. 즉, 어머니가 언제 다시 돌아올지 예측할 수 있으므로 분리불안이 감소하게 된다. 이 단계에서 영아는 양육자와 협상을 하고 자신이 원하는 대로 그 사람의 행동을 수정하고자 한다. 뜻대로 되지 않으면 떼를 쓰기 시작한다.

(2) 에이스워스의 애착행동 유형

보울비 이론을 바탕으로 심리학자 에인스워스(Ainsworth, 1973)는 이 이론을 검증하기 위해서 한 실험을 하였는데, 놀이방에 아이와 엄마가 함께 놀고 있다가 엄마가 그 놀이방을 떠났을 때, 그리고 엄마가 다시 돌아왔을 때 아이가 어떤 반응을 보이는지를 보는 실험이었다. 아이의 반응을 통해 그 아이가 어떤 애착형태를 보이는지 알 수 있고, 또 부모가 아이를 어떻게 양육하고 있는지를 알 수 있는 실험이었다. 영아와 어머니 간의 애착의 질을 측정하기 위하여 8가지의 형태로 구성된 낯선 상황을 설정하여 영아의 반응 및 행동을 관찰 후 애착을 4가지 유형으로 구분하였다. 낯선 상황 실험이란 양육자를 안전기반으로 삼고 있는지를 보기 위하여 만든 실험장면으로, 영아와 양육자를 격리와 재결합의 8장면을 만들어 영아의 반응을 관찰하는 것을 말한다. 즉, 장난감이 있는 낯선 방에서 양육자와 영아가 자연스럽게 상호작용을 하는 동안 영아를 양육자로부터 짧은 시간 격리시킨다. 그 후 낯선 사람과 같이 있게 하는 상황을 만든 후 양육자가 돌아왔을 때 보이는 영아의 반응을 관찰하는 것이다. 이 낯선 상황에서의 영아의 반응인 탐색활동, 낯선 사람에 대한 반응, 격리되었을 때의 반응, 그리고 양육자와 다시 만났을 때의 영아의 반응을 분석하게 된다.

표 9-1 낯선 상황

장면	참여자	장면내용	관찰된 애착행동
1	어머니, 영아, 실험자	부모와 영아에게 낯선 상황으로 안내한다.	
2	어머니, 영아	어머니는 의자에 앉아 책을 읽고 영아는 놀이를 하도록 한다. 영아가 어머니에게 접근하면 응해 주나 어머니가 먼저 영아에게 반응을 요하는 시도는 하지 않는다.	안전기지로서의 어머니
3	어머니, 영아, 낯선 사람	낯선 사람이 들어와 앉아 있다가 어머니와 대화를 한 후 영아에게 접근한다.	낯선 사람에 대한 반응
4	영아, 낯선 사람	어머니가 방을 나가고, 낯선 사람은 영아에게 반응하고 영아가 원치 않으면 의자에 앉아 있는다.	분리불안
5	어머니, 영아	어머니가 돌아와 영아의 행동에 반응해 준 뒤 의자에 앉는다. 낯선 사람은 밖으로 나간다.	어머니와 재결합 시 영아의 반응
6	영아	어머니가 잠시 나갔다 오겠다 하고 나간다.	불리불안
7	영아, 낯선 사람	낯선 사람이 들어와 영아의 행동에 반응해 준다.	낯선 사람에 대한 반응
8	어머니, 영아	어머니가 들어와 영아의 행동에 반응한다.	재결합에 대한 반응

① 안정애착(secure attachment)

가장 올바르고 건강한 형태의 애착이라고 할 수 있겠다. 안정애착이란 애정관계를 기반으로 영유아의 안전기지가 될 수 있는 양육자와 영유아 간의 유대관계로서, 양육자와 안정애착을 형성한 영아에게는 낯선 사람보다 어머니를 뚜렷하게 선호하는 반응을 보인다. 안정애착을 보이는 아이들은, 어머니와 함께 있을 때 어머니를 안전기지 삼아 주위를 탐색하기 위해 쉽게 떨어져 즐겁게 놀이를 하고, 보호자가 떠났을 때 잠시 울거나 보호자를 찾는 행동을 보이나, 곧 보호자가 다시 돌아올 것을 알고 다시 안정적인 모습을 보인다. 낯선 이가 들어와도 어머니와 함께 놀려는 친밀함을 보이며, 어머니와 분리불안을 보이더라도 어떤 방법으로든 능동적으로 위안을 찾으려 하고 다시 탐색과정으로 나아간다. 그리고 양육자가 다시 돌아왔을 때 웃음과 기쁨으로 보호자를 맞이한다. 이러한 행동을 보이는 아이들은 연구대상의 65% 정도이며, 양육자는 자신의 자녀와 올바른 애착을 형성하였고, 아이가 무엇을 원할 때 바로 답해 주며 아이에게 늘 애정을 보이는 양육자이다.

② 불안정-저항애착(resistant attachment)

두 번째로 'Ambivalent, Resistant', 즉 저항하고 불안정한 애착형태가 있다.

저항애착을 보이는 아이들은 놀이방에서도 보호자에게 떨어지고 싶지 않아 하고, 놀이방에서 장난감을 가지고 놀고 싶은 마음도 없어 보인다. 어머니가 방을 떠나기 전부터 불안해하여 어머니 곁에 붙어서 탐색을 별로 하지 않고, 어머니가 방을 나가면 분리불안을 보인다. 양육자가 방에서 떠나면 극도의 공포와 불안함을 나타내고, 양육자가 다시 돌아오면 접촉하려는 시도는 하지만 안아주어도 어머니로부터 안정감을 얻지 못하고 분노를 보이며, 양육자에게 막 달려가 안아달라고 하고, 안아주면 내려달라고 소리를 지르거나 어머니를 밀어내는 양면성을 보이며 양육자가 돌아온 것을 기뻐하지는 않는다.

이러한 행동을 보이는 아이들의 양육자는 아이에게 사랑을 주는 것과 또 어떤 때에는 아이의 행동을 중지시켜야 하는 상황들에서 일관성 있는 행동을 보이지 않는 양육자이다.

③ 불안정-회피애착(avoidant attachment)

세 번째로, 회피적 애착형태가 있다. 회피적 애착을 보이는 아이들은 보호자와 함께 있을 때 양육자에게도 주변 환경에도 별 관심이 없으며, 어머니가 곁에 있거나 떠나도 별 반응을 보이지 않는다. 어머니가 방을 떠나도 울지 않고 불안해하지도 않으며, 돌아와도 양육자를 무시하거나 회피하기도 한다. 어머니와의 관계에서 친밀함을 추구하지 않으며 낯선 이에게도 비슷한 반응을 보임 연구대상의 약 20% 정도이다. 이러한 행동을 보이는 아이들의 양육자는 아이들의 요구를 절대 들어주지 않으며, 아이들에게 무관심하다. 부모의 행동이 아이들에게도 그대로 전달된 것이다.

④ 불안정-혼란애착(disorganized or disoriented attachment)

혼란애착을 보이는 아이들은 보호자와 재결합할 때 멍한 상태를 보이며 처음에는 보호자에게 다가갔다가 갑자기 피하는 반응을 보이는 불안정한 영아와 양육자 간의 유대관계를 말한다. 이 유형은 최근에 발견되었으며, 불안정 애착의 가장 심각한 유형으로 연구대상의 5~10%를 차지한다. 이 유형은 회피와 저항이 복합된 반응을 보이는 것으로 양육자에게 회피해야 할지 접근해야 할지에 대하여 혼란을 보이는 것이다. 어머니와 다시 만났을 때 얼어붙은 모습으로 멍한 상태를 보이며, 어머니가 다가가 안아줘도 굳은 표정을 보이고 먼 곳을 쳐다보고, 뒷걸음치는 등의 반응을 보인다.

혼란애착을 보이는 영아들은 양육자에게 정서적으로는 끌리기는 하지만 동시에 양육자를 두려워한다. 왜냐하면 과거에 무시되어 왔거나 학대되어 왔기 때문이다(Main & Solomon, 1990). 어머니와 재결합할 때 영아들이 나타내는 접근-회피행동은 이 영아들이 과거에 양육자로부터 수용과 학대의 경험을 되풀이해서 받았기 때문에 부모에게 접근해야 할지, 회피해야 될지가 혼란스러워 보인 것으로 나타난다. 학대아동에게서 흔히 보이는 애착유형은 혼란애착으로 심한 우울증을 보이는 어머니의 영아들에게서도 흔히 나타난다.

낯선 상황에서 영아의 행동은 문화마다 차이가 있다. 우리나라 영아들의 경우에는 60~80% 정도의 안정애착유형이 가장 많은 것으로 나타났다(홍계옥, 정옥분, 1995). 이러한 문화적 다양성과 차이에도 불구하고 대부분의 문화권에서는 애착유형 중에서 안정애착유형이 차지하는 비율이 가장 높게 나타났다(Van IJzendoom & Kroonenberg, 1988).

3) 애착형성의 원리(Sears, 2001)- 7B's

(1) 출산 시 유대관계(birth bondings)를 강화한다

출생 순간부터 어머니와 유대감이 필요하다. 출산 직후 어머니의 심장소리 듣기가 좋다.

(2) 모유로 수유한다(breast feeding)

어머니와 영아 사이의 유대관계를 촉진하는 화학적 반응을 촉진하라. 모성애를 자극하는 호르몬이 생성된다.

(3) 자주 안아준다(baby wearing)

어머니 품 안에서 안정감을 가지고 주변 환경을 잘 배울 수 있고, 영아에 대한 이해도 높아진다. 근접성은 가족애를 더욱 증진된다.

(4) 영아와 함께 잔다(bed sharing)

밤이야말로 부모와 영아가 애착을 강화할 수 있는 가장 좋은 기회이다. 영아의 전반적인 생리 시스템이 잘 작동한다. 24시간 내내 보호받고 있다는 메시지를 전달받는다.

(5) 아기의 울음은 영아의 언어라고 믿는다(belief in baby's cries)

부모는 아기가 울 때는 반드시 안아서 달래주고, 아기의 울음 이해하며 돌보는 기술을 발달시킨다. 아기의 울음은 의사소통을 위한 것이므로 울 때 민감하고 반응적으로 달래주면 아기는 부모와 의사소통하는 자신의 능력에 대해 신뢰감을 갖게 될 것이다.

(6) 아기발달의 촉진자가 된다(beware of baby trainers)

각 발달단계마다 아이에게 조언하고 정서적인 지지대 역할을 하는 촉진자가 있으면 아기는 보다 독립적으로 성장한다.

(7) 균형과 제한을 둔다(balance & boundaries)

자녀양육의 균형을 유지하는 것은 자녀에게 적절한 반응을 제공하는데 필수적이며 '좋아!'와 '안돼!'를 할 수 있어야 한다. 또한 에너지 소진이 되지 않는 지혜가 필요하다.

4) 애착의 영향

애착은 점진적으로 발달하며 점차적으로 선호하는 한 사람을 원하게 된다. 영아는 가장 친숙한 사람을 자신의 불안과 위협을 감소시켜 줄 수 있는 존재로 인지하게 된다.

어머니-영아 간 친밀한 상호작용은 안정적 애착형성을 하게 하며 영아에게는 '안정감'을 제공해 준다. 안정애착의 어머니-영아관계는 영유아의 전반적 발달에 영향을 준다. 특히 사회정서적 능력, 또래 수용도, 우정의 질, 이타주의 및 도덕성 발달, 인지적 발달, 학업성취도 증진, 초기 문해능력의 발달, 전반적인 학교 적응능력과 관련된다.

(1) 애착유형의 지속성

2세 이전에 형성된 애착유형과 행동반응의 특성들은 성장 후에도 지속되는가? 에인스워스의 4가지 애착유형의 영아들이 만 6세가 되었을 때 다시 '낯선 상황'에 실험을 한 연구(Main & Cassidx, 1988)는 6세가 된 안전애착 유형의 유아는 낯선 상황에서 어머니와 유쾌하고 즐겁게 이야기를 나누고, 신체적 접촉을 많이 하는 등의 상호작용이 빈번히 이루어지며 장난감도 잘 가지고 놀았다. 그러나 회피애착유형의 유아는 어머니를 처다 보거나 말을 거는 등의 일이 거의 드물고, 어머니와의 상호작용도 제한적이었다. 극단적인 경우 어머니와 가능한 한 멀리 떨어져서 장난감을 가지고 놀았다.

저항애착 유형의 유아는 행동과 음성에서 어머니에 대한 친근감이나 의존하려는 욕구를 과장되게 나타내는 경향이 있었다. 불편한 모습으로 어머니의 무릎에 눕거나, 신체적 접촉욕구와 저항이 동시에 양극적 행동을 보이며, 어머니에 대한 미묘한 적개심을 보이기도 하였다.

혼란애착 유형의 유아는 자신이 부모의 역할을 하려는 행동을 보였다. 부모에게 처벌적 행동을 하거나 부모와의 재회에 과도한 반가움을 보이며, 과도하게 명랑하거나 보호적인 행동을 통해 부모의 행동을 통제하려는 시도를 보였다. 이러한 결과는 영아기에 형성된 애착유형이 지속되며, 영아 자신의 독특한 방식으로 발전되고 있음을 보여 준다.

또한 애착유형이 세대 간에 전달된다는 연구도 있다(Ainsworth & Erichberg, 1992; Main et al., 1985). 이 연구에서는 영아를 둔 젊은 부모에게 자신의 어린 시절 애착 형성 양상을 회고하여 진단하고, 젊은 부모와 영아 간의 애착유형을 실험에서 관찰 비교하였다. 그 결과 두 세대 간의 애착양상에 높은 상관이 있었다. 이것은 어린 시절 부모와 가졌던 애착경험이 성인기까지 지속되어 부모로서의 양육행동과 자녀 간의 애착관계 형성에 영향을 미치는 것으로 볼 수 있다.

(2) 정서발달에 미치는 영향

애착이 정서발달에 영향을 미치는 실험으로 할로우 등(Halow et al., 1977)의 사회성 박탈(social deprivation) 실험이 있다. 갓 태어난 새끼원숭이를 어미원숭이와 분리시켜 3개월간 다른 원숭이와 접촉할 수 없도록 상자 속에서 양육시켰다. 그 후 분리 성장한 원숭이를 다른 원숭이가 있는 상자 속에 다시 넣었을 때 분리 성장한 원숭이는 다른 원숭이와의 접촉을 두려워하며 자신의 얼굴을 파묻고 몸을 웅크리는 등 정서적 불안과 공포를 나타냈다. 사회성 박탈 원숭이를 정상적인 또래집단 속에 넣어주면 시간이 지나면서 차츰 정상적인 사회성을 회복할 수 있으나 생후 1년을 전후한 시기에 정상적으로 성장한 원숭이에 비해 극심한 공격성을 보인다. 이러한 결과는 불안정 애착형성이 된 영아는 성장 후에 정서적으로 불안하고 공격적인 성향을 보일 것으로 예상할 수 있다.

모성 박탈이나 격리불안의 경험이 불안정 애착을 형성하거나 정서발달에 지속적인 영향을 미칠 수 있다. 특히 취업모의 영아가 출생 직후부터 보육환경이 좋지 않은 보육시설에 맡겨지면 불안정 애착을 형성하며, 3~4세경에 강한 공격성을 보이는 것으로 나타났다(Belsky & Steinberg, 1978; Etaugh, 1980). 가정에서 애착형성에 문제가 있는 영아가 질이 높은 보육환경에서 양육되면 부정적 영향이 크게 감소되며(Kagan et al., 1978), 또한 아버지, 조부모, 또래 등 어머니를 대신하는 애착대상을 갖는 것도 좋은 방법이다(Chase-LAnsdale & Owen, 1987).

(3) 사회성발달에 미치는 영향

영아기에 애착의 질은 성장 후 아동의 또래관계와 연관이 있다. 12개월에 안정, 불안정 애착의 영아를 3세 6개월까지 추적하여 관찰하였더니 안정된 애착이 형성된 유아는 불안정 애착을 형성한 유아보다 또래 아이에게 더 많은 애정과 관심을 보이고, 놀이장면에서도 주도권을 갖고 또래와 상호작용을 하고 덜 공격적이었다(Sroufe, 1993). 또한 안정애착 유아는 자아존중감이 높고, 공감적이며 사회적 기술도 높고, 친구가 많고 인기가 있는 것으로 교사의 평가를 받았다. 이러한 경향은 초등학교 시기에도 지속되었다(Cohn, 1990; Kestenbaum et al., 1989; Suess, 1987).

애착형성은 자아인지발달과도 관계가 있다. 안정애착을 형성한 유아는 6세경에 다른 유아보다 긍정적인 자이인지를 보이며 자신의 한계를 수용하고 인정하며, 불안정 회피애착을 형성한 유아는 자신을 완벽하게 보이려는 경향이 나타났다(Cssidy, 1988).

(4) 인지발달에 미치는 영향

에인스워스는 안정애착 영아는 '낯선 상황'에서 어머니를 안전기지로 삼음으로써 새로운 환경을 탐색하려는 적극적인 탐색활동과 인지적 호기심이 나타난다는 사실을 관찰하였다.

이러한 안전기지는 유아기까지 지속되는데 안정애착 유아는 낯설거나 복잡한 대상에 적극적인 탐색행동을 보이며 초등학교 시기에 전반적으로 성적이 높다. 반면 불안정 애착 유아는 지적 호기심이 낮고, 문제해결 과제나 놀이에 몰입 정도가 낮고 지속적이지 못하며, 즐거워하지 않는 것으로 나타났다(Main, 1973; Sroufe, 1983).

2. 사회적 발달과 또래와의 관계

영아는 사회적 발달을 위해 많은 단계를 거치고 사회적으로 유능해지는 방법을 알기 위해 노력한다. 영아는 또래와 사귀는 방법을 알기 위해 노력하는 데 아직 서툴기 때문에 또래 사이에서 자주 충돌이 일어난다. 영아는 다른 영아들에게 자연스럽게 다가가지만 5분 후에 친구가 장난감을 가져가서 화가 나면 또래를 물 수도 있다. 위트머(Wittmer, 2005)의 영아의 또래 간 사회적 기술 발달과정은 [표 9-2]와 같다.

표 9-2 영아의 또래 간 사회적 상호작용

월령	사회적 상호작용
0~4개월	• 서로 쳐다보는 것을 좋아한다. • 상대방의 얼굴, 특히 눈을 쳐다보는 것을 좋아한다.
4~8개월	• 다른 영아를 사물처럼 다룬다. 또래에게 기어가서 핥거나 빨고, 또래 위에 앉는다. 사람과 사물의 차이를 알아가고 있다. • 다른 영아가 무엇을 하고 있는지 알기 위해 찌르거나 밀거나 툭툭 건드린다. 다른 영아의 반응에 놀라기도 한다. • 다른 영아를 보고 다가가기를 좋아한다. • 서로 미소 짓고 웃는다.
8~12개월	• 서로를 만지고 또래 옆으로 기어가기를 좋아한다. • 까꿍놀이를 좋아한다. • 다른 영아와 둘이 있을 때 또래 간 상호작용이 더 자주, 복잡하게, 집중적으로 일어난다. • 전 단계보다 목적지향적이므로 놀잇감을 빼앗으려고 다른 영아의 손을 밀기도 하고, 놀잇감을 가지려고 다른 영아에게 기어가기도 한다.
12~18개월	• 다른 영아에게 놀잇감을 보여주거나 주려고 한다. • 다른 영아에게 몸짓을 하거나 말하려고 한다. • 다른 영아와 놀기 시작한다. • 서로를 모방한다. 예를 들어, 식사시간에 탁자 위를 숟가락으로 치면서 즐거운 화음을 만든다. • 이 시기에 어떤 것이 일어나는 방법을 알기 위해 실험한다. • 무는 행동은 영아가 원하는 놀잇감을 갖기 위해, 좌절감을 표현하기 위해 '무슨 일이 일어날지 알아보는 것'이다. • 자신이 좋아하는 부모나 교사의 다리나 무릎, 팔에 안겨서 비형식적인 집단을 구성하면서 하며 책을 보는 것을 좋아한다. • 모래와 물, 다양한 크기의 안전한 병과 공을 가지고 노는 것을 좋아한다.

월령	사회적 상호작용
18~36개월	• 기분이 안 좋은 사람에게 친절함을 나타낼 수 있다. • 서로 친구인 영아들은 신체적인 접촉을 자주하고 서로 기대며 서로에게 잘 웃는다. • 영아의 우정은 미소 짓고 웃고 안기는 것을 좋아하는 것과 같이 가까이 있고 애정을 보여주기 원하는 '근접추구' 유형이다. • 밀기, 거칠게 밀기, 때리기와 같은 행동은 '내가 원하는 것은 내 거야, 네 것이지만 나도 그것을 원해'라고 생각하며 영아가 발버둥칠 때 일어난다. • 감동적인 이타적 행동을 할 수 있고 한 가지 방법이 잘 되지 않는다면 다른 방법으로 노력한다. • 방 안을 움직이면서 앞에 기어가는 영아를 따라 다닐 때 움직임으로 대화할 수 있다. • 함께 모이고 무리지어 다닐 수 있다. • 블록을 함께 구성할 수 있다. • 공동의 목표를 향해 나아갈 수 있다. • 24~36개월에 사회적 놀이를 통해 더 긍정적이 될 수 있다.

출처: Capatider, Collins, & Bennett(1996); DeStefano & Mueller(1998); Howes, Unger, & Seidner(1989); NICHD Early Childhood Research Network(2001a); Pines(1979); Press & Greenspan(1985)

출생 후 3세까지의 영아는 사회적 상호작용에 대해 굉장히 많은 것을 배운다. 생후 3년을 거치면서 갖는 능력은 첫째, 또래와 의사소통하기, 둘째, 점점 더 복잡한 방식으로 또래와 놀이하기, 셋째, 친사회적 행동 발달시키기, 넷째, 부정적인 감정이나 또래와의 갈등 조절하기이다.

3세 후반이 되어도 유아는 사회적 영역에서 잠재력을 극대화하기 위해 알아야 할 것이 아직 많이 남아 있다. 그러나 학습을 위한 영아의 능력과 동기를 잘 알고 있는 성인과 함께라면, 영아는 계속해서 잠재력을 발전시킬 수 있는 지식과 기술을 배우게 된다.

다음은 영아가 자아를 발견하고 또래와 사회적 상호작용으로 영아기에 배워 갈 것들에 대해 살펴보겠다.

1) 자아의 발견

영아는 자신과 타인을 태어나자마자 구별할 수 있지만 생후 2~3개월 무렵이 되어 타인을 향해 미소를 짓고 타인에게 한동안 눈을 맞춤으로써 사회적 상호작용을 시작한다(Wolff, 1987). 이는 주변에 있는 다른 사람의 존재를 깨닫는 것이며 자신의 존재를 인식하는 것으로 자아인식이라 한다. 영아는 자기의 존재를 완전히 이해하고 난 후에야 자아개념을 획득해 간다.

태어나서 5개월까지는 자신의 신체에 관심을 갖고 자신의 손과 발을 움직이면서 갖고 놀이하는 초보적인 자아인식을 하게 된다. 자신의 신체를 스스로 움직이면서 스스로 만들어내는 움직임과 결과에 대해 관심을 가지며 자신의 신체에 대한 인식을 정교화하고 자신에 대한 인식을 확고하게 한다. 그러므로 영아의 신체 움직임은 자아발견을 하는 데 중요한 의미가 있다. 그리고 부모와 타인과의 상호작용으로 자신의 행동에 타인이 반응을 하는 경험을 하게 되며, 이를 통해 자신이 타인에게 영향을 줄 수 있는 존재라는 주관적 자아인식을 하게 된다(Harter, 1998). 이로써 9~12개월경 영아는 자신이 환경이나 다른 사람과 구별되는 존재임을 이해해 간다.

6~8개월경 영아는 거울에 비친 자신의 모습을 보기 좋아하고, 손을 뻗쳐 거울을 만지며, 9~12개월이 되면 거울 속에 모습이 자신의 모습을 반영된 것임을 이해하기 시작하며 거울 보며 자신의 몸을 만져본다. 15~18개월경 영아는 거울 속에 비친 상이 자신의 모습임 알아보며, 분리된 자아에 대한 객관적인 인식이 명확해지면서 자신을 가리키기 위해 '나' 라는 인칭대명사나 자신의 이름을 사용하게 된다. 26개월경에는 '내가' 또는 '나는' 과 같은 인칭대명사 사용이 증가하며 자기 인식이 명확해지고 자부심을 통해 자존감을 유지한다. 28개월경에는 관심을 받기 위해 또래와 경쟁하려고 한다. 30개월 전후 영아는 타인의 도움을 거절하고 자신이 끝까지 해보려는 등 독립성이 발달하게 된다.

2) 또래와의 의사소통

영아는 감정과 요구, 바람을 말로 잘 표현할 수는 없어도 다른 영아와 관계를 형성하고 유지하기 위해 사용하는 다양한 의사소통 기술을 가지고 있다(Katz, 2004). 영아는 놀기 위해 소리와 단어, 웃음을 사용하여 자신을 알리기도 하고 또 지시하기도 한다.

프랑스 동물학자 몬타네르(Montagner)는 15년 동안 영아들을 관찰하면서 영아들의 사회적 행동, 특히 영아들이 다른 사람들과 사회적 상호작용을 할 수 있게 하는 몸짓언어와 비언어적 의사소통 유형을 알아냈다. 영아의 의사소통은 성인이 알지 못한다 하더라도 다른 영아들이 분명히 이해할 수 있는 몸짓언어로 이야기한다.

몬타네르의 9~12개월 영아의 비언어적 의사소통의 다섯 가지 주요 형태를 제시하였으며 다음과 같다.

① 다른 사람을 달래거나 애착을 표현할 때의 행동 : 다른 영아에게 놀잇감 주기, 다른 영아를 쓰다듬거나 가볍게 만지기, 제자리에서 뛰기, 박수치기, 미소 짓기, 달라고 손 뻗기, 한 손으로 다른 영아의 턱 잡기, 어깨 위로 머리 들어 올리기, 옆으로 기대기, 좌우로 흔들기, 위협적이지 않은 방법으로 웅얼거리기

② 목표로 삼은 영아에게 두려움, 도망, 눈물을 자아내는 위협하는 행동 : 큰 소리 내기, 찌푸리기, 이 악물기, 입 크게 벌리기, 다른 영아를 손가락으로 가리키기, 주목 꽉 쥐기, 팔 올리기, 혼자 주먹질하기

③ 공격적인 행동 : 손이나 발로 때리기, 할퀴기, 꼬집기 물기, 다른 영아의 머리나 옷 잡아당기기, 다른 영아 흔들기, 다른 영아를 때려 넘어뜨리기, 다른 영아가 가지고 있는 물건 잡아채기, 다른 영아에게 물건 던지기

④ 두렵거나 움츠러들 때의 행동 : 눈 크게 뜨기, 눈 깜박거리기, 팔로 얼굴 감싸기, 머리 뒤로 젖히기, 뒷걸음질 치기, 다른 영아와 충돌한 후에 도망가거나 울기

⑤ 외로울 때의 행동 : 엄지손가락 빨기, 자신의 머리나 귀 당기기, 놀잇감이나 담요 빨기, 다른 영아로부터 떨어져서 서 있거나 앉아 있기, 누워 있기, 태아 자세로 웅크리고 누워 있기, 혼자 울기(Pines, 1984a, p. 63).

3) 또래와의 놀이

영아는 두 번째로 또래와 놀이하기를 배우는 것이다.

놀이는 순수한 즐거움의 기회이며 개인적으로 부여한 규칙을 제외한 모든 것으로부터의 자유이다. 영아에게 놀이는 생활이며 학습이고 삶이다.

여러 연구자들은 각각의 발달단계에 따른 중요한 특징을 알아내기 위한 측정도구를 개발함으로써 영아의 발달경험을 알아내려고 했다. 그중 하워스(Howes, 1988)는 서로 다른 연령의 또래 간 상호작용을 연구하기 위해 또래놀이에 대한 측정도구를 만들었으며, 측정도구는 12~36개월 영아에게 사용할 수 있고, 5단계로 구성되어 있다.

표 9-3 하워스의 또래놀이 척도

연령 및 단계	내용
12~15개월 병행놀이	병행놀이(옆에서 노는)는 눈의 마주침이나 사회적 행동을 교환하는 것을 포함한다(A가 웅얼거리면 B는 미소 짓는다).
15~20개월 상호적인 병행놀이	서로 비슷한 활동을 하면서 사회적 상호작용을 한다(모래놀이에서 땅을 파는 동안, A가 B에게 웃으면 B는 웅얼거림으로 답한다).
20~24개월 단순한 사회적 놀이	다른 영아의 행동에 반응하면서 사회적 상호작용을 주고 받는다(잡기 놀이, 공굴리기).
24~30개월 상호 인식하는 보완적이고 상호적인 놀이	두 명의 영아가 같이 노는 활동에 계획이 있고 둘의 행동이 통합된다(블록으로 구조물을 쌓는 동안 대화하면서 트럭이 아래로 지나갈 수 있도록 한다).
30~36개월 보완적이고 상호적인 사회적 놀이	사회적 놀이 활동에서 리더와 추종자의 역할이 다르다(블록으로 구조물을 쌓는 동안, A는 구조물의 구성에 대해 지시하고 B는 블록을 옮긴다).

출처: Howes(1988)

또래의 발달은 영아의 행동을 주의 깊게 관찰할 때 또래관계에 대해 이해할 수 있다. 카파티데스(Capatides, 1996)는 6개월 동안 한 달에 한 번씩 6명의 영아들(18~36개월)을 관찰해서 영아행동의 경향을 발견했다. 영아들의 사회적 목표는 다른 영아들과 같이 있는 것이었고, 사용한 전략은 같이 움직이는 것이었다. 즉, 영아들은 신체를 같이 움직이고, 함께 오고 가며, 말보다는 신체로 대화하면서 함께 방 주변을 돌아다니고, 신체적 움직임과 모방을 통해 접촉하면서 또래와 접촉을 했다. 아마도 영아는 '내가 너를 따른다면 나는 너와 계속 같이 있을 수 있어.' 라고 생각했을 것이다.

영아는 또래와 대상물을 가지고 놀기 전에 운동감각을 경험하고 몸으로 대화하면서 함께 방을 움직여 볼 필요가 있다. 사회적 움직임은 병행놀이보다 더 많이 나타난다. 영아들은 번갈아 리더와 추종자가 되어 보면서 서로에 대해 알아가고 즐거움을 경험하며 보완적이고 서로에게 도움이 되는 상호작용을 한다. 그러므로 현명한 부모는 영아를 못 움직이게 하기보다는 운동감각을 통해 대화할 수 있도록 안전한 환경을 제공해야 한다.

4) 친사회성발달

친사회적 행동은 타인에 대한 배려에서 오는 건설적인 사회적 행동으로 주기, 방어하기, 제안하기, 도와주기, 얼굴 표정이나 말 또는 몸짓으로 동정심 보여주기 등을 말한다. 즉, 다른 사람에게 도움이 되는 이로운 행동이다.

영아는 사회화되는 방법을 조금씩 알아가는 중이기 때문에 여러 명이 같이 있을 때 물고 때리고 잡고 민다. 2세 이전의 영아들도 다른 영아가 아파하면 함께 울고, 위로하며, 나누어 갖는 등 여러 형태의 친사회적 행동의 특성을 보여준다. 2세 영아는 자기중심적이고 소유욕이 강하기 때문에 '공포의 두 살' 이라고 불리기도 하지만 친사회적이 될 수 있다. 영아들이 서로 안고, 다독거리며, 서로에게 관심이 있고, 자신의 음식을 나눠 주기를 좋아한다. 상대방에게 장난감을 주고 교사의 무릎에 다른 영아와 같이 앉으려고 한다. 부모는 영아에게 친사회적 전략을 보여주는 모델이 될 수 있다. 영아는 또래에게 부모와 똑같은 전략을 사용할 수 있게 된다. 영아는 자신에게 인내심을 갖고 부드럽게 친사회적 전략을 사용하는 성인을 좋아하며, 이런 성인의 행동을 따라 하면서 또래에게 반응한다.

영아가 다른 사람에게 도움이 되는 행동을 할 수 있으려면 자신과 타인을 구분할 수 있어야 하며 다른 사람의 입장을 이해할 수 있어야 한다. 친사회적 행동을 하기 위해서는 감정이입(empathy)과 조망수용능력(perspective-taking) 및 도덕적 추론의 능력이 필요하다.

감정이입이란 공감이라고 하며, 다른 삶의 정서를 이해하고 받아들이는 것이다. 즉, 영아가 다른 사람이 느끼는 정서를 똑같이 느끼는 것이다. 그러므로 영아가 스스로의 정서를 인지하고 조절할 수 있는 능력이 생긴 후에 형성되는 것으로 다른 사람의 정서 상태나 상황에 적합하게 정서적인 반응을 할 수 있는 능력이다.

영아의 감정이입이 나타나는 시기는 11개월경부터 감정이입의 초기 형태가 나타난다. 다른 사람이 울면 같이 울거나 우는 사람을 달래준다. 12개월이 되면서 정서적 불편함을 표현하는 행동이 두드러지게 발달한다. 예를 들어, 엄마나 다른 사람과 물건 나누기, 집안일이나 동생 돌보기 등이다. 1~2세 영아는 자기중심적 감정이입을 하는 시기이며, 자신과 타인의 구별이 불완전하기 때문에 고통을 당하는 다른 사람이 자신과 다른 감정이 있다는 것을 이해하지 못하여 부적절하게 반응한다. 예를 들어, 울고 있는 영아를 달래기 위해 울고 있는 영아의 엄마가 아닌 자신의 엄마를 찾거나 자신이 위로 받았던 방법으로 인형을 주는 등의 반응을 보이기도 한다(정옥분, 2006). 2~3세의 영아들은 다른 영유아를 돕거나 장난감을 나누어 주는 등의 친사회적 행동을 보인다. 이것은 조망수용능력과 감정이입이 가능해진 때문이다. 다양한 정서 표현을 통해 공감을 형성하고 다른 사람의 고통의 원인을 찾아 해결하려고 한다. 그러나 눈앞에 고통받는 사람이 존재할 때에만 감정이입이 가능하다(정옥분, 2006).

호프만(Hoffman., 1987)은 감정이입이 연령에 따라 자신과 다른 사람이 다른 것을 알고, 다른 사람의 시각에 대해 이해를 하고, 다른 사람을 이해하는 것으로 발전한다고 하였다. 영아의 감정이입의 발달단계를 4단계로 나누어 설명하고 있다.

1단계는 총체적 감정이입 단계로 0~1세경이다. 이 시기의 영아는 다른 사람과 자신을 구분하지 못하여 다른 사람이 느끼는 정서를 자신의 정서인 것처럼 혼동한다. 예를 들어, 다른 사람의 고통을 자신의 고통으로 오해하는 경우이다.

2단계는 자기중심적 감정이입 단계로 1~2세경이다. 인간영속성의 개념이 획득되는 단계이며 이 시기의 영아는 다른 사람의 고통이나 아픔을 자신의 고통이 아닌 것을 이해한다. 그러나 아직까지 완전히 인지하지는 못하기 때문에 다른 사람이 고통스러워하면 아직까지는 부적절하게 반응한다.

3단계는 다른 사람의 정서에 대한 감정이입의 단계로 2~3세경이다. 영아는 자신과 다른 사람이 다른 정서를 갖고 있다는 것을 이해하는 단계이다. 다른 사람이 고통스러워하면, 문제의 원인을 파악하여 해결해 주려는 마음을 갖는다. 다만 이러한 정서적 반응은 다른 사람이 눈 앞에 있을 때만 이루어진다.

4단계는 다른 사람의 일반적 어려움에 대한 감정이입의 단계로 3세 이상의 시기이다. 이 단계에서는 유아가 다른 사람이 고통받는 것을 눈으로 직접 보지 않고 상상만으로 감정이입을 할 수 있다.

영아의 도덕적 추론능력(moral reasoning)은 뛰어나지 못하여 친사회적 행동이 주로 보상과 처벌에 의해 결정되는 수준이다. 이후 유아기로 성장하면서 공정, 정의 등 행동의 기준이 달라지며 도덕적 추론 능력이 발달하여 친사회적 행동을 하게 된다.

다음은 영아의 친사회성발달을 돕기 위해 영아 교육·보육기관에서 사용할 수 있는 방법들이다.

첫째, 연속되는 집단을 제공한다. 영아기부터 걸음마기까지 같은 집단에 함께 있는 것은 친숙함과 우정을 증진시키다. 하워스는 영아의 사회적 관계에 대한 연구에서 서로 친한 또래들끼리 놀이를 더 잘 시작하고 더 긍정적이며, 친숙하지 않은 영아들보다 더 다양한 상호작용에 참여한다고 했다.

둘째, 풍부한 환경에서 함께 할 시간을 마련한다. 영아가 활동을 선택할 수 있다면, 도울 줄 알고 편안하며 함께 문제를 해결할 수 있는 방법을 배우는 동안 또래와 가까이 있게 된다.

셋째, 긍정적인 사회적 행동을 지지해 주고 말해 주며 다른 영아를 돌보는 행동을 계속할 수 있도록 격려한다. 영아가 다른 영아를 위로하기 위해 장난감을 주고 다독여 주었을 때 특별히 인정해 주는 말을 한다. 긍정적인 사회적 행동을 위한 말을 사용할 때 교사는 나누기, 돌보기, 주기, 도와주기, 편안하게 하기, 사랑하기, 관대하기에 대해 이야기할 수 있다.

넷째, 영아는 이런 말들을 알고 다른 사람의 관점을 받아들이기 시작한다. 영아는 긍정적인 행동이 성인에게 중요하다는 것을 알게 되면 그 행동을 적극적으로 증가시킨다.

다섯째, 성인이 친사회적 행동을 하는 것을 느끼도록 한다. 영아에게 관대한 방법으로 음식과 장난감을 주고, 힘들어할 때 편안하게 해준다. 영아는 사랑을 주고 다른 사람의 슬픔에 공감하기 전에 자신의 정서적·신체적 요구가 있다는 것을 느낄 필요가 있다.

물이 넘치기 전에 스펀지로 물을 적셔내야 하는 것처럼, 영아는 다른 사람에게 사랑과 친절함을 보이기 전에 사랑을 듬뿍 받아야 한다. 영아가 성인으로부터 따뜻함과 친절함을 경험할 때, 이런 행동은 영아의 일부가 되고 다른 사람과도 따뜻함과 친절함을 나눌 수 있게 된다.

여섯째, 영아는 개인적으로 친사회적 경험을 갖고 친사회적 모델이 필요하다. 교사는 영아가 기관에 있는 동안 자주 친사회적 행동의 긍정적인 모델이 될 수 있다. 영아는 성인들이 서로에게 친절하게 하는 것을 보고, 친사회적 분위기를 느낀다. 교사는 다른 교사나 영아에게 모델이 될 수 있다. 예를 들어, 교실에서 교사가 다른 교사에게 책을 주면서 "이 책 한 번 읽어 보세요. 좋더라고요."라고 말을 한다.

일곱째, 영아와 이야기하면서 주기와 도움 주기가 다른 사람을 어떻게 기분 좋게 하는지에 대해 강조한다. 예를 들면, "와, 지나는 가볍게 토닥거려 주는 것을 좋아하는 구나. 지나가 웃고 있네."라고 말할 수 있다. 이런 식의 말은 영아가 다른 사람의 관점을 받아들이기 시작하는 것을 도와준다.

영아의 또래와의 우정은 존재할까? 우정에 대해서 로스와 롤리(Ross & Lollis, 1989)는 '두 사람이 다른 사람과의 관계에서는 보이지 않았던 것을 상대방에게 보일 때' 나타난다고 말한다.

하워스(2000)는 다음과 같은 상황이 일어나는 영아의 또래관계를 우정이라고 하였다. 영아는 놀이를 할 때 특정한 영아와 계속적인 상호작용을 하며 상호작용 속에 동료애, 친밀감, 애정이 보이는데 이러한 상황이 곧 영아의 우정인 것이다. 물론 행동적으로 정의된 우정은 영아가 첫돌이 지나면서 나타난다. 영아는 다양한 방법으로 우정을 나타내는데 15개월경 영아는 친구를 보고 얼굴이 밝아진다. 18개월경 영아는 친구가 왔을 때 인사하기 위해 달려간다. 그런가 하면 어떤 영아는 친구가 집에 가거나 다른 방으로 가면 슬퍼하기도 한다.

아주 어린 영아도 친숙한 또래와 더 잘 논다. 동일한 놀이 상대와 함께하면서 영아는 다른 영아가 좋아하는 것과 싫어하는 것, 놀이 특성을 알 수 있기 때문에 또래와 같이 잘 놀 수 있는 능력을 향상시킨다. 친숙하지 않은 놀이 친구보다 친숙한 또래와 같이 있을 때 놀이를 잘 시작하고 긍정적인 영향을 주며 다양한 상호작용을 한다. 영아는 함께 시간을 보내는 친숙한 영아들과 더 잘 놀기 때문에 기관에서는 연속적인 돌봄 집단으로 학급을 구성해야 한다.

5) 또래관계에서의 도전과 갈등

영아들은 함께 있기를 좋아하지만 함께 있을 때에는 갈등도 일어난다. 영아들은 감정을 조절하고, '나의 것'과 '남의 것'을 이해하고, 요구를 표현하기 위해 언어를 사용하고, '나누는 것'과 '순서대로 하는 것'의 의미를 이해하는 것을 배워가게 된다. 영아들은 점차 부정적인 감정을 더 잘 조절할 수 있게 되고, 성인이 지원해 주면 또래와의 갈등을 더 잘 해결할 수 있게 된다.

영아는 사회적 상호작용에 대해서 알아가고 있지만 아직은 '영아 소유법'을 따르고 있는 것으로 보인다.

영아 소유법

—작자 미상

- 내 맘에 들면 그건 내 거.
- 내가 가지고 있으면 그건 내 거.
- 네게서 가져올 수 있다면 그건 내 거.
- 조금 전에 가지고 있었다면 그건 내 거.
- 내 것은 어떤 방법으로든 네 것이 될 수 없어.
- 내가 무엇인가를 하거나 만들고 있다면 모든 조각은 내 거.
- 무언가가 내 것처럼 보인다면 그건 내 거.

영아가 사회화되는 것을 알아가는 동안 갈등이 일어나고, 이런 갈등은 또래 유능감과 관련이 있어 보인다. 갈등은 또래 유능감과 관련이 있다. 또래 간의 갈등은 누군가가 어떤 물건에 대해 행하는 상황에서 나타난다. 갈등과 공격은 영아가 처음으로 같이 놀려고 할 때 증가해서 2~3세에 최고조에 달한다. 갈등은 공격성과 다른 것으로 두 가지 면에서 사회적 유능감과 연관되어 있다. 먼저 사회적으로 유능한 영아는 놀이 상황에서 위축되거나 공격적이기보다는 자기주장이 강하다. 또한 자신감으로 가득 차 있고, 또래와 갈등의 기회가 많은 실제 놀이 상황에 자주 참여한다. 두 번째로 영아는 또래와 다투는 동안 가치 있는 기술을 배운다. 협상과 자기조절 기술은 영아가 동의하지 않거나 저항하거나 경쟁하는 상황을 경험해 감에 따라 갈등이 놀이를 악화시키거나 방해하지 못하도록 하는 데 필요한 기술이다. 따라서 갈등이 있는 관계는 또래발달에 있어 긍정적인 역할을 한다.

공격성이란 다른 사람에게 해를 주거나 상처를 입히는 모든 행동을 말한다. 생후

6개월경 영아는 다른 또래 영아들이 자신의 물건을 집어가거나 자신의 공간을 침범하여도 별로 개의치 않지만, 12개월 이후에는 또래가 화나게 할 때 저항하거나 보복을 하는 행동을 보이고, 또래와 함께 있을 때 장난감이나 소유물로 인한 도구적 공격성을 보인다. 그러나 이러한 행동은 의도적으로 해를 입히려는 행동이 아니기 때문에 공격적 행동으로 보기는 어렵다(곽금주 외, 2005; 최기영 외, 2008). 18~24개월이 되면 서로 장난감을 차지하려고 의도적으로 상대방을 말치는 힘겨루기를 보인다. 발구르기나 때리기와 같은 신체적 공격성은 2세까지 증가하였다가 그 후에 급격히 감소하면서 언어발달이 이루어지면서 언어적 공격으로 대치된다.

6) 영아기 사회성발달 촉진을 위한 프로그램

다음은 교사와 부모가 영아의 사회성발달을 증진시키기 위해 사용할 수 있는 방법이다.

- 영아에게 친절함의 본보기가 된다. 영아는 성인으로부터 조용하고 열정적이며 친숙하게 대하고 친절하게 하는 것을 배운다. 또한 보호가 필요하고 화가 나있고 슬퍼하는 다른 사람에게 공격적일 필요가 있는지에 대해 배운다.
- 영아 개개인의 기질을 관찰한다. 다른 사람에 대해 자신의 감정을 스스로 조절할 수 있도록 돕는다. 그리고 영아의 기질에 따라 개별화된 접근을 한다. 외향적인 영아는 더 많이 행동하기 때문에 다른 영아보다 조금 더 공격적일 수 있다. 내향적인 영아를 이해하고 지지해야 하며, 사회적 유능감이 손상되지 않게 하기 위해서 지나치게 규제하거나 혼내거나 다른 아이와 함께 있을 때 비난하지 않아야 한다.
- 영아의 언어와 인지발달을 위해 또래 간 상호작용을 하도록 지지한다.
- 영아는 도와주고 강제적이지 않으며 놀이 도식을 정교하게 하는 데 도움을 주는 '숙련된 성인' 에게서 또래와의 사회적 힘을 배운다.

- 영아가 또래관계에서 좋은 시작을 할 수 있도록 돕는다. 공격적인 영아가 친절하고 새로운 평판을 얻을 수 있도록 돕는다.
- 친사회적 행동을 인식하고 지원한다.
- 사회적 발달의 중요한 부분으로 갈등을 이해하고, 영아가 협상 기술로 언어를 사용하여 갈등을 해결할 수 있도록 지원한다.
- 질 높은 양육을 제공한다.
- 영아마다 전담교사를 지정한다.
- 또래집단이 연속될 수 있도록 한다.
- 적절한 교사 대 영아 비율과 집단 크기를 유지한다.
- 부정적이기보다는 긍정적인 또래관계를 위해 강력하고 긍정적인 성인-영아 관계와 민감하고 반응적인 양육을 발달시킨다.

민감하고 반응적인 부모는 생후 3년 동안의 이러한 능력을 발달시킬 수 있는 기술을 점점 증진시킨다.

PART 3

영아발달과 보육

| 10장 |

영아발달과 생태학적 맥락

영아기는 무엇보다도 개별적인 특성의 발달이 중요한 시기이지만 생태학적 맥락 또한 매우 중요하다. 맥락이란 환경과 같은 의미로 흔히 사용되나 환경보다는 더 포괄적인 개념이다. 영아발달에 중요한 생태학적 맥락에는 가족, 또래관계 그리고 대중매체의 영향 등이 있다.

1. 가족 맥락 속에서의 발달

인간은 태어나면서부터 가족의 구성원이 되어 부모에게 사랑과 보호를 받으며 성장하고 최초의 사회적인 관계를 형성해 간다. 가족은 인간이 성장·발달함에 있어 중요한 역할을 하며, 그중 부모의 역할과 부모의 양육방식과 형제자매와의 관계는 영아발달에 중요한 요인이다.

1) 가족환경과 영아발달

인간은 태어나면서부터 부모나 형제들과 같은 가족구성원과 사회적인 상호작용을 시작하고, 자신이 속한 문화의 틀에 적응해 간다. 영아는 출생 후 가장 먼저 만나게 되고 처음으로 접하게 되는 환경이 가족이다. 가족은 사회의 기본단위이며 개인의 사회화 과정에 가장 큰 영향을 미치는 집단이다. 가족을 통해 영아는 사회구성원으로 성장할 수 있도록 여러 가지 생활규범이나 규율 등을 배우고 익히면서 사회에 적응해 나가기 위한 기초를 마련하기 시작한다. 그러므로 부모와의 긍정적인 관계는 영아의 성격이 원만하게 발달하게 한다.

가정에서 부모는 자녀를 바람직한 방향으로 사회화시키는 역할을 한다. 부모는 자녀를 애정을 가지고 보호하는 역할과 자녀의 행동을 통제하고 규칙이나 가치관을 전수하는 역할도 한다. 영아는 부모와의 관계를 통해 사회에서 요구하는 바람직한 인간으로 성장하기 위한 기초를 마련하게 된다. 그리하여 영아가 다른 사람들과 상호작용하고 사회구성원이 되어 환경에 잘 적응하게 되고, 지식, 기술, 동기, 포부 등을 배워가면서 성장한다.

(1) 부모의 역할

영아가 세상에 태어나면서 맨 처음 자신이 존재를 인식하게 되고 세상에 대해 처음으로 지각을 형성하는 시기에 가족과의 관계를 맺음으로써 안정된 관계를 형성해 가는 바탕이 될 수 있지만, 이 시기에 관계 형성이 잘 이루어지지 못하면 자신에 대한 부정적 존재감과 타인에 대한 불신감이 만들어질 수 있는 중요한 시기이다. 즉, 영유아기 동안 형성된 사회적 행동은 이후에 영유아가 더 넓은 환경에 잘 적응할 수 있도록 영향을 미치기 때문에 많은 연구는 사회적 행동발달에 있어 부모 역할의 중요성을 시사하고 있다(윤서영, 1999; 최한순, 1995; Lamb, 1981; Parke, 1981).

지금까지는 부모의 역할을 이야기할 때 영유아의 양육을 직접적으로 담당하는 어머니의 역할을 더 중요하게 생각해 온 것에 비해 상대적으로 아버지의 역할은 덜 중요하게 여겨왔다. 그러나 산업사회에 이르러 핵가족화와 기혼 여성의 취업은 자녀양육의 변화를 가져오게 하였다. 영아발달에 영향을 미치는 가족구성원으로 어머니가 가장 큰 영향력이 있지만 아버지의 영향도 매우 중요하다. 최근 한국 사회에서는 어머니의 역할과 더불어 아버지의 역할이 점점 더 강조되고 있으며, 어머니가 취업을 한 가정에서는 아버지들이 자녀양육에 보다 능동적 참여가 요구되고 있다. 오늘날 많은 젊은 아버지들은 직업인으로서 역할뿐만 아니라 가정에서의 역할에 많은 의미를 부여하고 있으며, 아버지의 가사 및 자녀양육 참여는 성장하는 자녀를 둔 가정에 긍정적인 의미를 가지게 된다.

아버지의 경우는 놀이활동, 특히 신체적 놀이활동이 중심이며, 아버지는 어머니와는 다른 상호작용으로 어머니보다 좀 더 활동적이고 즐겁고 흥분되는 놀이를 함께함으로써 놀이친구의 역할을 한다. 아버지와의 신체적 놀이활동을 경험한 영아는 아버지와 놀이를 함께하기를 기대하고 아버지와 노는 것을 선호하게 된다(Lamb, 1997). 또한 아버지도 영아의 애착형성에 중요한 역할을 한다. 한 연구에서는 아버지가 영아를 안아주고 영아의 욕구와 울음, 소리에 반응해 주며, 함께 놀아준다면 아버지에게도 애착하게 된다고 한다고 하였다(Lamb, 1997).

① 양육자의 역할

영아는 출생 시 매우 제한된 행동능력을 가지고 있기 때문에 전적으로 부모에게 의지한다. 영아기 갖는 기본적인 부모의 역할은 양육자의 역할이다. 영아는 수면과 수유 및 배설, 불편함과 즐거움까지 모든 것들을 부모와 떨어져서는 해결할 수 없는 시기이다. 그러므로 영아는 부모에게 전적으로 요구하고 의존하기 때문에 부모는 영아의 요구에 즉각적이고 민감하게 반응해야 한다.

영아가 생후 1년 전후로 걷기 시작하며 육체적인 독립을 하기 시작하면 부모는 단순하게 양육자에서 보호자로서의 역할을 해야 한다. 영아는 걸어 다니면서 안전한 것과 그렇지 않은 것을 명확히 구분하지 못하기 때문에 매우 위험하다. 따라서 부모는 영아를 돌볼 뿐만 아니라 안전한 환경을 마련해 주고, 위험으로부터 보호해 주어야 한다. 즉, 부모는 영아에게 낯선 환경에서도 호기심을 갖고 탐색할 수 있도록 안전기지가 되어야 한다. 그러므로 영아는 주 양육자인 어머니와의 사회적 관계가 생존에 매우 중요하다.

② 신뢰감 형성의 조력자 역할

영아는 어머니와의 관계를 통해 애착관계가 형성된다. 첫 두 달 동안 먹고 자는 것과 같은 영아의 기본욕구에 어머니가 얼마나 빨리 그리고 민감하게 반응해 주는가는 매우 중요하다. 부모와 마주하면서 이루어지는 대면놀이(face to face play)는 수유를 시작할 때부터 다양한 형태로 일어나게 되는데, 영아가 부모를 인식하게 되면서 좀 더 발달된 형태를 띠게 된다(Lamb, Hwang, Ketterlinus, & Fracasso, 1999). 영아는 대면놀이를 통해 부모가 자신의 욕구에 적절한 반응을 반복적으로 경험함으로써 다음 세 가지를 학습하게 된다. 첫째, 사회적 상호작용을 통해 파트너와 자신이 번갈아가며 행동한다는 상호작용성의 원리를 학습하고, 둘째, 자신이 타인의 행동에 일관되고 예측가능한 양식으로 영향을 줄 수 있다는 것을 알게 되면서 효능감을 갖게 되며, 마지막으로 자신이 신호를 보낼 때 부모가 그것에 반응해 준다는 것을 알고 있으므로 신뢰가 발달한다(Lamb, 1997).

에릭슨에 따르면 영아기의 중요한 발달과업은 기본적 신뢰감의 형성과 자율감의 발달이다. 생후 1년까지는 기본적 신뢰감이 형성되는 시기이다. 신뢰감은 주 양육자가 영아의 여러 욕구에 민감하게 반응하고 이를 충족시킬 때 양육자에게 갖는 믿음이다. 이러한 믿음은 자기 자신에 대한 신뢰로 발전하고 더 나아가 타인에 대한 신뢰로 발전하게 된다. 이 과정에서 양육자는 즉각적이고 민감하게 반응하며 일관성 있는 태도가 필요하다. 이때 주 양육자가 영아의 욕구에 민감하지 못하고 일관성 없는 태도를 보이면, 영아는 세상에 대한 두려움과 불신감을 갖게 된다. 영아기 부모-자녀관계는 영유아기의 가족관계에서 핵심적인 부분이며, 이러한 애착관계는 이후에 맺는 사회관계의 토대가 된다.

③ 다양한 경험과 감각자극의 제공자의 역할

영아가 2세경이 되면서 자유롭게 이동할 수 있고, 언어의 발달로 인해 점차로 독립적인 존재로 발달해 나간다. 영아기는 피아제의 감각운동기로 인지발달을 위해 풍부하고 다양한 감각적 자극이 필요한 시기이다. 영아는 주변 세계를 자신의 오감과 신체로 탐색하고 외부 세계의 경험을 점차 넓혀가면서 발달해 간다. 따라서 부모는 영아에게 풍부하고 다양한 감각적 자극과 경험을 제공해 줌으로써 영아가 외부 세계와 상호작용할 기회를 제공해 줄 수 있어야 한다. 예를 들어, 시각적인 자극으로 밝은 색의 명암대비가 뚜렷하고 움직임이 있는 장난감을 제시하거나 협응능력의 발달을 위해 두 가지 이상의 자극으로 모빌을 달아주어 눈과 손의 협응능력을 향상을 돕는다.

영아기 발달단계에 따라 여러 자극을 제공해 주는 것이 중요하다. 스타소(Staso)는 [표 10-1]과 같이 자극 제시방법의 지침을 만들었다.

표 10-1 연령별 감각자극의 제시방법

개월	제시방법
1	낮은 수준의 자극은 스트레스를 감소시키고 영아의 민감성을 증가시킨다. 지나친 자극이 주어질 경우 영아의 뇌기능이 중단되므로 영아와 이야기할 때 라디오 등과 같이 주의를 산만하게 하는 소음을 차단해야 한다.
1~3	뚜렷한 명암의 대조를 이루는 사물은 영아의 시각영역의 신경조직 발달을 촉진시킨다. 청각에도 소리의 억양, 쾌활함이나 고저와 같은 언어적 단서를 구분하기 시작하므로 영아에게는 이러한 기능을 도와주기 위해 활기찬 목소리로 말하는 것이 좋다.
3~5	영아는 외부 세계에 대한 정보를 얻는 데 있어 우선적으로 시각에 의존한다. 그러므로 주변 환경에 실제 사물과 일치하는 복잡한 형태를 이용하는 것이 바람직하다. 움직임은 영아의 주의집중을 유도하므로 실제 사물보다도 시야에 따라 움직이는 사물의 그림이 더 많은 자극을 준다.
6~7	영아는 인과관계에 민감하다. 문의 손잡이를 돌리면 문이 열리게 되는 상황을 실제로 보여주고 이야기해 주는 것이 좋다.
7~8	영아는 뇌의 소리와 의미 있는 활동이나 대상 간의 연합을 시도하고자 한다. 벨소리는 방문객이 왔음을 의미하는 것과 같은 상황을 대화를 통해 강조할 수 있다.
9~12	주변 환경에 대한 탐색에 더 많은 관심을 갖게 되며, 감각과 운동능력이 보다 성숙한 형태로 협응이 이루어진다. 적절한 제재하에서 전등의 스위치나 수도꼭지를 틀어보게 할 시점이다.
13~18	환경과 직접적으로 상호작용하는 과정을 통해 보다 복잡한 연합이 이루어진다. 풍부한 환경은 이러한 연합능력의 발달을 도와준다.

출처: Blakeslee(1988). p. 57

(2) 부모의 양육방식

부모가 자녀를 양육하는 기간 중 자녀에게 따뜻하고 애정적인 행동을 가장 많이 표현하는 시기는 영아기 때일 것이다. 영아의 울음과 미소, 옹알이 등은 부모를 가까이에 있도록 하는 자극들이다. 아기가 어떻게 성장하느냐는 아기를 누가 돌보는지, 어떤 가족 환경에서 자라는지에 따라 다르다. 그것은 부모가 어떤 양육태도를 가지고 아이와 상호작용하는지가 중요하다는 의미이다. 부모가 영아와 상호작용을 통해 즉각적이고 적절한 반응을 하게 되면 영아는 부모를 신뢰하고 자신을 조절하게 되며 부모-자녀관계가 더 단단해진다.

부모의 양육방식은 자녀의 성격형성에 가장 큰 영향을 미친다. 바움린드는 애정과 통제의 정도에 따라 부모의 양육방식을 설명하고 있다.

① 바움린드의 부모의 양육방식

바움린드(Baumrind, 1991)는 자녀양육에서 가장 중요한 부모역할의 두 가지 측면을 부모의 애정과 통제로 보았다. 여기서 애정이란 부모가 자녀에게 하는 민감한 반응과 자녀에 대한 관심과 애정의 정도를 의미한다. 애정적이며 반응적인 부모는 자녀에게 자주 웃고 칭찬하며 격려한다. 반면 애정이 적은 부모는 자녀에게 냉담하고 무반응적이며 꾸짖거나 벌을 주고 무시하는 경향이 있다.

통제는 부모가 자녀에게 성숙한 행동을 요구하고, 자녀의 행동을 규제하고 감독하는 것을 말한다. 통제적인 부모는 자녀에게 적절하게 행동할 것을 요구하며 바람직한 행동을 하도록 한다. 반면 통제하지 않는 부모는 자녀에게 요구하는 것이 적고 모든 것을 자녀가 자유롭게 하도록 내버려 둔다. 지나친 통제나 지나친 방임은 자녀의 발달과 사회화에 바람직하지 않은 결과를 가져올 수 있으므로 신중한 자세가 필요하다.

바움린드는 부모의 양육방식과 아동의 사회적 능력 간의 관계를 알아보기 위해 가정에서의 자연스러운 관찰과 구조화된 실험실에서 부모-자녀 간의 상호작용을 관찰하여 부모의 양육행동에 관한 자료를 수집하여 애정과 통제라는 두 차원의 유형을 네 가지 유형으로 구분하여 설명하였다.

② 권위적 양육방식

권위적(authoritative) 양육형태는 높은 수준의 애정과 높은 수준의 통제를 보이는 양육형태를 말한다. 여기에 해당되는 부모들은 자녀의 행동을 면밀히 관찰하며, 그들의 행동에 확고한 기준을 세우고 있다. 이들은 대개 처벌적 양육보다는 지지적 양육을 선호하는 편이며, 훈육 시 보통 이성적이고, 지지적이고, 일관적 양육 패턴을 보인다. 이들은 주로 대화와 설득을 통하여 아동의 복종을 추구하며, 자녀의 독립적 사고를 고무하고 의견을 존중하는 편이다. 권위적인 부모는 자녀에게 단지 '왜' 그러한 행동을 해야 하는지 설명하는 데 그치지 않고, 자녀가 자신의 행동이 어떤 결과를 야기하는지를 생각할 수 있도록 아동의 수준에 맞게 대화 내용을 조정하는 데 민감하다(Pratt, Kerig, Cowan, & Cowan, 1988). 대체적인 연구결과를 보면, 이 권위적 양육형태의 가정에서 자란 아이들이 가장 독립심이 높으며, 높은 자아존중감과 또래 인기도를 보인다(Baurinrd, 1991; Parke & Buriel, 2006).

③ 권위주의적 양육방식

독재적(authoritarian) 양육형태는 높은 수준의 통제를 보이지만 낮은 수준의 애정을 보이는 양육유형이다. 높은 수준의 통제를 보인다는 점은 권위적 양육형태와 유사하지만 이들의 양육과정은 종종 엄하고 처벌적이다. 훈육과정에서 아동과 그 논리에 대해 이야기하기보다는 즉각적이고 물리적인 방법을 선호하는 편이다(Baumrind, 1973). 이들은 특히 양육과정에서 부모의 명령에 대한 복종을 강조한다. 하지만 보통 복종의 이유는 불분명하게 설명하고 자녀에게 많은 요구를 하는 반면, 자녀의 요구에는 반응이 둔감한 편이다. 이들은 전통적인 사고를 존중하는 측면이 강하며, 자녀의 독창적인 사고에 대한 지지는 부족한 편이다. 기존 연구를 종합하면 독재적 양육형태의 가정에서 자란 아이들은 학교에서의 수행이 나쁜 편이며, 공격성이 높고, 또래 인기도나 독립심이 권위적 가정에서 자란 아이들에 비해 낮은 수준을 보인다(Baumrind, 1973).

④ 허용적인 양육방식

허용적(permissive) 양육형태는 자녀에게 온건하고 수용적이지만 너무 낮은 수준의 통제를 보이는 양육 유형을 말한다. 이들은 정서적으로 자녀와 과도하게 밀착된 편이고, 가능한 한 자녀와의 충돌 자체를 회피하려고 한다. 이들은 자녀의 수행 기준이나 훈육 논리를 세우지 않고 자녀 스스로가 자율적으로 판단하도록 하며, 따라서 자녀의 양심에 근거한 형태의 복종을 선호한다. 또 이들은 '자녀와 친구로 지내고 싶다'는 식으로 자신의 양육방식을 정당화하기도 한다(하지만 부모는 부모이지 친구가 될 수는 없다는 것은 명백하다). 허용적 양육의 극단적인 형태를 흔히 방종적(indulgent) 유형이라고 하는데(Maccoby & Martin, 1983), 여기에 해당하는 부모는 심지어 바람직하지 않은 자녀의 행동도 조장하는 양육행동을 보인다(네가 원한다면 부모는 무슨 일이든 다 해줄 수 있다). 경험적 연구들은 허용적 양육형태에서 자란 아동들이 대체로 학교에서 적응력이 떨어지고, 문제 행동이나 약물 사용, 이른 시기의 성 관련 행동에 개입될 가능성이 높은 것으로 보고한다(Parke & Buriel, 1998). 이들은 특히 가정이 아닌 사회에서 자신보다 높은 위치에 있는 사람들과 관계를 형성하는 데 어려움을 겪기도 한다. 또 이 아동들은 다른 양육방식을 경험한 아동들에 비해 자신감은 더 높은 경향이 있지만, 실제 수행은 그에 미치지 못하는 편이다(Parke & Buriel, 2006).

⑤ 거부적/무시적 양육방식

거부적(rejecting) 혹은 무시적(neglecting) 양육형태는 아이의 요구에 반응하지도 않으면서 행동에 대한 기준도 세우지 않는 양육형태를 말한다. 이 중 거부적 양육형태를 보이는 부모들은 적극적으로 아동을 거부하는 양상을 보이며, 무시적 양육형태를 보이는 부모들은 아이들의 요구 자체에 관심을 갖지 않든지, 부모의 책임을 이행하는 데 실패하는 모습을 보인다. 이들이 이러한 양육형태를 취하는 이유는 다양한데, 어떤 이들은 너무 바빠서 또는 너무 스트레스가 많아서 자녀에게 신경을 쓸 겨를이 없을 수도 있다. 또 정신질환이나 우울증 등의 정신적인 문제가 개입

될 경우도 이 양육형태로 이어질 가능성이 있다. 대체적인 연구결과는 위의 네 가지 양육 유형 중 이 거부적/무시적 양육 환경에서 자란 아동들의 예후가 가장 안 좋은 편이다. 이들은 학교 적응이나 또래 유능감, 인지발달 수준이 가장 낮은 편이며, 높은 수준의 비행, 약물 사용 등을 보인다(Parke & Buriel, 1998; Steinberg, Lamborn, Darling, Mounts & Dornbusch, 1994).

2) 형제자매와의 관계

영아와 부모와의 관계는 수직적인 관계이고, 형제자매와 영아와의 관계는 또래와 같이 수평적인 특성을 가지며 영아발달에서 부모와 마찬가지로 중요한 영향력을 미친다.

형제자매 관계는 일생 서로에게 영향을 미치는 관계로(Adams, 1981), 성취를 위한 자극대상이며 모델의 역할도 하는 가장 밀접한 관계이다. 이외에도 영아가 세상에 태어나서 부모 다음으로 맺는 인관관계이며 처음으로 형성하는 사회적 관계이다.

또한 과거에는 형제자매 관계를 경쟁관계로 보았으나, 최근에는 인지적 기술과 사회적 민감성, 역할수행 등을 발달시키는 데 중요한 역할을 한다.

(1) 형제자매관계의 특징

영아에게 형제자매는 영아가 태어나 부모 다음으로 맺게 되는 최초의 타인관계이다. 형제자매관계는 대인관계 중에서 가장 오랫동안 지속되는 관계이며 부모가 사망한 후에도 계속 지속된다. 부모-자녀관계에 비해 상호적이며 보다 평등한 관계이다. 형제 간의 상호작용은 다른 관계에서 나타나지 않는 강도와 독특성이 있다. 긍정적인 측면에서 형제자매는 지지적이며 긍정적 학습경험을 통해 사회화에 중요한 역할을 하고, 부모보다 더 많은 시간을 함께 보냄으로써 유능성, 오락, 지지, 도움, 공유, 가르침과 같은 친사회적 경험을 제공한다(Brody, Stoneman & McKinnon, 1982). 또한 형제자매와의 갈등과 경쟁의 경험은 대인관계의 기초를 이루는 협동, 갈등, 경쟁의 원리를 학습하게 한다. 자기 주장이 강해지는 18개월경의 영아는 형제자매 간의 갈등과 공격이 급격히 증가하는데 그 원인은 주로 소유권으로 인한 다툼이다. 이 다툼은 사회적인 이해력이 발달하면서 건설적인 방식으로 바뀌고 서로 화해하는 방법을 취하게 된다. 이때 영아는 상대의 요구나 관점을 이해하게 되고, 좋은 관계를 유지하며 싸우는 방법이나 타협하는 등 사회적 기술을 배우게 된다(Hartup, 1983). 특히 형제자매는 안정감과 정서적 지지를 주고받으며 서로의 애착의 대상이 되며 상호 긍정적인 영향을 미치는 것으로 나타났다(Dunn, 1985).

형제관계는 발달에 중요한 기능을 제공하는데, 가장 중요한 기능 중 하나는 정신적인 지지를 제공하는 것이다. 형제자매들은 서로 신뢰하고 비밀을 공유하며, 힘들 때 서로를 위로하고 보호해 준다. 둘째는 손위 형들은 동생들에게 양육자의 역할을 해주는 것이다. 특히 누나나 언니들은 동생들을 돌보거나 배려하도록 부모로부터 요구받는 경우가 많다. 셋째, 손위 형들은 동생들에게 새로운 기술을 가르쳐 준다. 동생들은 손위 형의 행동을 모방하거나 손위 형의 장난감을 물려받으며 놀이나 행동들을 배운다(강문희 외, 2006).

(2) 형제관계

① 출생순위에 따른 형제관계

형제자매의 출생순위는 사회적 성향을 결정하는 요인으로, 형제순위에 따라 자녀에 대한 부모의 기대가 달라지고 각각의 위치에 따라 다른 경험을 하기 때문에 아동의 사회적 능력에 차이가 생긴다(Shaffer, 2002).

일반적으로 첫째는 부모로부터 가장 많은 기대와 관심 속에 성장한다. 동생이 태어나면서 혼자에게 집중되었던 관심이 사라지면서 상실감을 경험하게 되며, 강한 질투심을 갖게 되고 관심을 끌기 위해 퇴행적인 행동을 하기도 한다. 상실의 경험은 동생들에게 우호적이 되면서 권위의 중요성을 이해하게 되며 자연적으로 리더가 된다. 부모는 첫째에게 많은 관심을 보이지만 애정적으로는 엄격하다. 그러나 부모의 확실치 않은 지식, 시행착오 등 양육 경험의 부족에서 오는 갈등으로 다소 의존적이고 불안한 특성을 보이기도 한다. 그러나 첫째들은 성공적인 생활을 함으로써 부모에게 만족감을 주어야 하며 동생들에게 모범을 보이는 등 부모의 기대를 받기 때문에 성취지향적이고 책임감이 강하며 지배적이고 권위적이 태도를 보인다.

둘째 아이는 태어나면서부터 부모의 사랑을 형과 나누어 가짐으로써 무력감과 좌절감을 느끼게 된다. 셋째 동생이 태어날 경우에는 자신의 권리를 빼앗기는 느낌을 받으며 불공평함을 경험한다. 그러므로 대체적으로 사교적이며 다른 형제들과는 다른 특성을 보임으로써 자신의 위치를 확보하려 한다.

막내는 독자적으로 무엇을 할 수 있는 기회가 적어 과잉보호될 가능성이 크며, 항상 형들로부터 도전을 받으면서 경쟁력에 뒤지는 경험을 하지만 애교나 귀여움, 어수룩함으로 자신의 위치를 확보한다. 미성숙한 성격 특성을 보이거나 의존적 성격이 될 수 있다.

외동아는 형제자매가 있는 아동보다 학업 성취가 높고, 지능이 높게 나타났으며, 지도력, 성숙도, 통제력 등에서 높게 평가되었다(Falbo & Polit, 1986). 이는 외동아에게 부모들의 더 높은 수준의 관심과 기대, 애정이 높기 때문인 것으로 볼 수 있다(Claudy, 1984).

② 성별에 따른 형제관계

형제자매 간의 관계는 형제의 성별 구성에 따라 차이가 있는데, 여아는 형제자매에 대해 온정적이고 우호적인 태도를 보이며, 남아는 공격적이고 적대적 행동이 빈번하게 나타난다(Cicirelli, 1972). 손위 남아는 동생과 쉽게 조화를 이루지 못해 동생에게 물리적인 힘을 보이는 경우가 많으며, 여아는 비교적 원만한 관계를 유지하며 동생을 잘 돌보고 동생에게 수용적이고 말로 설명하는 등의 친사회적 행동을 보인다.

형제자매의 성별이 같을 때에는 더 긍정적으로 행동하며 관계가 온정적이며 더 친밀하다. 동성형제 중에서도 여아로 구성된 자매는 온정과 친밀성을 가장 높게 지각하고(이재연, 2004), 자매를 긍정적으로 느끼고 우호적이며 자매를 칭찬하고 지도해 주는 행동이 많이 나타난다. 반면에 남아로 구성된 형제는 형제에게 경쟁의식을 느끼면서 중립적인 행동이나 부정적인 행동을 더 많이 하게 한다. 그러나 성이 다른 경우는 경쟁이나 다툼이 많이 일어나지 않는다.

③ 연령 터울 따른 형제관계

형제 간 연령터울이 2~4년인 경우에는 형제 간에 경쟁심과 질투가 가장 심하게 나타나고, 연년생이거나 연령터울이 아주 크면 형제 간 경쟁심이 그다지 강하지 않았다. 그리고 형제 간의 터울차가 클 때보다 적을 때 더 공격적으로 행동을 하고, 형제 간의 터울차가 적을 때보다 클 때 긍정적이고 애정적인 행동을 많이 나타낸다. 형제 간의 터울이 적을 경우는 친밀감이나 동료의식을 발달시키며, 터울이 커지면 손위 형은 교사나 부모의 역할모델을 하기도 한다.

3) 조부모와 영아의 관계

최근 맞벌이 부부의 증가로 조부모가 양육에 협력하는 경향이 높아졌다. 특히 신생아기와 영아기에는 가족 간의 유대관계를 토대로 조부모의 양육경험이 긍정적인 역할을 할 수 있으므로 보육기관보다 더 선호한다. 조부모의 역할을 살펴보면 다음과 같다(유안진, 1990; 우수경 외, 2013 재인용).

(1) 안전책임자로서의 조부모

안전책임자로서의 조부모는 영아의 신체적 안전과 심리적인 안정감을 위해 부모의 대리적인 역할을 담당한다. 조부모는 애정을 가지고 스킨십을 하고, 따뜻하게 돌봄으로써 부모와 같은 정서적 지원을 한다.

(2) 자아옹호자로서의 조부모

자아옹호자로서의 조부모는 영아가 갈등상황에 있을 때 긍정적으로 문제를 해결할 수 있도록 지원해 주는 역할을 한다. 손자녀에 대한 조부모의 따뜻하고 긍정적인 지원은 영아로 하여금 자신을 옹호해 주는 존재로 조부모를 인식하도록 한다.

(3) 판단자로서의 조부모

판단자로서의 조부모는 또래와 형제, 그리고 부모와의 관계에서 공정한 판단을 내리고 애정을 주는 존재로서의 역할을 한다. 조부모가 손자녀에게 공정한 판단자로 인정되기 위해서는 무조건적인 옹호보다는 일관성 있는 판단을 내려야 한다.

(4) 동일시 대상자로서의 조부모

동일시 대상자로서의 조부모는 영아가 긍정적인 태도와 가치를 지닐 수 있도록 바람직한 본보기의 역할을 한다. 조부모는 가정에서의 갈등상황을 지혜롭게 해결하고 위엄을 보임으로써 영아에게 긍정적 역할모델이 된다.

(5) 지식지원자로서의 조부모

지식지원자로서 조부모는 손자녀의 질문이나 호기심을 재미있는 이야기와 자신의 경험을 관련지어 전달하는 역할을 한다. 영아들은 조부모의 흥미로운 이야기를 통해 다양한 지식을 경험하면서 의미있는 지식을 구성해 나갈 수 있게 된다.

(6) 교사로서의 조부모

교사로서의 조부모는 일상생활에서 경험하는 다양한 일들을 상식적으로 해결하는 지혜를 경험할 수 있도록 한다. 조부모들은 영아에게 안전에 대한 상식이나 어른에 대한 예절 등을 가르쳐주는 역할을 하며 교사로서의 역할을 할 수 있다.

2. 또래

1) 또래의 역할

이른 시기부터 보육기관에서 생활하는 영아는 또래의 행동을 관찰하고 또래를 모방할 수 있는 기회를 통해 사회적 상호작용에 필요한 기술을 획득하게 된다. 함께 놀이를 하고, 교재교구를 함께 공유하면서 서로가 도움을 주고받을 수 있는 존재임을 깨닫게 된다. 그러한 과정에서 다른 사람의 감정과 입장을 이해하게 되고, 다른 사람의 관점을 이해하는 조망수용능력이 발달된다.

영아는 또래가 자신과 더 유사한 특징을 가지고 있다고 생각하기 때문에 또래를 더 모방하는 경향이 있다. 특히 또래는 공격성이나 친사회성을 형성하는 데 중요한 역할을 하며, 성역할 습득에 영향을 미친다. 또래관계는 가족과 달리 협동이나 타협이 필요하다. 또래관계는 수평적인 관계에서 관계를 형성하므로 여러 가지 갈등의 경험하며 협동과 타협이 필요하게 된다.

2) 또래관계의 발달

신생아는 오직 양육자와의 관계만이 사회적 관계로 존재하지만, 생후 2개월경에는 또래의 출현에 자극되고 서로 응시하는 행동이 나타난다. 또래관계는 생후 6개월경부터 나타나기 시작한다. 생후 6개월경이 되면 사회적 관심과 단순한 감각적 관심을 나타내는 태도가 구별된다. 영아는 사람을 더 선호하며 미소나 옹알이를 더 많이 주고받으며, 사물에 대해서는 만지거나 하는 촉각적 행동을 더 많이 한다. 8~9개월이 되면 또래의 태도를 변화시키려고 노력하며 또래의 반응을 기다리는 태도를 보인다. 9~12개월이 되면 진정한 의미의 상호작용을 하기 시작한다. 생후 1세경이 되면 또래와 사물과는 다르게 상호작용할 수 있는 대상이라는 것을 알게 된다. 또한 다른 사람을 응시하고, 미소 짓고, 접촉하고, 소리를 내는 것과 같은 사회적 행동이 나타나지만, 그 관계는 짧고 단순해서 서로를 탐색하는 형태에 지나지 않는다. 즉, 상호작용이 아주 단순한 반응으로 서로에게 영향을 주고받는 관계 형성은 이루어지지 않는다. 생후 14~18개월경에는 나란히 앉아 동일한 유형의 놀이를 하지만, 서로가 상호작용은 전혀 보이지 않는 단순한 병행놀이를 시작한다. 18개월 정도가 되면 서로에게 관심을 보이기 시작하며 모방을 하거나 동일한 행동을 따라함으로써 관계지향 행동을 보이기 시작한다. 20개월경이 되면 또래와의 상호작용이 더 정교하고 풍부해지며 또래와 순서를 번갈아가며 놀이활동을 할 수 있으며 간단한 게임이 가능하다. 2세가 되면 사회적 상호작용에 나타나지만 접촉시간을 매우 짧다. 2세 중반이 되면 사회적 행동이 빈번히 나타나며 보다 복잡한 사회적 상호작용을 하기 시작한다. 또래에게 미소를 짓거나 웃는 등의 긍정적인 상호작용이 증가하며, 동시에 장난감을 빼앗거나 싸우는 등 부정적인 상호작용도 증가한다. 이 시기에는 어머니보다 또래와 노는 것을 선호하게 된다.

영아기 또래관계는 또래에게 강화자, 모델, 준거자로서의 역할을 한다. 이러한 또래관계는 영아기 동안 부모와의 관계에서 형성한 애착에 의해 영향을 받는다.

3. 대중매체

과학이 발달하면서 개인용 컴퓨터가 널리 보급되었고, 이는 다양한 소프트웨어와 주변기기를 등장하였다. 심지어 오늘날에는 가전제품에 컴퓨터 기능을 탑재해 편리성을 더하는가 하면, 개인 휴대전화 같은 통신기기에도 컴퓨터 기능을 탑재해 컴퓨터를 켜야만 볼 수 있었던 다양한 정보와 볼거리를 언제 어디서든 쉽게 접할 수 있게 되었다. 이러한 매체는 영아발달에 다양한 영향을 미치게 된다.

1) TV 시청

(1) TV의 긍정적인 영향

TV는 성장하는 영유아에게는 큰 영향을 주는 대중매체이다. TV의 긍정적 영향으로는(Maccoby, 1983) 첫째, TV는 어린이에게 서로 모여서 이야기할 수 있는 공통적인 경험을 제공하는 사회적 유용성이 있다. TV를 같은 공간에서 시청함으로써 가족 간의 유대를 강화시키고 부모-자녀관계 상호작용에도 긍정적인 역할을 한다. 둘째, 각종 뉴스, 다큐멘터리, 영화 등을 통해 정보를 얻을 수 있는 정보의 출처이다. 즉, TV는 사회화 기관으로서의 역할을 하고, 많은 정보와 지식을 습득할 수 있다. 셋째, 오락을 제공한다. TV는 공부나 집안일을 떠나 편안하게 쉬는 즐거움을 줄 뿐만 아니라 문제를 가진 영유아가 도피할 수 있는 도피처를 제공하기도 한다.

(2) TV의 부정적인 영향

지나치게 TV를 시청하게 되면 상호작용이 줄어들어 고립감을 경험하며, TV 시청량이 많을수록 취침시간이 늦어지게 되고, 또래와 놀이하는 시간이 점차 줄어드는 부정적 영향을 주기도 한다. 또한 뇌나 신체발달에도 큰 영향을 미친다. TV는 영아에게 강렬한 영상과 음향을 일방적으로 전달한다. 그러므로 영아의 TV나 대중매체에 과다할 경우 자기표현의 기회가 줄어들고, 심한 경우 타인과의 대화가 어렵거나 자신의 의사를 제대로 표현하지 못하는 특성을 보인다.

최근에는 반복적으로 영상물에 노출되면 비디오증후군으로 진단을 받을 수 있으며, 이때의 부모는 자녀가 비디오를 보는 동안 집안일이나 다른 일을 하고 있거나 어머니의 우울한 특성으로 자녀가 비디오를 시청하는 동안 상호작용 없이 그냥 두는 경우가 많았다. 이러한 비디오증후군의 특성은 아이의 이름을 불러도 반응을 보이지 않거나 거의 웃지 않고, 심하게 짜증을 내거나 특정 장난감이나 색깔, 단어에 집착하고, 비디오에 나온 어조나 말투를 의미 없이 반복하는 특성을 보인다. 특히 12개월 미만의 영아들의 두뇌발달에 매우 좋지 않은 영향을 미친다. 영아의 두뇌는 아직 완성되지 못한 상태에서 강렬한 색과 영상 그리고 여러 가지 기호와 자극적인 소리에 준비없이 노출되기 때문에 영아의 두뇌에 부정적 영향을 미치게 되는 것이다. TV는 다른 사람과의 상호작용 경험이 줄어들고 일방적인 자극을 받아들이므로 기계적으로 단어를 외우긴 하나 실제로는 적절한 언어표현이나 타인과의 의사소통을 하지 못하게 된다.

2) 휴대전화

현대사회가 점차 산업화되면서 유아들이 놀이할 수 있는 공간과 시간은 점점 줄어들게 되었다. 바깥 활동을 거의 하지 않은 채 실내에서 멀티미디어 기기, 컴퓨터(태블릿 PC), 휴대전화 등을 가지고 지내는 시간이 많아졌다. 최근 스마트폰의 빠른 보급과 함께 영아기에 스마트폰을 접하게 되는 경우가 증가하고 있다.

출생에서 만 3세까지의 기간, 즉 영아기와 걸음마기는 뇌발달의 가소성이 가장 큰 시기로 환경적 경험에 많은 영향을 받는다. 뇌발달에 있어 이렇게 중요한 시기인 영아기에 스마트폰이라는 환경적 경험은 영아기 아이들에게 많은 영향을 미친다.

그 첫 번째는 우뇌발달에 문제가 생길 수 있다. 영아기는 뇌발달의 가소성과 우뇌의 발달이 폭발적으로 이루어지는 시기이다. 인간의 좌뇌는 자극으로 발달하고, 우뇌는 운동 등에 의해 발달한다. 영아기에 아무런 신체활동 없이 가만히 앉아 휴대폰처럼 반복적이고 자극적인 화면만 오래 응시하다 보면 우뇌발달이 지연되어 사회성, 이해력 등이 떨어지게 된다. 그리고 공감능력이 결여되어 공격적이고 자아중심적이 되며, 자신의 감정에 대한 표현력도 미숙하고, 전반적으로 발달의 모든 영역에서 지체를 보인다. 이러한 증상이 심해지면 자폐, 주의력결핍과잉행동장애(ADHD) 같은 증상도 나타난다.

둘째, 팝콘 브레인을 양산할 수 있다. 팝콘 브레인이란 팝콘처럼 튀어 오르는 것에는 반응하지만 느리게 변화하는 실제 현실에는 무감각해진 뇌를 말한다. 이것은 휴대전화에 중독된 뇌를 학계에서 부르는 용어로, 뇌의 생각 중추인 회백질의 크기가 줄어들어 이와 같은 뇌로 변화한다. 팝콘 브레인을 가진 아이들은 화려하고 동적인 시각적 자극에만 반응을 하기 때문에 정적인 그림이나 글자엔 흥미를 잃어버린다. 이러한 아이들은 현실에 무감각하고, 집중력과 주의력이 결핍되어 있어 학습능력이 떨어질 뿐만 아니라 일반적인 자극에 있어 보통 아이들보다 반응속도가 현저하게 느리다. 이들은 오직 팝콘처럼 강한 자극에만 반응을 보인다. 그리고 스마트폰이 손에 없는 경우 불안정한 심리상태를 보이기도 한다.

셋째, 아동기에 발달하기 시작하는 전두엽에도 영향을 미친다. 전두엽은 뇌의 앞쪽에 위치해 있는데, 책을 읽을 때나 무언가를 상상할 때 활성화된다. 반면, 후두엽은 뇌의 뒤쪽에 위치해 있으며, 시신경을 통해 받아들인 정보는 이곳으로 전달되는데 스마트폰이나 게임 같은 영상매체를 접할 땐 후두엽만 활성화된다. 너무 이른 시기에 스마트폰에 노출되면 전두엽의 발달이 저해되어 쉽게 싫증이나 짜증을 내게 되고 스스로의 감정을 통제하는 데 있어 어려움을 겪게 된다.

넷째, 영아의 신체발달과 사회성발달에도 영향을 미친다. 일상적인 활동을 휴대전화에 의존하며 손가락만 움직이므로 전체적인 신체발달에 지장을 초래할 수 있으며, 또래와의 상호작용이 줄어들게 되어 사회성발달에도 문제를 가져올 수 있다.

| 11장 |

영아기 발달의 문제

1. 영아기 발달장애의 개념과 의의

1) 발달장애의 개념

(1) 발달장애란

발달장애(developmental disabilities)라는 용어는 1970년대 미국의 발달장애서비스 및 시설건축법에서 처음으로 사용된 개념이다(Accardo & Whitman, 1996). 1970년대 이전에는 정신지체(정신박약)와 같은 개념으로 사용하였으나 오늘날에는 자폐증, 뇌손상, 뇌장애, 미소뇌기능장애, 과잉행동, 학습장애, 지각의 손상, 만성적인 뇌질환, 미성숙, 발달의 불균형, 최소신경학적 장애, 인지능력손상, 언어장애, 난독증, 간질, 뇌성마비와 같은 학습장애와 신경학적 장애도 발달장애에 포함된다(대한특수교육학회, 2000). 즉, 유전적·생리학적 요인뿐만 아니라 질병이나 사고와 같은 후천적 요인을 통해 평생 지속적인 훈련과 교육을 필요로 하는 중증의 만성적인 장애를 포괄적으로 정의한다. 우리나라에서는 1990년대 초 특수교육관련 문헌들에서 발달장애의 개념이 시작되었다.

영아기 발달장애는 영유아의 발달과정에서 나타나야 할 행동 특성이 왜곡되거나 주요 행동이 발달되지 못함으로써 부적응을 초래하는 상태를 말한다(최경숙, 박영아, 2005).

미국의 발달장애 권리장전(Developmental Disabilities Assistance and Bill of Rights Act, 1984)에서는 발달장애를 발병원인과 관계없이 인생 초기에 나타나 지속적인 치료와 훈련을 필요로 하는 중증의 만성적인 장애를 의미하며, 일반적으로 출생에서 22세 사이에 생긴 장애를 규정하고 있다.

(2) 발달지체

발달장애와 함께 영아의 발달에서 사용되고 있는 용어가 발달지체(developmental delay)이다. 발달지체는 발달이 정규분포에 미치지 못하고 늦어진 것을 의미한다. 예를 들어, 대부분의 영아가 12개월을 전후로 걷기 시작하는데 24개월이 되었는데도 걷지 못한다면 발달이 지체되었다고 할 수 있다.

발달지체는 기기, 서기, 걷기 등과 같은 영아기의 신체운동 기능에서 먼저 발견되고 점차 언어와 사회적 기능에서도 나타난다. 미국의 장애인교육법(2002)에서는 발달장애라는 용어 대신 3~9세의 아동에는 발달지체(child with developmental delay)라는 용어를 쓰도록 권장하고 있다(Turnbull, 2005).

최근 발달장애와 유사한 개념으로 아동정신병리가 보편화되어 사용되고 있다. 아동병리(child psychopathology) 또는 아동정신장애란 맥락에서 아동기의 병리적 장애를 이해하기 위한 최근의 학문으로, 발달정신병리라고도 불린다.

정신장애란 한 개인이 어떤 특정한 발달단계에서 신체적 · 정신적 손상을 입어 해당된 발달단계의 성취에 고난을 일으켜 발달이 고착되거나 왜곡 또는 퇴행되어 문제를 일으키는 것(홍강의, 1990)이며, 아동정신병리는 아동의 정상발달을 연구하는 발달심리와 성인의 정신병리 및 이상행동을 연구하는 임상심리 그리고 의학이 모두 통합된 학문이다. 따라서 아동정신병리는 발달장애와 발달지체의 개념의 개념이 모두 포함된 통합적이며 포괄적인 개념으로 최근에는 아동정신병리 용어를 주로 사용하고 있다. 아동의 정신병리는 연령이 증가할수록 지속적으로 나타나며 다른 인간관계에도 부정적인 영향을 미친다는 문제의 심각성이 있다.

2) 영아기 발달이상의 의의

부적응행동과 발달적인 문제로 치료기관이나 치료의 필요성을 느끼는 아동의 수가 해마다 증가하고 있다. 브란덴부르그, 프리더만, 실버(Brandenburg, Friedman &

Silver, 1990)에 의하면, 미국 내 약 14~22%의 아동들에게서 발달장애와 행동장애, 정서장애가 발생하였다고 한다. 맥더만과 바이스(McDerman & Weiss, 1995)는 전국 표본에서 '적응적'으로 분류된 아동 중 34.4%가 장애와 비슷한 '경계선적'으로 분류된다고 보고하였다. 우리나라의 경우도 전체의 약 12.9%의 학생들이 정신건강 정밀검진이 필요한 것으로 조사되었다(과학기술부, 2009).

정밀검진이 필요하다는 것은 정서나 행동에 문제가 있어 치료나 관리가 필요하다는 의미하는 것으로 우울, 불안, 자살, 주의력결핍과잉행동장애(ADHD), 음주, 흡연, 약물, 비행 및 폭력, 인터넷 중독, 성행동장애, 섭식장애 등의 문제이다. 정밀검진의 결과를 살펴보면, 초등학교 1학년이 766명(초등학교 1학년 전체의 7.4%), 초등학교 4학년이 1,405명(11.3%), 중학교 1학년이 3,258명(13.5%), 고등학교 1학년 4,59명(15.1%)으로 치료나 관리가 필요한 상태가 학년이 올라갈수록 비율이 점차 높아지는 경향을 보였다(KBS 뉴스, 2009년 8월 23일자; 정옥분, 2012 재인용).

발달장애의 대부분은 초기 아동기에 시작되고, 개인의 일생 영향을 미치며, 더 나아가 가정과 사회에도 영향을 미친다. 따라서 미국에서는 DSM-Ⅲ(미국정신의학협회, 1980)에 처음으로 반항성장애(oppositional disorder) 영역을 포함하여 공격적·반사회적 행동을 파악하고자 하였으며 실제로 아동의 품행장애와 반항성장애와 같은 반사회적 행동양식은 또래들에게 거부당하고, 학업에 실패하며 이후 청소년기와 성인기의 정서와 교육, 건강에서도 부정적인 결과를 나타냈다(Loeber, 1990). 따라서 보다 효과적인 조기 개입프로그램과 예방 프로그램이 필요하며 영아기 발달장애를 이해하는 것은 매우 중요한 일이다. 특히 최근 사회적 변화로 아동기 장애가 더 심각해지며 장애아동의 연령도 하향화되고 있다. 영아기부터 시작되는 학업에 대한 지나친 압력, 빈곤, 가족해체, 한부모가족의 증가와 사회적 변화는 영아기 정신병리의 중대성을 더욱 강조하고 있다.

2. 영아기 발달장애의 유형 및 진단

1) 영아기 발달이상의 유형

영아기부터 나타나는 발달장애 또는 발달이상으로는 정신지체, 전반적 발달장애, 콜릭성 울음, 성장장애 등을 들 수 있다.

(1) 정신지체

정신지체(mental retardation)는 지적 지능이 정상보다 현저하게 낮으며 적응행동의 결함을 수반하는 상태로 이러한 결함이 18세 이전에 나타나는 상태를 말한다. 일반적으로 IQ 70 이하를 정신지체라 하며, 경도 정신지체(IQ 55~70), 중등도 정신지체(IQ 25~40), 최중도 정신지체(IQ 25 이하)로 나뉜다. 경도 정신지체아들은 교육가능급 정신지체라고도 하며, 이들은 초등학교 수준의 교육이 가능하며 취학을 해야 그 문제가 두드러진다. 그러나 중등도 정신지체아들은 취학 전에 이미 판별된다. 그리고 그 이하의 정신지체아들은 초보적인 의사소통기술만 가르칠 수 있거나 평생 보살핌이 필요하다. 정신지체아들의 특성은 지적 능력의 결함만이 아니라 적응행동에 문제를 보인다.

영아기부터 판별될 수 있는 정신지체는 매우 심한 경우이거나 다운증후군, X염색체결함증후군과 같은 정신지체아들이다.

(2) 전반적 발달장애

전반적 발달장애(pervasive development disorder)란 여러 영역에서 발달의 결함을 가지고 있는 장애를 말하며, 사회적 상호작용 기술이나 의사소통 기술에 결함을 보이며 상동행동을 보이고 관심이나 활동이 제한되는 특징이 있다.

① 콜릭성 울음

콜릭성(Colic) 울음이란 영아기에 흔히 나타나는 장애로 영아가 심한 통증이 있는 것처럼 격렬하게 우는 울음을 의미하며, 생후 3~4개월에 나타나는 울음과 발작이 하루 3시간 이상, 1주일에 3일 이상 나타나며 이러한 현상이 3주 이상 나타난다(Wessel, Cobb, Jackson, Harris, & Detwiler, 1954). 콜릭성 울음을 마치 누가 꼬집기라도 하는 것처럼 주먹을 꽉 쥐고 얼굴이 빨개지면서 격렬하게 우는데 영아가 성장하면서 저절로 없어진다. 그러나 아무리 달래도 그치지 않고 밤새우는 영아를 돌보아야 하는 부모는 좌절감과 육체적·정신적으로 심한 피로감을 느끼며, 때로 무력감을 느끼기 때문에 부모-영아관계에도 심각한 부정적 영향을 줄 수 있다(정옥분, 2005).

영아가 콜릭성 울음을 울 때는 진정제를 사용하거나 손과 따뜻한 물수건을 이용하여 영아의 복부를 마사지 해주며, 영아를 안는 위치를 바꾸어 영아가 좀 더 편안해하도록 한다. 또한 우유나 모유를 적게 자주 먹이고, 다 먹은 후에 충분히 트림을 해주고, 모유나 우유를 먹은 후 바로 눕히지 않고 30분 정도 안아주는 것이 도움이 되기도 한다(정옥분, 2005).

② 성장장애

성장장애는 뚜렷한 원인 없이 성장에 필요한 칼로리를 섭취하지 못하여 체중이 증가하지 않거나 감소하는 증상을 의미한다.

성장장애 영아는 영양부족으로 인해 자주 병에 거리고 회복능력도 약하다. 성장장애 영아의 모습은 건강의 악화로 발달이 지체되고, 몸이 왜소하며, 우울하고 위축되어 있다.

일반적으로 성장장애는 표준성장표에서 키나 몸무게가 5% 이하일 때, 출생 시부터 지금까지의 영아의 체중 증가율이 지나치게 낮을 때 성장장애로 진단한다. 성장장애의 가장 큰 원인은 위식도 역류, 선천성 심장기형, 흡수장애 등과 같이 영아의 신체적 질병으로 인한 경우와 불안정애착, 애정결핍 등과 같은 부모의 무관심과 부적절한 양육으로 인해 성장에 필요한 칼로리가 영아에게 제대로 공급되지 못하는 것이다. 성장장애의 원인 중 가장 높은 발병률을 나타내는 것은 부모의 부적절한 양육으로 인한 성장장애로 전체 성장장애 발병률 중 50%를 차지한다. 그리고 영아의 신체적 질병으로 인한 성장장애는 약 20~30%이다(강희경 외, 2002).

성장장애의 치료는 영아의 신체적 장애로 인한 성장장애는 질병의 치료와 함께 영양섭취가 적절히 이루어지도록 하는 것이 필요하다. 또한 부모의 부적절한 양육으로 인한 성장장애는 부모에게 다양한 지지와 자녀의 영양 및 효과적인 양육과 관련된 교육을 통해 긍정적인 양육환경을 제공하는 것이 무엇보다 중요하다.

③ 자폐장애

자폐장애(autism)의 어원은 'self' 라는 의미의 라틴어 auto로 자폐아동이 거의 혼자만의 세계에서 생활한다는 데서 비롯된 것이다. 만 3세 이전부터(생후 36개월 이내에) 사회적 상호작용과 의사소통에 있어서의 비정상적인 발달을 보이면서 활동과 관심영역이 제한된 특성을 보이는 장애이다.

자폐장애의 특징은 첫째, 언어발달이 정상적으로 이루어지지 않는다. 자폐아동의 절반 정도는 말을 전혀 하지 못한다. 이들은 언어발달이 극단적으로 지체되거나 같은 말을 계속해서 반복하는 경향이 있다. 둘째, 놀이를 할 때 융통성이 없고 상상놀이를 하지 못하며, 긴 시간 동안 특정 사물에 집착하며 놀거나 과도한 관심을 보이고, 하루 일과의 사소한 변화에도 몹시 당황하며 저항을 보이고 지나치게 고집한다. 이들에게 동일성과 반복성은 매우 중요하다. 셋째, 주 양육자와 정상적인 애착을 형성하지 못하고 타인과 눈을 맞추지 못하며 사회적 상호작용이나 의사소통이 비정상적이다. 넷째, 타인의 정서를 이해하고 지각하는 데 결함이 있다. 다섯째, 다른 사람들의 존재나 감정을 인식하는 능력이 현저하게 결핍되어 있다. 그러므로 사회적·정서적 결함을 가지고 있어 의미 있는 사회적 상호작용에 참여할 수 없거나 참여하지 않는다. 또한 특정 소리나 촉감을 싫어하거나 특정 냄새나 맛 때문에 음식을 거부하는 등 감각자극에 비정상적인 반응을 보인다.

④ 레트장애

레트장애(Rett's disorder)는 여아에게만 나타나는 비교적 희귀한 장애이다. 정상적으로 발달하다가 5개월~4세 정도부터 두뇌의 성장 속도가 느려지면서 신체운동기술을 상실하여 점차 걷기 힘들어지고, 표현 언어나 수용언어의 심각한 손상이 나타난다. 말을 하기 시작한 영아의 경우 언어가 부분적으로 또는 전적으로 상실되며, 중도정신지체를 수반한다.

상동적인 손 운동, 예를 들면, 손을 씻는 듯한 행동과 입속에 손가락을 넣는 행동, 손으로 입이나 치아를 두드리는 등의 행동을 보인다. 비록 사회적 접촉을 시작하거나, 지속시킬 수는 없지만 사회적 관계에 관심을 보인다는 점에서 자폐장애와 차이가 있다.

⑤ 주의력결핍과잉행동장애(ADHD)

주의력결핍과잉행동장애(Attention Deficit Hyperactivity Disorder, ADHD)는 연령에 비해 발달적으로 부적절한 수준에 속하는 부주의성(Inattention), 충동성(Impulsivity), 과잉활동성(Hyperactivity)의 특성을 가지고 있으며, 일상생활의 두 가지 이상의 기능적 손상을 일으키고 있을 때 진단되는 장애이다. 우리나라의 연구에서는 4~11% 발병률을 보고하고 있다.

ADHD는 다른 장애들과는 다르게 일관된 증상을 보이지 않는 경우가 많다. 시간이나 장소에 따라, 또는 상호작용하는 사람에 따라 그 증상이 다르게 나타나므로 하나의 도구만으로 또는 주변인 한 사람과의 면담만으로 ADHD를 진단하는 것은 어렵다. 또한 ADHD를 가진 아동들은 품행장애, 반항성 장애, 학습장애, 불안정장애, 우울장애 등 장애를 동반하는 경우가 많기 때문에 다각적으로 아동의 상태를 분석하는 것이 필요하다. 이들은 독립적으로 작업을 하거나 앉아서 하는 것을 잘하지 못하고, 가만히 있지 못하며 행동이 매우 산만한 특성이 있다. 이들에게는 약물치료가 단기적으로 도움이 될 수 있으나 장기적으로 ADHD를 치료하지 못하므로(Weiss, 1983) 약물치료와 더불어 적절한 학업적·사회적 행동을 강화해 주는 중재프로그램이 가장 효과적이다(Barkley, 1990).

ADHD의 초기 징후는 보통 유아기에 나타나며, 전반적으로 또래에 비해 미성숙하고 서투른 경향이 있다. 그 징후가 유아기부터 나타날지라도 ADHD로 진단되는 것은 보통 초등학교 시기에 이루어진다. 신경학적·생화학적·사회적·인지적 요인들에 대해 많은 연구가 행해졌음에도 불구하고 ADHD의 원인은 아직 잘 알려져 있지 않으며, 유전적 요인과 환경적 요인이 모두 영향을 미치는 것으로 보인다.

⑥ 반응성 애착장애

반응성 애착장애란 영아기에 주의 깊게 다루어야 할 주요 장애 중 하나로 5세 이전에 출현한다. 영이와 양육자와의 부적절한 환경에 의해 애착관계에 문제가 생겨 정서적 발달과 신체적 발달에 문제가 생기는 것을 말한다. 일반적으로 억제형과 비억제형으로 나뉜다. 억제형은 영아가 양육자에게 접근하는 데 실패하였거나 영아가 아주 힘든 상황에서 비정상적인 형태로 양육자에게 두려워하며 접근하는 것이 포함된다. 이들은 정서조절의 어려움과 사회성 상호작용에 문제를 나타낸다. 반면, 비억제형은 낯선 사람에 대한 경계가 부족하거나 친숙하지 않은 성인들에게 다가가는 행동을 보인다. 또한 친숙하지 않은 성인들에게 신체적 접촉을 구하거나 기꺼이 낯선 사람들과 함께하려 한다.

반응성 애착장애는 다른 사람과의 관계를 회피하고 반응이 없어 자폐증으로 보기도 하기 때문에 유사자폐장애라고도 한다. 그러나 자폐장애는 선천적 요인에 의해 발병하는 것으로 알려져 있으나 반응성 애착장애는 양육자에게 적절한 사랑과 관심을 받지 못하는 등 후천적 요인에 의해 발병한다는 점에서 차이가 있다. 애착장애는 양육자가 계속 바뀌거나 양육자가 영아와 불안정애착을 형성하여 나타난 결과이다. 이와 같이 애착장애의 주요 원인은 주 양육자가 자주 바뀌거나 양육자의 잘못된 양육으로 인한 불안정한 애착이다. 따라서 반응성 애착장애는 부모와 영아 간의 친밀한 관계 형성이 치료의 기본이 된다. 반응성 애착장애 영아는 언어와 인지가 원래 정상적이기 때문에 주 양육자가 영아와 따뜻하고 긍정적인 관계를 형성하면 쉽게 치료될 수 있다.

⑦ 비디오증후군

비디오증후군이란 뇌의 발달이 미숙한 3세 이전에 영아가 TV나 비디오와 같은 영상물을 반복 노출됨으로써 언어발달이나 사회성발달에서 부작용을 보이는 증세를 의미한다. 과도한 조기교육 열풍으로 인한 비디오증후군은 반응성 애착장애 못지않게 최근 심각한 영아기 장애이며, 영유아의 교육용 영상 시청이 늘면서 급속히 증가하고 있다.

비디오증후군은 DSM-Ⅳ나 「0~3(Zero to Three)」와 같은 장애진단기준에 포함되어 있지 않아 진단이 어렵다. 비디오증후군을 보이는 아이들은 언어발달이 늦어 의사소통을 하지 못하고 과도하게 비디오에 집착하며, 공격적이고 산만한 행동 특성을 보인다.

비디오증후군의 가장 큰 원인은 어린 시기에 다른 사람과의 사회적 상호작용 없이 영상물과 지나치게 과도한 접촉을 하는 것이다. TV나 비디오는 영아에게 일방적인 자극을 제시할 뿐 사회적인 상호작용을 제시하지 않는다. 이로 인해 영아는 언어발달이 늦어지고 사람과의 눈맞춤이 되지 않는 등 사회적 행동에 문제가 있다.

비디오증후군은 언어장애와 반응성 애착장애, 유사자폐장애와 같은 발달장애의 원인이 되므로 무엇보다 빨리 발견하는 것이 중요하다. 조기에 발견할 경우 치료가 가능하지만, 초등학교에 입학 후에 발견이 된다면 완치는 더욱 어렵다. 우선적인 치료는 아이 혼자 TV와 비디오를 보지 않도록 하는 것이며, 특히 만 2세 미만의 영아에게 혼자서 영상물을 보지 않도록 해야 한다. 영상물 대신 부모는 영아와의 놀이를 통해 상호작용을 증가시킨다. 또한 비디오증후군 증세를 보이는 영아의 어머니는 대부분이 심리적 문제를 지니고 있기 때문에 영아와 어머니가 함께 치료를 받는 것이 바람직하다.

2) 영아기 발달장애의 진단기준

발달장애에 대한 가장 일반적인 진단기준은 미국정신의학협회(APA)에서 나온 정신장애 진단(DSM-IV)의 분류기준이다. 그러나 DSM-Ⅳ는 장애 진단에서 가장 보편적인 척도이지만, 최근에는 발달에 기초를 둔 영유아기 정신건강 및 발달장애 진단분류(Zero to Three)가 개발되었다.

(1) 발달장애의 진단기준

아동의 문제행동을 발달장애와 같은 정신병리로 결정하기 위해서는 다음과 같은 상황들을 고려해야 한다.

첫째, 문제행동의 종류와 지속 정도이다. 예를 들어, 난독증과 같은 인지기능장애는 장기간 지속되며 정상발달이 심각한 손상을 일으키지만, 손가락 빨기와 같은 문제행동은 그리 장기간 지속되지 않고 후유증을 남기지 않아 발달장애로 간주하지 않는다.

둘째, 문제행동의 연령 적합성이다. 애착에서 나타나는 분리불안 행동이 영아기에 나타나면 이것은 정상행동이지만 아동기에도 분리불안이 나타나면 이것은 발달장애로 진단된다. 즉, 아동에게서 나타나는 문제행동이 아동의 연령과 발달 수준에 비교해 어느 정도 적합한지의 여부가 발달장애를 결정하는 중요한 요인이 된다.

셋째, 아동이 문제행동으로 인해 겪는 고통과 일상생활에서의 지장 정도 역시 발달장애를 결정하는 주요 기준이 된다. 예를 들면, 아동의 말더듬 행동이 생활에 별다른 지장을 주지 않는다면 단순한 문제행동의 하나이지만, 학교 수업에 많은 지장을 주어 등교 거부가 나타나고 이로 인해 부모와의 갈등이 더욱 심해진다면 발달장애로 진단하는 기준이 될 수 있다.

(2) 미국정신의학협회의 정신장애진단(DSM-Ⅳ)

미국정신의학협회(APA)에서 나온 정신장애 진단(DSM-IV)는 전 세계적으로 가장 널리 사용되고 있는 분류기준이다. DSM-Ⅳ에 제시된 영아기의 발달장애를 보면 다음과 같다.

표 11-1 DSM-Ⅳ에 제시된 영아기 정신장애

	장애	유형
축 1 주요 진단	섭식장애	이식증, 반추장애, 섭식장애
	전반적 발달 장애	자폐장애, 레트장애, 아동기 붕괴성 장애
	기타 장애	반응성 애착장애
	주의력결핍 및 파괴적 행동장애	주의력 결핍 및 과잉행동장애, 품행장애, 반항성 장애, 파괴적 행동장애

출처: Lyons, K., Zeanah, C., & Benoit, D.(2003)

영아기 발달장애를 진단하는 것은 영아에게 일찍부터 낙인을 찍고 편견을 초래할 수 있다. 그러나 발달장애를 체계적으로 분류함으로써 효과적으로 수집하고 정보를 교환할 수 있으며, 이로 인해 치료를 효과적으로 실시할 수 있다는 장점이 있어 발달장애의 분류와 진단체계를 위한 노력들은 계속 이루어지고 있다. 또한 DSM-Ⅳ는 장애의 진단기준에서 전 세계적으로 가장 보편적으로 사용되고 있는 기준이지만, 3세 이상의 유아와 아동에게 사용하는 준거를 영아에게도 동일하게 사용하기 때문에 영아기의 장애 진단기준으로 제한적이다.

(3) 영유아기 정신건강 및 발달장애 진단 분류: 0~3(Zero to Three)

발달장애의 특성상 생애 초기에 발달장애 진단이 중요하다는 인식으로 최근 영유아발달과 정신건강 분야의 전문가들을 중심으로 영아의 정신건강과 발달장애를 진단하기 위한 연구가 이루어졌다.

「0~3(Zero to Three)」 프로젝트는 미국과 캐나다, 유럽 등 영유아발달센터와 병원에서 일하는 임상가와 연구자들이 영유아발달과 정신건강을 위해 영유아기 정신건강 및 발달장애 진단분류를 개발하였다. 「0~3」는 영유아기의 발달문제에 초점을 맞추고 있기 때문에 정신장애의 진단 및 통제편람(DSM-IV)이나 국제질병분류(ICS-10)와 같은 체계들처럼 완벽한 체계를 갖추지는 않았다.

이 체계는 기존의 접근법을 보완한 것으로, 다른 분류체계에서 언급되지 않은 행동이나 문제 유형들 그리고 다른 체계에서 다소 연령이 많은 아동이나 성인을 대상으로 기술된 문제들과 초기 형태에 행동에 대해 기술하고 있다. 이 체계는 〈축 1〉에서 〈축 5〉까지로 구성되어 있으며, 발달장애의 가장 두드러진 특징은 〈축 1〉에서 1차 진단에 기록하게 된다. 〈축 1〉에는 외상적 스트레스 장애, 정서장애, 적응장애, 조절장애, 수면행동장애, 섭식행동장애, 관계형성 및 의사소통장애 등이 포함된다. 또한 대부분의 영유아 발달장애는 부모와의 관계와 발달적 문제가 중복되므로 〈축2〉의 관계분류에 별도로 기록하여 복합진단하도록 하였다. 〈축 3〉에는 의학적 · 발달적 장애를 기록하고, 〈축 4〉에는 심리사회적 스트레스 요인을 기록하며, 〈축 5〉에는 기능적 · 정서적 발달 수준을 진단한다.

3. 특별한 욕구가 있는 영아에 대한 조기 개입방법

1) 긍정적인 태도를 유지한다

특별한 요구를 가진 영아의 성공적인 통합을 위해 영아와 관련된 성인의 태도는 매우 중요하다. 교사는 장애에 대한 자신의 감정을 반영해 보아야 하고, 특별한 요구를 가진 영아가 학급에 왔을 때 일어날 수 있는 모든 걱정, 예를 들면 자신이 가진 지식이나 기술이 부족하여 영아에게 해가 될 수 있다거나 일반적인 교사 대 영아 비율로는 운영이 불가하다는 점, 장애에 대해 가지고 있는 개인적인 감정에 대한 점에 대해 논의해 보아야 한다.

2) 정보 공유를 요청한다

교사는 모든 영아에게 도움을 주기 위해 적절한 정보가 필요하다. 교사는 가족이나 의료 전문가에게 도움을 받아야 하며, 교사와 가족은 기관이 자녀에게 필요한 특별 서비스나 정보를 수집해야 한다. 통합은 교사와 부모가 정보와 의견에 대해 개방적인 교환이 이루어지고, 영아를 위한 서로의 노력과 성공 경험을 가치 있게 여길 때 가장 성공적이다.

3) 영아의 능력을 기록한다

기록은 교사가 특별한 요구를 가진 영아를 이해하는 데 매우 유용하다. 기록은 교사에게 특별한 요구를 가진 영아에 대한 활동적·생산적·사회적 경험의 이미지를 나타내고, 교사의 마음에 영아에 대한 긍정적인 이미지를 심어줄 수 있다. 즉, 교사에게 특별한 요구를 가진 영아의 요구와 장애보다 강점을 인식하도록 하는 데 많은 도움이 될 수 있다.

4) 자료와 활동을 적합하게 조정한다

특별한 요구를 가진 영아를 위해 장난감이나 자료를 적합하게 조정하는 것은 3단계 과정으로 이루어진다. 1단계는 영아가 무엇을 배우고 어떻게 배우는지 이해하고, 2단계는 적절한 형태로 정보를 담고 있는 자료 제공하며, 3단계는 자료가 견고한지 확인하는 것이다.

특별한 요구를 가진 영아를 위한 학습활동을 계획할 때에는 우선적으로 고려할 사항 중 하나는 어떤 개념과 기술이 장애영아에게 현재 생겨나고 있는지, 어떤 장난감과 자료를 흥미 있어 하는지에 대해 이해하는 것이다.

5) 환경을 구성한다

영아들이 이동할 수 있게 되면, 신체장애가 있는 영아가 친구들과 가까이 있을 수 있도록 한다. 별도의 자리를 준비하는 것보다 다른 영아들과 함께 간식 책상에 앉을 수 있도록 보조의자를 제공하여 참여하도록 한다. 특히, 시각장애가 있는 영

표 11-2 놀잇감과 자료 조정의 원칙

안정성	정보의 유용성	놀이를 통한 목표 달성
영아의 사물을 다루는 능력과 탐색하고 배우는 능력을 향상시킨다.	영아에게 가장 효과적인 감각과 몸의 사용을 통해 정보를 제공한다.	영아가 자연스럽게 목표 달성에 참여할 수 있도록 한다.
• 책상에 물체를 고정시키기 위해 벨크로나 테이프를 사용한다. • 큰 손잡이는 물체를 집거나 움직이는 것을 더 용이하게 한다. • 밑바닥이 무거운 물건은 잘 뒤집어지지 않는다. • 두꺼운 재료를 사용한다.	• 조각의 수를 줄임으로써 자료를 단순화한다. • 시각장애가 있는 영아를 위해 대조가 분명한 것을 사용한다. • 과도한 자극에 매우 민감한 영아를 위해 소리 나는 것을 치운다.	• 두 손으로 잡는 놀잇감을 제공한다. • 손바닥으로 마주치면 터지는 비눗방울을 불어준다. • 한 손가락으로 비눗방울을 찔러보게 한다. • 작은 피아노나 전화처럼 손가락을 분리해서 사용해야 하는 놀잇감을 제공한다.

아는 스스로 한 장소에서 다른 장소로 이동하는 방법을 익힐 수 있도록 가구나 통로 위치가 그대로 유지되는 것이 필요하다.

6) 애정을 나누는 집단활동을 계획한다

여러 가지 방법으로 영아들이 서로에게 친절하게 대하도록 격려한다. 영아들이 특별한 요구를 가진 영아에게 가장 도움이 될 수 있는 방법에 대해 구체적으로 알려준다. 예를 들면, "친구 손을 잡아보자."라든가 "기다려 보자, 친구가 잡을 수 있어."와 같은 말을 해줄 수 있다.

애정을 나누는 활동은 일상적으로 이루어질 수 있다. 종교적인 기관이든지 아니든지 영아들이 손을 잡고 식사 전에 간단한 감사 노래를 불러볼 수 있다. 또한 일상적으로 부르는 노래를 변형하여 부를 수도 있다.

7) 치료목표를 달성한다

특별한 요구를 가진 영아는 조기 중재팀과 치료목표를 규정하여 개별화된 가족지원이 필요하다. 교사는 치료효과를 이끌어낼 수 있는 놀잇감이나 자료를 활용하는 놀이활동을 통해 이러한 목표의 도달을 촉진시킬 수 있다. 교사는 주의를 집중하고, 탐색을 증진할 수 있는 환경을 조성하며, 놀이와 언어를 확장시킨다. 그리고 학습을 돕기 위해 정서적으로 차분한 분위기로 관심을 보이며, 영아가 성취한 것에 대해 기쁘게 축하해 준다.

| 12장 |

영아의 건강과 안전

1. 건강의 중요성

건강은 삶의 질을 이루는 토대이다. 세계보건기구(WHO)는 영유아의 건강에 대해 “영유아의 성장·발육이 저해되지 않고 순조롭게 진행되는 상태로서 단순히 질병에 감염되지 않았거나 허약하지 않다는 것뿐만 아니라 신체적·정신적·사회적으로 무제가 없는 상태”라고 정의했다. 즉, 건강하다는 것은 신체적으로 건강할 뿐만 아니라 정신적으로나 사회적으로도 안녕상태를 유지하여야만 건강하다는 것이다. 영아기는 일생 중 성장과 발달에 있어 신체적·심리적·인지적·측면에서 가장 현저한 변화를 경험하는 시기이다. 특히 영아기는 인간의 성장·발달단계에서 가장 급속한 성장과 변화가 일어나며, 생존을 위해 건강한 성인에게 의지하는 시기로, 영아가 생애 초기에 접하게 되는 환경은 영아의 건강한 성장 및 발달에 중요한 요인이 된다(Crandall, Chiu & Sheehan, 2006). 건강하게 출생하여 행복하고 안전하게 자라는 것은 영아의 안녕(well-being)을 위해 충족되어야 할 기본적인 조건이다.

영아는 유아에 비해 생리적 변화에 대한 취약하며, 면역성이 떨어지고 자생능력이 부족하여 질병의 발생률이 높고, 원활한 언어소통이 어려우므로 양육자는 영아의 신체상태의 변화를 파악하는 능력이 더 많이 필요하며, 적합한 영양을 공급하고 주변 물품에 대한 소독을 철저히 하며, 질병을 조기 발견하여 적절히 치료를 함으로써 건강한 발달을 조장할 필요가 있다.

2. 영아기 건강관리

영아가 건강하게 생활할 수 있도록 하는 요인을 수면과 휴식, 청결과 위생, 배변 훈련, 질병관리, 정신건강 등으로 나누어 살펴보면 다음과 같다.

1) 수면과 휴식

충분한 수면과 적당한 휴식은 수면은 하루의 피로를 회복시키고 에너지의 재충전을 하기 위한 생리적 기제이다. 신체활동이 활발한 영아들은 대사활동이 왕성하고 활동량이 많기 때문에 쉽게 피로해질 수 있으므로 일과 중에 쌓인 피로를 적절한 야간 수면과 낮잠으로 해소해야 한다. 휴식과 낮잠은 활동 후에 몸과 마음을 회복시키고 이완시켜 건강을 유지하고 질병으로부터 감염을 막을 수 있도록 한다. 그러므로 영아에게 수면과 휴식은 중요한 하루 일과이다.

영아는 재미있는 일에 몰두하게 되면 피곤을 잊어버리고 놀이하므로, 교사는 피곤할 때나 놀이 후에는 적절한 휴식을 취할 수 있도록 도와주어야 한다.

영아기 연령별 수면건강관리의 방법은 다음과 같다.

(1) 신생아

신생아는 수유할 때 이외에는 밤낮 구분 없이 잠자기와 깨어나기를 반복한다. 수면을 충분히 취하게 하기 위해서는 낮 동안 규칙적으로 생활하는 것이 중요하다. 신생아의 수면시간은 하루에 18~20시간 정도이다. 수면에는 눈동자가 움직임에 따라 REM 수면과 비REM 수면이 있다. REM 수면은 빠른 눈동자의 움직임과 동시에 몸을 움직이며, 빠르고 불규칙한 호흡과 맥박이 나타난다. 소리를 내거나 꿈을 꾸는 것은 REM 수면에서 자주 일어난다. REM 수면 상태에서는 내적 자극이든 외적 자극이든 강한 자극이 없거나 극히 적다. 비REM 수면은 조용하고 깊은 잠으로 호흡이나 맥박이 규칙적이며 몸이 움직임도 거의 일어나지 않는다. 눈이 감겨 있고, 호흡이 불규칙하며, 근육이 가끔씩 환경에 반응하나 큰 움직임을 없다.

심리적으로 불안하거나 질병, 배고픔, 복통 등의 신체적으로 불편하면 영아는 깊은 잠을 자지 못하고 보채는 경우가 많으므로 원인을 찾아내 신속하게 해결해 주어야 한다. 낮과 밤의 수면주기가 바뀐 영아는 낮잠을 과도하게 자지 않도록 유도하여 밤에 잘 수 있도록 하며, 밤잠을 자기 전에 목욕이나 수유를 하는 것이 효과적일 수 있다.

(2) 2세 미만 영아

영아기에는 하루에 낮잠 시간을 포함하여 0~1세에는 16시간 이상, 2~3세에는 12~15시간의 수면이 필요하다. 영아에게 적절한 낮잠시간은 생후 3개월은 5~6시간, 생후 6개월은 3~4시간, 생후 12개월은 2~3시간, 1세 이후는 1~2시간 정도의 낮잠을 자게 하는 것이 좋다(장숙, 2011).

수면시간이 부족한 영아는 집중력 부족, 성격이상, 성장발달 저하 그리고 질병발생 등의 문제가 생길 수 있기 때문에 안정된 숙면을 취할 수 있도록 환경을 만들어 주어야 한다. 영아가 숙면을 취하기 위해서는 안락하고 조용한 수면장소를 제공해야 한다. 수면시간은 영아의 월령에 따라 차이가 있으므로 영아 개개인의 요구에 따라 적절하게 맞추어야 한다. 18개월 이후에는 오후 1회 정도의 낮잠을 잔다. 영아들의 수면시간은 개인차가 크고, 같은 영아라도 하루의 활동량에 따라 다소의 차이가 있음을 고려해야 한다. 생후 12개월 미만의 영아는 낮잠을 월령에 따라 오전과 오후 하루 2회, 또는 하루 1회로 하는 것이 좋다. 안심하고 푹 자게 하기 위해서는 배가 고플 때를 피하고, 수유를 하고 난 다음이 좋다. 수면 양과 수면습관이 영아마다 다르므로 평소 영아들의 수면 양상을 관찰해 두었다가 영아가 잠들기 쉬운 환경에서 편안해하는 자세로 재운다. 곧 잠드는 영아도 있으나 쉽게 자지 않는 영아도 있다. 영아의 이름을 불러 주고, 조용한 목소리로 자장가를 불러주거나 이야기를 해주고, 쓰다듬어 주거나 영아가 좋아하는 이불이나 인형을 가지고 자게 하는 등 여러 가지 방법으로 영아가 안정을 취할 수 있도록 도와준다. 또 안심하고 기분 좋게 눈을 뜰 수 있도록 교사가 온화한 눈빛으로 곁에 있는다. 영아의 수면은 얼마나 잤느냐가 중요한 것이 아니라 얼마나 숙면할 수 있는지, 그리고 건강하고 원기왕성하게 하루를 보내고 있는지를 검토해야 할 것이다. 영아의 생활시간이 불규칙적으로 흐트러지면 수면시간에 혼란이 일어나게 된다. 과도한 운동, 지나친 즐거움으로 인한 흥분, 그 반대로 만족스러운 활동을 못한 경우에도 영아는 숙면하지 못한다. 낮잠을 자는 동안 영아들은 손가락을 빨 수도 있고 이불이나 옷자락을 빨기도 한다. 이러한 습관이 영아에게 안락감을 준다는 사실을 이해하고 이러한 습관을 교정하기 위하여 훈계하기에는 적절한 때가 아니다. 영아들의 개별적인 특징과 상황을 존중해야 하며, 영아 각자가 안정적으로 휴식을 취할 수 있도록 환경을 제공하고 심리적으로 편안한 분위기를 만들어준다(보건복지부, 2012).

(3) 2세 영아

만 2세 영아는 오후 1회 정도의 낮잠을 잔다. 교사는 규칙적인 일과에 따라 영아들이 수면을 취할 수 있도록 하며, 그날의 활동량에 따라 수면시간을 고려해야 한다. 또 이 시기의 영아는 각자 독특한 수면주기와 습관이 형성되어 있다. 교사는 평소 영아들의 수면 양상을 관찰하고 보호자에게 영아의 수면 패턴과 수면 양, 수면 습관을 물어서 되도록 가정과 비슷한 환경을 제공해 주어 편안한 생활이 이루어지도록 한다. 피로가 쌓이면 생리적인 균형이 파괴되어 질병이 발생하고 행동에 이상이 생기게 된다. 피로한 영아는 자발적인 활동이 줄고 칭얼거리거나 표정의 변화가 적어진다. 영아에게 감기 기운이 있거나 외출, 목욕 등 과도한 활동 후에는 충분한 휴식과 영양을 공급하여 피로를 풀고 건강을 유지하도록 한다. 충분한 수면을 통해 쌓인 피로를 해소함으로써 에너지를 충전하는 것은 건강한 발달의 바탕이 된다(보건복지부, 2008).

2) 청결과 위생

깨끗한 환경을 유지하고 자신의 몸을 깨끗이 하는 습관은 질병을 예방하고 건강을 증진하는 데 중요한 요인이 된다. 면역력이 부족한 영아는 질병에 감염될 위험이 높다. 특히 처음 집단생활을 하는 영아들은 병균에게 자신을 방어할 항체 형성의 기회가 적었기 때문에 면역성이 부족하여 호흡기계 감염 등 질병에 걸릴 위험이 높으며 쉽게 세균에 감염될 수 있다. 그러므로 청결과 위생에 대해 특별한 관리가 필요하다.

영아기 연령별 청결과 위생관리의 방법은 다음과 같다.

(1) 신생아

신생아는 흡수성이 좋은 의복으로 갈아 입혀 청결상태를 항시 유지하도록 한다. 배꼽은 1~2주 정도면 아물며 완전히 떨어질 때까지 입욕을 피한다. 목욕은 수유 후 1시간 이내는 피하며 1일 1회가 적당하다. 생후 1개월 이후부터 일광욕을 시작하며 일광욕은 신생아의 식욕부진, 성장발육과 운동기능의 발달을 촉진한다. 처음 1~2일 동안은 하루 5분 정도씩 발끝부터 시작한다.

신생아의 운동은 각종 저항력과 근육발달을 위해 중요하며 하루 30분 정도 운동을 시킨다. 젖을 먹인 직후나 배가 고플 때는 피하는 것이 좋다.

(2) 2세 미만 영아

신체활동과 대사활동이 왕성한 영아는 피부를 통하여 노폐물이 활발하게 배출되므로 자주 목욕을 해야 한다. 교사는 수유, 식사 전후, 놀이가 끝났을 때, 배변 후에 다정한 태도로 얼굴이나 손을 씻어 주거나 영아 스스로 씻도록 도와주도록 한다. 교사는 영아를 씻어주고 닦아줄 때 영아가 청결하고 위생적인 생활습관을 들이도록 도와주어야 함을 염두에 두고 지도한다. 영아는 치아가 완전히 나지 않아 구강위생에 소홀해질 수 있다. 구강위생을 소홀히 함으로써 각종 호흡기질환과 소화기질환에 노출될 수 있으므로 수유를 한 뒤에는 반드시 양치를 해준다. 영아의 구강점막에 붙어 있는 우유나 토물 찌꺼기를 떼어내기 위해서는 온수를 적신 거즈에 아기용 구강세정제를 묻혀 손가락 사이에 끼워 넣고 잇몸, 혀, 구강 점막을 깨끗이 닦아준다. 식사 후에는 영아들이 이를 닦도록 지도하고 이 닦는 것이 서투른 영아를 부드러운 개인용 칫솔을 사용하여 칫솔질을 해준다(보건복지부, 2008).

(3) 2세 영아

2세 영아의 이 닦기는 충치를 예방하기 위하여 이 닦기를 가르치기 시작한다. 이 닦기는 칫솔을 입 안에 넣어서 겨우 닦는 동작을 할 수 있을 정도에 지나지 않지만, 스스로 양치질을 하도록 격려하고 뒷마무리는 교사가 도와주도록 한다. 이러한 시도는 이 닦기에 대한 관심을 높이고, 청결한 습관을 기르는 데 효과가 있다. 또 젖병을 늦게까지 사용하는 영아는 앞니에 충치가 잘 생길 수 있으므로 이 닦기에 더 유의해야 한다. 손이 더러워지면 혼자 씻게 한다. 식사 전후, 놀이가 끝났을 때, 배변 후에, 애완동물을 만지거나 먹이를 준 후 등 손을 씻도록 지도하며 청결한 습관을 들이도록 지도한다. 손 씻기는 병의 감염을 막고 건강을 유지하기 위한 일차적인 활동이다. 매일의 일과 속에서 손 씻는 방법, 손을 씻어야 되는 때를 영아에게 알려주고 지속적으로 반복시켜 올바른 습관을 들일 수 있도록 도와주어야 한다(보건복지부, 2008).

3) 배변학습

배변기관을 조절하는 괄약근은 섬세하기 때문에 신체 근육 중에서 가장 늦게 발달한다. 영아기 초기에는 대소변 통제에 필요한 근육과 신경이 성숙되지 않았기 때문에 대변은 항문이 반사적으로 열려 배설하게 되며, 소변은 방광근육이 자동적으로 이완되어 배출된다. 배변학습은 통제하는 기술, 즉 자신의 신체기능을 조절하는 능력과 관련된 것으로 일정한 시간에 정해진 장소에서 대소변을 볼 수 있도록 지도하는 것을 말한다. 이를 위해서는 영아의 근육통제 및 신경조직의 성숙, 배설을 위한 적절한 기간과 장소 인식 등이 필요하다. 영아의 배변학습을 위한 구체적인 지도방법은 다음과 같다.

(1) 2세 미만 영아의 배변학습

영아의 울음소리와 불편한 표시, 배설하고자 하는 욕구 표현에 교사는 주의 깊게 관심 가지고 관찰하고, 배설했을 때 즉시 기저귀를 갈아 위생적으로 처리해 주어야 한다. 기저귀가 젖었는지 수시로 확인하고 영아 각각의 배뇨 간격을 파악하여 기저귀가 더러우면 영아가 긴장하지 않도록 즐거운 분위기에서 바로 갈아주어 정갈해진 기분을 느낄 수 있도록 한다. 흡습성이 좋은 종이기저귀를 사용하면 기저귀 가는 횟수를 줄일 수 있으나, 수시로 기저귀 상태를 확인하여 갈아주도록 한다. 기저귀를 오래 찼거나 피부가 민감한 영아의 경우 기저귀 발진이 생기기 쉽다. 따라서 기저귀를 갈 때 영아의 피부에 남아 있는 소변과 대변의 성분을 말끔히 닦아주고 적당히 말린 다음에는 알맞은 보습제를 발라주어야 한다. 생후 15~18개월경부터 차츰 대변 지도를 하도록 한다. 건강한 영아는 배설 패턴이 안정되어 있으므로 영아 개개인의 대변 시간을 알아 두었다가 그 시간쯤이면 정해진 장소에서 변기에 앉힌다. 대변 훈련 시기에 비해 소변 훈련은 좀 늦게 시작한다. 만 14~18개월의 영아는 2시간 이상 소변을 보유할 수 있게 된다. 교사는 영아들의 소변 예상 시간에 맞추어 화장실에 갈 시간이 되었다는 것을 영아에게 알리고 변기에 앉혀서 소변을 보도록 지도한다. 영아가 변기에 소변을 보게 되면 칭찬을 해주어 배설습관을 들이도록 한다.

배변훈련은 영아에 따라 차이가 있으므로 너무 강요하지 말고 차분하고 일관성을 유지하면서 지도해야 한다. 배변훈련은 대소변의 마려움 인식, 대소변 보유 능력, 대소변 배설 표현하기, 적절한 장소 선택과 접근, 하의 벗기, 대소변 배설하기가 거의 동시에 이루어져야 하므로 영아에게 어려운 과제임이 분명하다. 배변훈련을 시도하기 전에 영아가 준비가 되었는지 검토한 후 성공적으로 수행할 수 있다는 판단이 들 때 시도한다. 너무 빠르게 시도하면 영아가 지나친 스트레스를 경험하게 되고, 너무 늦어지면 영아의 자발적인 발달이 지체되거나 또래들에게서 소외될 수 있다. 여러 면으로 영아의 준비상태를 확인하여 성공적인 배변훈련이 되도록 해야 한다. 또 영아의 건강상태가 좋지 않을 경우는 물론이고, 평상시에도 기저귀를 간

횟수와 대변의 상태 등을 기록하여 부모에게 알려준다(보건복지부, 2008).

(2) 2세 영아의 배변학습

만 2세 영아는 배변훈련이 되었음에도 시행착오를 경험하는 시기이다. 영아가 성공했을 때 칭찬해 주고, 실패했을 때는 꾸짖지 말고 격려해 주어 영아의 스트레스를 최소화한다. 영아를 변기에 5분 이상 앉혀 두거나 배설훈련을 너무 무리하게 함으로써 역효과가 일어날 수 있다. 배설하는 장소는 청결하게 하고, 영아가 깨끗하고 즐거운 장소라고 느낄 수 있도록 해주어야 한다. 훈련이 되었다 하더라도 동생이 생기거나 갑작스런 주거조건의 변화, 심리적인 갈등이 있을 때 퇴행될 수 있다. 배설훈련은 영아의 척수신경이 충분히 발달하고 항문과 요도의 조임근 긴장력을 조절하는 능력이 생겼을 때 성공할 수 있다. 따라서 배설훈련은 영아에게는 매우 힘든 과제라는 점을 이해해야 한다. 배설 후에는 항상 손을 씻도록 지도한다(보건복지부, 2008).

4) 질병관리

영아기는 모체로부터 면역력이 떨어지고 집단생활을 하면서 감기, 폐렴 등 전염병에 걸릴 위험도 높은 시기이다. 영아에게 자주 나타나는 감기, 설사, 복통 발열 등 신체적·정신적 성장을 저해하는 중요한 요인이다.

영아에게 자주 발생하는 전염성 질환에 대한 증상과 예방대책, 치료법을 수시로 게시하고 교직원들과 영아에 대한 정기적인 건강검진, 예방접종, 아픈 영아를 보호하고 관리하는 일, 일과 속에서의 투약 의뢰서 관리 등의 질병관리가 필요하다. 특히 격리를 요하는 전염병 그 기간이 다르므로 이에 대해 숙지시킬 필요가 있다. 격리를 요하는 정도의 전염병은 아니지만 많이 아픈 영아들을 어떻게 보호할 것인지에 대한 지침 또한 중요하다.

따라서 영아에게 자주 발생하는 질병의 원인과 유형을 파악하여 기초지식을 가지고 각각의 질병에 대해 적절하게 대응하는 자세가 필요하다.

「영유아보육법」 제32조(치료 및 예방조치)에는 건강진단 결과 질병에 감염되었거나 감염될 우려가 있는 영유아에 대하여 그 보호자와 협의하여 질병의 치료와 예방에 필요한 조치를 하도록 되어 있고, 건강진단의 결과나 그밖에 의사의 진단결과 감염병에 감염 또는 감염된 것으로 의심되거나 감염될 우려가 있는 영유아, 어린이집 거주자 및 보육교직원을 보건복지부령으로 정하는 바에 따라 어린이집으로부터 격리시키는 등 필요한 조치를 할 수 있도록 규정되어 있다.

표 12-1 각종 전염병의 격리기간

구분	초기증상	잠복기간	격리기간
홍역	발열, 재채기, 결막염, 발진	9~13일	발진이 없어질 때까지
수두	발열, 발진이 되고 물집이 생김	10~12일	딱지가 떨어질 때까지
유행성 이하선염	발열, 귀밑이 부어오름	7~12일	귀밑 부기가 다 빠질 때까지
풍진	가벼운 감기같고 발열과 발진	10~12일	증상이 없어질 때까지
백일해	열이 없고, 밤에 기침이 심함		특유의 기침이 없어질 때까지
인플루엔자	발열, 기침, 목이 아픔	7~14일	주요 증상이 없어질 때까지
유행성 결막염	눈이 붓고 흰자위가 충혈되어 눈곱이 많이 생김	1~3일	급성기 염증이 없어질 때까지
농가진	얼굴이나 수족에 쌀알 크기부터 대추 크기의 발진, 수포가 생김	7일	염증기가 지나 환부치료포대를 하고부터
수족구병	38도 정도의 고열, 1~2일간의 입 속, 손바닥, 발바닥에 수포가 생김	2~5일	주요 증상이 없어질 때까지
전염병 설사증	설사의 횟수가 많고 변이 물같고 열이 나며 감기증상을 동반함	3~6일	주요 증상이 없어질 때까지
전염성 홍반	열은 별로 없고 37도 정도의 열이 남. 얼굴과 뺨에 발진이 생김	2~4일	급성증상이 없어질 때까지

교사는 영아의 건강문제를 항시 관찰하고 수시로 영아의 안색과 표정, 행동을 살펴야 한다. 영아의 표현을 귀담아 듣고 체온과 맥박, 호흡상태 등도 측정하여 건강상태를 파악하여야 한다. 일일연락장을 작성하여 부모에게 보내어 가정에서는 보호자가 영아의 특별한 건강상태를 기록하여 다음날 가져오도록 한다. 영아가 자신의 몸이 아플 때 어른에게 알려서 도움을 받을 수 있도록 지도하고 교사는 수시로 영아의 건강상태를 기록한다(예: 체온, 변을 보는 횟수와 색, 수유 횟수 등)(보건복지부, 2008).

영아가 건강하게 자라기 위해서는 여러 종류의 예방이 필요하다.

전염병을 예방하기 위해서는 예방접종과 그 외 일상생활에서 이루어져야 할 예방이 있다. 일상생활에서 이루어져야 할 예방이란 평소에 영아의 건강에 영향을 주는 요인들을 잘 관리하는 것으로, 영아가 건강할 때 일상생활에서 충분한 영양섭취와 적절한 양의 수면과 휴식, 청결한 위생습관, 그리고 안정된 환경에서 생활, 정기적 건강검진을 받아 성장과 발육이 정상적으로 이루어지는지를 살펴보는 것이다. 또한 이상이 있을 때는 빠른 치료를 받도록 하며, 적절한 운동을 하게 하여 전염성 질환을 예방한다.

예방접종은 「전염병예방법」에도 의무적으로 실시하도록 규정할 만큼 공중보건학적으로 중요한 부분이다.

(1) 예방접종의 종류

저항력이 약한 영아기에 감염을 예방할 수 있는 최선의 방법이자 가장 중요한 수단이다. 그러므로 감염성 질환을 예방하기 위하여 미생물 병원성을 제거하거나 약하게 하여 인체에 주사 또는 접종함으로써 특정 질병에 대해 면역력을 갖도록 해야 한다.

① 국가필수예방접종

국가가 권장 및 반드시 맞아야 하는 예방접종으로, 국가는 「감염병의 예방과 예방 및 관리에 관한 법률」을 통해 예방접종 대상 감염병과 예방접종의 실시기준 및 방법을 정하고 있다.

② 기타예방접종

국가필수예방접종 이외에 민간의료기관에서 접종가능한 예방 접종이다.

③ 기초접종

단기간 내에 적절한 방어면역 획득을 위해 시행하는 접종이다.

④ 추가접종

기초접종 후 형성된 방어면역을 장기간 유지하기 위해 일정 기간이 지난 후 다음 추가 시행하는 접종이다.

(2) 예방접종 종류와 시기

예방접종을 하였다고 해서 그 질병에 대해 완전히 예방되는 것이 아니기 때문에 청결한 개인위생과 환경 등의 사후관리에 철저한 주의를 기울여야 한다. 연령별 예방접종의 시기와 종류는 다음과 같다.

표 12-2 예방접종의 시기와 종류

연령	접종 종류	비고
0~1주	B형 간염	모체가 B형 간염 항체검사 경과 양성인 경우 가능하면 12시간 이내에 B형 간염 면역글로불린과 B형 간염 백신을 함께 접종한다. B형 간염 백신은 이제 0, 1, 6개월 스케줄로만 접종한다.
0~4주	BCC (결핵예방접종)	태어난 병원보다 가까운 소아과를 이용한다.
1개월	B형 간염	1차 접종약 종류에 관계없이 호환된다.
2개월	DTaP	개량 디프테리아, 백일해, 파상풍 혼합백신
	폴리오	이제 소아마비는 주사용으로만 접종한다(경구용 사접종액은 나오지 않음).
	Hib (뇌수막염 예방접종)	기본접종은 아니나 적극 권장되어야 할 백신으로 3회의 기초접종과 1회 추가접종이 필요하다.
	폐구균	기본접종은 아니나 적극 권장되어야 할 백신으로 3회의 기초접종과 1회 추가접종이 필요하다.

연령	접종 종류	비고
2개월	로타바이러스 백신	가성콜레라(장염) 예방백신으로 두 종류가 있는데 둘 다 첫 번째 접종은 14주 6일까지는 시작해야 하고, 마지막 접종은 8개월 0일까지는 완료해야 한다.
4개월	DTaP, 폴리오, Hib, 폐구균	
	로타바이러스 백신	두 종류의 백신이 있는데 교차 접종은 권장하지 않는다.
6개월	DTaP, 폴리오, Hib, 폐구균, B형 간염	홍역이 유행할 때는 6개월부터 홍역 단독백신(없으면 MMR)을 접종한다. 3차 소아마비 접종은 6~18개월에 접종가능하다.
	로타바이러스 백신	
18개월	MMR, 수두, Hib, 폐구균	MMR(홍역, 볼거리, 풍진 혼합백신)은 12개월에 수두와 같이 접종하는 것이 좋다. 우리나라는 수두를 한 번만 접종하지만 한 번 접종한 아이들이 수두에 너무 많이 걸리기 때문에 미국은 2007년부터 4~6세에 추가접종을 실시하고 있다.
1~2세	DTaP	18개월에 실시했던 소아마비 4차 접종은 이제 하지 않는다.
4~6세	DTaP, 폴리오, MMR	DTaP는 만 7세 이전에 꼭 추가 접종해야 한다.
11~12세	성인용 Td	11~12세부터는 10년마다 접종한다.
	자궁경부암백신 (가다실, 서바릭스)	여아에게는 0, 2, 6개월 또는 0, 1, 6개월로 3회 접종, 고가의 백신이지만 자궁경부암을 상당수 예방할 수 있기 때문에 비용이 부담되지 않는다면 꼭 접종할 것을 권장한다. 접종 허가연령은 26세 이하이다(서바릭스는 25세 이하).

*기본접종: 결핵, B형 간염, 디프테리아, 백일해, 파상풍, 폴리오, 홍역, 유행성이하선염, 풍진, 수두 등이다.
*기타접종: 주요 전염병의 유행을 방지하기 위해 보건복지부 장관이 대상과 시기를 정해 보건사업으로 실시하며 일본뇌염, 장티푸스, 인플루엔자, 유행성 출혈열 등이 있다.

5) 정신건강

정신건강은 신체적 건강과 더불어 행복하고 원만한 사회생활을 영위하도록 하는 기초가 되므로 매우 중요하다. 세계보건기구(WHO) 정신건강이란 "개인이 자신의 능력을 지각하고 삶에서 일어나는 스트레스에 적응하며 생산적으로 일할 수 있고 지역사회에 기여할 수 있는 안녕상태"라고 정의한다. 생의 초기에 적절하고 온정적인 돌봄은 영아의 건강한 정서·심리발달 및 사회성발달의 기초를 형성한다.

영아의 건강한 생활을 위해서 신체뿐만 아니라 정신적으로도 편안하고 안전한 환경이 제공되어야 한다. 영아는 자신의 정서적인 욕구에 적절한 보살핌을 받고 자신의 가치를 인정받게 되면 긍정적인 자아개념을 형성하여 신체적·심리적으로 건강해지며, 이후 타인과의 상호작용을 할 때 자신의 감정을 표현하고 독립심도 발달시킨다. 이러한 과정을 통해 영아는 신체적 건강과 함께 정신적 건강을 증진시킬 수 있다. 그러나 불안한 환경에 지속적으로 노출되거나 심한 스트레스를 받게 되면 각종 신체질환 및 정신질환에 걸릴 수 있다. 따라서 부모나 교사는 영아들이 또래, 부모, 교사 등에 대한 신뢰감을 형성하고, 자신의 감정을 적절히 표현할 수 있으며, 독립심을 발달시키고, 자기조절능력을 함양하며, 스트레스에 적응하여 대처하고, 또래들과 잘 어울려 지낼 수 있도록 도와야 한다.

(1) 2세 미만 영아의 정신건강

영아의 정신적·육체적 건강을 위해 우선적으로 건강한 환경을 마련해 주고, 자주 영아들의 놀이공간을 관찰하여 안정된 마음으로 놀이를 하고 있는지를 살펴야 한다. 보육시설에서 보육실은 생활의 장이며, 동시에 놀이의 장이기도 하다. 보육실의 환경은 영아들의 놀이를 이끌어낼 수 있게 동적인 것과 정적인 것이 어우러진 공간을 제공해야 하며, 교사는 영아에게 부드러운 말씨와 표정으로 다가가 안심하고 즐겁게 놀이를 할 수 있는 분위기를 조성한다. 영아에게 신체 체조를 시키면 영아가 즐거워하고 기분이 좋아서 자주 울지 않으며, 잠을 잘 자고 잠버릇이 좋아진다. 영아에게 신체 체조를 시킬 때 가장 주의해야 할 일은 영아의 발달단계를 아는 일이다. 생후 6개월 이후에는 자발적인 운동이 많아져서 영아는 교사가 움직여 주는데 대단히 흥미를 나타낸다. 체조를 할 때 교사는 손을 깨끗이 씻은 후, 팔의 관절이 빠지기 쉬우므로 심하게 끌어올리지 않도록 주의한다(보건복지부, 2008).

(2) 2세 영아의 정신건강

2세 영아의 정신건강을 위해서는 편안한 분위기와 밝고 자유롭게 행동하며, 규칙적으로 즐겁게 생활하도록 하는 것이 중요하다. 이 시기의 영아는 다른 사람에 대한 관심이 높아지므로 영아가 부모나 교사, 또래와 즐겁게 놀이에 참여할 수 있도록 배려해 주어야 한다.

교사는 영아가 보육실의 편안한 분위기에서 밝고 자유롭게 행동하며 규칙적으로 즐겁게 생활하도록 한다. 영아의 정신적·육체적 건강을 위해 우선적으로 건강한 환경을 마련해 주고 자주 영아를 관찰하여 영아의 심신을 파악하도록 한다. 교사는 영아의 관심과 흥미에 맞는 놀잇감과 환경을 제공해 주고, 영아의 개별적인 놀이에 참여할 뿐만 아니라 또래와의 놀이에도 적극 참여한다(보건복지부, 2008).

3. 영아기 영양

1) 영양의 중요성

영아기는 급속한 성장·발달이 이루어지며 음식에 대한 선호도, 식습관이나 식생활행동, 식품과 식생활에 대한 가치가 형성되는 시기로 충분하고 균형 있는 영양을 섭취하는 것이 필요하다. 또한 영아기에 형성된 음식에 대한 감각과 식습관은 잘 바뀌지 않고 전 생애에 걸쳐 영향을 미친다. 그러므로 다양한 식재료로 영양적 균형을 고려하여 조리된 식단을 계획하고 제공함으로써 영아의 성장을 도와야 한다.

올바른 식습관과 영양섭취는 조화로운 신체발달과 질병에 대한 면역력을 높여 건강한 생활을 할 수 있다. 따라서 영유아의 건강과 성장발·달에 영향을 주는 중요한 요소는 균형 있는 영양, 영양권장량 등이 강조된다.

영아의 영양분은 성인과는 다르며, 건강한 성장을 위해 칼로리와 적절한 영양소가 필요하다. 영양권장량은 일상의 식사를 통하여 장기간 섭취할 때 얻을 수 있는 영양소의 최적 수준으로 권장하는 것으로 각 연령별로 건강한 영아의 영양상태, 키, 체중, 성장속도 및 활동형태에 따라 다르기 때문에 영양공급에 대해 개인차가 매우 크다.

표 12-3 연령별, 체중, 신장 및 에너지 권장량

연령	체중(㎏)	신장(cm)	에너지 권장량(kcal/일)
0~5개월	6.2	60.3	550
6~11개월	8.9	72.2	700
1~2세	12.2	86.1	1,000
3~5세	17.2	107.0	1,400

출처: 한국영양학회(2005)

출생 후 몇 개월 동안은 거의 활동하지 않으므로 에너지 필요량의 많은 양이 기초대사와 성장을 위해 쓰인다. 출생 후 소화력은 서서히 증가되는데 위와 소장이 발달함에 따라 여러 가지 영양소를 흡수할 수 있는 능력도 생기게 된다. 출생 직후 위 용량은 10~12mL 정도밖에 되지 못하나 1년이 되면 그 용량이 200mL로 늘어나게 된다. 신생아의 소장에서는 지방의 소화와 흡수력이 떨어져 포화지방산보다는 불포화지방산으로 섭취하는 것이 흡수가 더 잘 된다. 특히 모유지방은 85~90%, 우유지방은 70% 미만이 흡수되나 조제분유에는 동물성보다 식물성 불포화지방산이 많아 흡수가 잘 되는 편이다.

생후 6개월이 되면 신체활동에 의한 에너지요구량이 증가한다. 그러므로 생후 6개월은 모유나 우유가 영아의 주요 영양원이자 에너지원이지만 9~12개월이 되면 젖을 뗄 준비를 시작해야 한다.

2) 주요 영양관리

(1) 수유

모유는 생후 4~6개월 동안의 영아가 필요로 하는 모든 영양소를 함유하고 있으며, 영아의 소화기능에 가장 적합한 식품이지만, 모유 수유를 하지 못할 경우에는 영아의 발달 특성에 맞는 조제유를 선택하여야 한다.

조제유를 먹일 때 모유를 먹이는 기분으로 수유를 한다. 편안한 분위기에서 영아를 꼭 안고 미소를 보이거나 부드럽게 말을 걸면서 느긋한 기분으로 수유하고 영아의 먹는 속도에 맞추어 먹이도록 한다.

영아와의 의사소통은 수유에서 시작하므로 영아 혼자 우유병을 들고 마시게 해서는 안 된다. 영아 혼자 우유병을 들고 마실 경우, 우유를 토하거나 폐로 흘러드는 위험한 상태가 될 수 있다. 특히 영아의 경우 우유 단백질을 분해하는 효소가 부족하여 장에서 우유단백질을 분해하고 흡수하는 과정에서 종종 알레르기가 발생한다.

그러나 모유는 이러한 알레르기를 거의 일으키지 않는 완전식품이다. 모유는 냉동에서 1개월, 냉장상태에서는 하루 이상 보관할 수 있으므로 유아교육기관에서는 부모가 모유를 가져오면 이를 냉장고에 보관했다가 알맞은 온도로 데워 젖병 수유를 할 수 있다.

생후 2개월까지는 3~4시간 간격으로 하루 6~7회 먹이고, 2~4개월 영아는 4시간 간격으로 5~6회, 4~6개월 영아는 4~5회 먹인다. 6~12개월 영아는 이유식 스케줄에 따라 2~4회 먹인다.

(2) 이유

모유나 분유를 먹던 영아에게 4~6개월부터 고형식을 먹이는 것을 이유식이라고 한다. 이유식을 먹이는 것은 영양을 보충하기 위한 것뿐만 아니라 고체음식을 삼키는 연습으로도 중요하고 바른 식사습관을 가지게 하는 연습으로도 중요하다. 고형식을 씹으면 두뇌에 자극을 주어 머리도 좋게 하고, 이유식을 스스로 먹게 되면 자립심도 키워주기 때문에 영아의 발달에 매우 중요하다.

영아가 식사시간을 즐거운 시간으로 인식할 수 있도록 통제는 되도록 적게 하되 다른 사람의 식사를 방해하지 않도록 지도한다. 이유를 시작하기 위해서는 모유나 우유 이외의 음식 맛을 알고 숟가락으로 떠먹는 방식이 익숙해지도록 해야 한다. 여러 가지 음식을 한 번에 한 가지씩 적응하도록 하고 그 음식들에 익숙해지도록 자주 준다. 식사 양을 조절하지 못하는 영아에게는 처음 음식을 줄 때 양을 약간 적게 제공하고 영아가 원하면 더 주도록 한다. 또 영아가 음식을 거절하면 강요하지 않는다. 억지로 먹이면 음식섭취에 심각한 문제가 생길 수 있다. 올바른 식습관은 영양가 있는 먹음직스런 음식을 주고, 편안한 분위기에서 식사시간을 넉넉히 주며, 바람직한 식탁예절을 지도해 줌으로써 장려할 수 있다.

이유의 구체적 방법 및 기본진행은 다음과 같다.

- 영아의 건강이 양호할 때 이유를 시작한다.
- 이유식은 4~6개월경, 체중이 6~7kg이 될 때 시작하며, 보통 분유를 먹는 영아는 만 4개월부터, 모유를 먹는 여아는 6개월부터 시작하는 것이 좋다.
- 초기에는 한 번에 한 가지 음식만을 준다. 작은 한 숟가락으로 시작하여 서서히 양을 늘리고, 새로운 음식을 첨가할 때마다 1주일 간격을 두고 시행하며, 설사, 구토, 피부발진 등이 나타나면 바로 중지한다.
- 이유가 너무 늦어지면 영양부족으로 발육이 늦어질 수 있고 빈혈을 유발할 수 있다.
- 초기 이유식 : 이유 시작 후 1~2개월 동안, 즉 생후 4~6개월로 하루 한번 미음 한 숟가락으로 시작해서, 달걀노른자, 채소미음, 과일즙 등 반유동식을 숟가락으로 주어 모유나 분유 이외의 음식에 습관을 들이는 시기이다. 충분한 양을 먹지 못하므로 이유식을 먹인 직후 분유나 모유를 바로 보충한다.
- 중기 이유식 : 7~9개월로 묽은 죽, 으깬 채소나 생선, 완숙한 달걀 등의 반고형식을 하루 2번 준다. 한번 용량은 100~150cc 정도까지 주고, 이때부터는 이유식 후 분유 보충을 바로 해줄 필요는 없다.
- 후기 이유식 : 생후 10~12개월로 죽밥, 잘게 썬 채소, 다진 고기 등 고형식을 하루에 세 번씩 준다. 만 1세경부터는 이유식의 영양이 주공급원이 되어야 하고, 이유 완료기로 어른과 같이 하루 세 번 밥을 먹이고 오전과 오후에 간식을 준다. 생선, 달걀, 고기 등의 단백질로 영양분의 약 1/3을 섭취하고 그 외 다섯 가지 식품군을 고루 섭취한다. 모유나 분유는 하루 2~3회만 제공한다.
- 다양한 맛을 경험하게 하면서 맛에 대한 적응 훈련을 시킨다.

(3) 식사

돌 무렵부터 이유를 끝내고 성인식을 시작하게 되면 영아에게 다양한 맛과 질감의 고형식품을 소개하고 초기 식생활 습관을 바르게 형성하도록 도와야 한다.

영유아에게 건강한 식생활 습관을 지도하는 것은 성인이 되어서까지도 훌륭한 습관이 될 수 있다. 각종 건강문제는 먹은 음식과 직·간접적으로 관련이 있기 때문에 영아기부터 바른 식습관이 형성되도록 지도한다.

구체적인 영아기 영양을 고려한 식사관리는 다음과 같다.

① 6~12개월 영아의 식사관리

- 혼자서 우유병을 쥐고 먹을 수 있으며, 이유식으로는 두부나 삶은 감자, 달걀 노른자, 생선살, 채소 찐 것 등을 으깨어 하루 2회 정도 주는 것이 좋다.
- 처음부터 컵을 사용하는 것은 어려우므로 컵과 친해질 수 있도록 젖병의 우유에 물을 타서 컵에 담긴 우유가 젖병의 우유보다 더 맛있다는 인상을 심어주는 것도 좋은 방법이다.
- 1세 영아가 먹을 양을 결정하도록 한다.
- 배가 부르다는 것을 표현하는 영아를 계속하여 먹이지 않는다.

② 12~18개월 영아의 식사관리

- 빨대로 물을 마실 수 있으며, 혼자서 컵으로 마실 수도 있게 된다.
- 우유나 크림수프 등 걸쭉한 음식을 조금씩 담아 주도록 한다.
- 으깬 감자, 푸딩같이 숟가락에 잘 달라붙는 음식을 주면 혼자서 숟가락을 사용할 수도 있다.
- 혼자 먹는 것이 서툴러 영아가 주변을 더럽히더라도 인내심을 가지고 본다.
- 소화하기 쉬운 조리방법을 선택하며, 자극성이 강한 향신료나 조미료의 사용은 삼간다.

③ 18~36개월 영아의 식사관리

- 고형식품은 영아가 먹기 알맞게 조각을 내어 제공한다.

• 자신의 섭취량을 스스로 조절할 수 있도록 먹을 것을 강요하지 않는다.
• 식사시간을 조절하고 식사와 간식의 간격을 되도록 규칙적으로 한다.
• 하루에 3번의 식사와 2번의 간식이 적당하다.
• 영양가 높은 음식을 제공하며, 지방과 설탕이 많이 든 음식은 피한다.

(4) 식생활지도

영아가 식사시간을 즐거운 시간으로 인식하기 위해 편안한 분위기에서 식사시간을 충분히 주어야 한다. 또한 영아기 건강한 식습관 형성을 위해서는 균형 잡힌 식단의 제공과 더불어 식생활지도가 필요하다. 영아를 위한 식생활 지도 내용은 주로 자조기술을 중심으로 이루어지며, 지속적으로 식습관 지도를 되풀이해야 한다.

6~12개월 영아에게 손가락을 사용하여 물건을 집을 수 있게 되면 바로 간식이나 식사시간에 손으로 집어 먹을 수 있는 음식을 제공한다. 숟가락으로 쉽게 풀 수 있는 음식을 먹임으로써 1세 영아가 숟가락 사용하는 것을 배울 수 있도록 돕는다. 숟가락 사용이 서툰 영아는 먼저 손으로 쥐고 먹는 연습부터 시작한다. 영아가 쉽게 잡을 수 있는 과자나 과일 등을 손에 쥐어주고 스스로 먹게 한다.

12~18개월 영아가 음식을 흘리고 떨어뜨리며 먹는 것은 당연한 일이다. 청결을 위해 앞치마나 비닐 시트를 준비해 준다.

18~36개월경에는 되도록 가족이 함께 식사하도록 하고, 영아가 따라하지 못하더라도 "잘 먹겠습니다.", "잘 먹었습니다." 등의 인사를 통해 식사예절을 배운다. 또한 식사시간에 영아와 상호작용하고 질문하고, 주변에 있는 물건들에 대해 이야기 나눔으로써 먹는 것을 즐겁게 만든다.

다음은 구체적인 월령별 영아의 식생활지도 내용이다(정미라, 배소연, 이영미, 1999).

표 12-4 영아의 월령별 식생활 지도 내용

연령	내용	지도방법
6~14개월	혼자서 우유병 잡고 먹기	• 영아가 우유병을 잡도록 성인이 함께 잡아준다. • 영아가 손으로 우유병을 잡으면 성인의 도움을 줄여 영아가 혼자 잡도록 한다. • 우유병이 미끄러지지 않도록 헝겊을 감아주고, 가슴에 수건을 말아 놓아서 우유병을 받친다.
15~18개월	빨대로 물 빨아 마시기	• 큰 플라스틱 빨대에 음료를 채워 한쪽 끝을 손가락으로 막고 다른 쪽 끝을 입에 넣어서 빨아 먹게 한다. • 빠는 동안 차츰 빨대를 기울여 준다. • 빨대를 아주 짧게 잘라서 짧은 빨대부터 시작하여 점점 빨대 길이를 늘인다. • 처음에는 튜브 용기에 빨대를 꽂아서 튜브를 눌러줌으로써 음료가 쉽게 빨대를 따라 올라가도록 해준다. • 영아에게 튜브 용기를 눌러 보게 한다.
	혼자서 컵으로 마시기	• 손잡이가 달린 큰 컵을 사용한다. • 손을 컵에 갖다 대주고 입으로 가져가게 한다. • 뒤에서 손을 잡고 가르쳐 준다. • 우유나 물, 크림수프 같은 걸쭉한 음식을 조금만 담아준다. • 점차 잘하게 되면 영아 혼자 잡고 마시도록 두고 칭찬해 준다.
	숟가락으로 음식 떠먹기	• 손잡이가 조금 큰 숟가락을 사용한다. • 뒤에서 영아의 손을 잡고 손은 그릇에서 입으로 가져가도록 해준다. • 으깬 감자, 푸딩 같이 숟가락에 잘 달라붙는 음식을 주어 흘리지 않도록 한다. • 숟가락 사용의 경험을 주는 것에 중점을 두도록 하고 미숙하더라도 기회를 많이 주도록 한다.
24~30개월경	포크 사용하기	• 삶은 고기, 빵, 과일조각 등 포크로 쉽게 찍어 올릴 수 있고 영아가 좋아하는 음식을 사용한다. • 영아의 손을 잡고 집어 올리는 것을 돕는다. 점차 혼자 힘으로 할 수 있게 되며, 잘 하면 칭찬해 준다.
36개월경	물을 컵에 따르기	• 컵을 놓고 물을 따를 때 주전자나 용기를 기울이는 방법을 보여준다. • 작은 주전자에 물을 조금만 채워서 컵에 따르게 한다. • 깨지지 않도록 플라스틱 용기와 컵을 사용한다. • 주전자와 컵을 가지고 물놀이를 많이 하도록 한다.

출처: 정미라 외(1999)

4. 영아기 안전

1) 안전의 중요성

우리는 항상 잠재된 위험상황에 노출되어 있으며, 이를 얼마나 잘 예방하느냐가 사고를 줄이는 길임을 잘 알고 있다. 안전의 사전적 의미는 "위험이 생기거나 사고가 날 염려가 없음. 또는 그런 상태"이다. 이는 정서적·육체적으로 안전하며 질서가 유지되는 상태를 말한다. 또한 안전은 사고를 줄일 수 있도록 위험 예지능력을 키우는 것으로 이를 실천하도록 형성된 습관에 의해서 얻어지는 결과물로 볼 수 있다.

영아발달 특성을 아는 것은 안전교육의 기초가 된다. 영아는 지기와 자기를 둘러싸고 있는 주환경을 구분하지 못한다. 영아는 발달 특성상 사물이나 환경에 대한 호기심이 높고 탐구하려는 충동이 강한 반면, 균형을 유지하는 능력이나 운동기능이 충분히 발달되어 있지 않다. 영아의 안전이란 영아가 단순히 신체적 상해뿐만 아니라 정신적·정서적 문제로부터도 보호되는 상태로 정의될 수 있다. 영아는 위험을 피하기 위한 지식, 기술, 판단능력이 부족하여 항상 사고의 가능성을 안고 있다. 그러므로 성인 양육자에 의지할 수밖에 없다(Segal et al., 2006).

표 12-5 영유아의 특성에 따른 안전사고의 위험과 예방수칙

연령	발달 특성	상해의 위험	예방수칙
출생 3개월	• 먹기, 자기, 울기 • 강한 빨기 반사 • 예기치 않게 잡기, 뒤집기 시작 • 머리와 목의 지지가 필요	• 소파, 탁자로 부터 추락, 탁자와 침대에서 기저귀를 갈다가 추락 • 뜨거운 액체에 화상 입기 • 쇼킹과 질식 • 영아돌연사(SIDS)	• 영아를 침대에 혼자 두지 말고, 식탁, 쇼파, 의자 등 다른 높은 장소에 혼자 두지 않는다. • 영아를 목욕시키기 전에 항상 물의 온도를 체크한다. 온수의 온도는 48℃에 맞춘다. • 연기탐지기를 설치하고, 1년에 두 번 배터리를 교환한다. • 아기 주변에 작은 물체와 장난감은 두지 않는다.(놀잇감은 삼킬 수 없는 정도의 크기여야 하며, 독성이 없고 모서리가 날카롭지 않은 것이어야 한다.) • 건강한 영아는 바로 눕혀서 재워야 한다. • 아기의 잠자리 주변에는 부드러운 침구를 사용하지 않는다(침대 매트리스나 요는 단단한 것이 좋다). • 허가받은 아동용 안전시트를 사용해야만 하고, 차의 뒤편을 보도록 뒷좌석에 적절하게 설치한다.
4~6개월	• 최소한의 도움으로 앉아 있기 • 양손을 벌리고 놀기 • 물체에 접근 • 입 속에 물체를 넣기 시작 • 주변에 대해서 점점 호기심이 강해짐 • 물체를 시험하고 만지고 흔들기 원함	• 바퀴 달린 장비와 관련된 상해 • 추락 • 뜨거운 액체에 화상 • 쇼킹과 질식 • 독물중독 • 영아돌연사 • 아기흔들기증후군	• 허가받은 아동용 안전시트를 사용해야만 하고, 차의 뒤편을 보도록 뒷좌석에 적절하게 설치한다. • 영아를 침대에 혼자 두지 말고, 식탁, 소파, 의자 등 다른 높은 장소에 혼자 두지 않는다. • 영아를 목욕시키기 전에 항상 물의 온도를 체크한다. 온수의 온도는 48℃에 맞춘다. • 아기 주변에 단추, 구슬, 동전 등의 작은 물체나 작은 장난감은 두지 않는다(깨지지 않고 가장자리와 모서리가 둥근 놀잇감 또는 부드러운 재질의 목재나 플라스틱 놀잇감이 안전하다). 독성 물질을 멀리한다. • 건강한 영아는 바로 눕혀서 재워야 한다. • 아기 잠자리 주변에 부드러운 침구를 사용하지 않는다. • 장난으로라도 아기를 흔들지 않는다.

연령	발달 특성	상해의 위험	예방수칙
7~12개월	• 혼자서 앉기 • 모든 것에 매 우 호기심이 강함 • 기어다니기 • 걷기 시작 • 주변을 탐색 • 바깥에 나가고 싶어함 • 어른과 다른 사람의 움직임 모방 • 딱딱한 음식을 먹기 시작	• 바퀴 달린 장비와 관련된 상해 • 뜨거운 액체와 표면에 화상, 추락 • 익사 • 쇼킹과 질식 • 영아돌연사 • 익사 • 아기흔들기증후군	• 인증된 아동안전시트는 적절하게 설치하고 사용해야 한다. • 보행기와 다른 보행기 유형의 장비를 사용하지 않는다. • 영아를 목욕시키기 전에 항상 물의 온도를 체크한다. 온수의 온도는 48℃에 맞추고, 목욕탕에 혼자 있지 않게 한다. • 영아 주변에 뜨거운 음식과 액체를 두지 않는다. • 라디에이터나 뜨거운 물체 주변에는 보호망을 둔다. • 계단이나 현관에 안전 울타리를 설치한다. • 깨지지 않고 가장자리와 모서리가 둥근 놀잇감 또는 부드러운 재질의 목재나 플라스틱 놀잇감을 제공한다. • 건강한 영아는 바로 눕혀서 재워야 한다. • 물 안에서나 물 근처에서는 단지 몇 초 동안이라도 아이를 혼자 내버려두지 않는다(목욕통, 화장실, 양동이, 수영장 또는 물을 보관해 둔 컨테이너를 포함). • 장난으로라도 아기를 흔들지 않는다.
1~2세	• 빨리 가고자 함 • 비틀거림(불안정함) • 물체에 도달하려고 함 • 뜀 • 계단을 걸어서 올라가고 내려감 • 오르기를 좋아함 • 물체를 밀고 당김 • 문, 서랍, 문, 창문을 열수 있음 • 공과 다른 물체를 던짐 • 말하기 시작하지만 요구를 표현하지 못함	• 자동차 사고 • 추락 • 화상 • 중독 • 쇼킹 • 익사 • 아동학대	• 계단에는 걸음마기 아동을 위한 안전문을 설치하고, 지하실과 쪽에 문은 잠근다. • 아이에게 계단을 올라가고 내려가는 법을 보여준다. • 빈번하게 이용하는 곳에 있는 가구의 경우에는 날카로운 가장자리를 제거한다. • 요리를 하는 동안 손잡이는 가스렌지 뒤쪽으로 돌려둔다 • '뜨겁다'는 의미를 아이에게 가르친다. • 전기 코드에 아이의 접근을 막는다. • 사용하거나 사용하지 않는 전기콘센트를 막기 위하여 쇼크 억제 장치나 가구를 이용한다. • 세제, 화학제품, 약품, 화장품과 같은 가정용 제품은 캐비닛에 넣고 잠가서 높은 장소에 보한다.

연령	발달 특성	상해의 위험	예방수칙
1~2세			• 아이에게 땅콩, 팝콘, 생채소 그리고 쇼킹의 요인이 될 수 있는 음식을 주지 않는다. • 작은 부품이 없는 장난감을 준다. • 항상 주의 깊게 감독한다 : 단 몇 초 동안이라도 물 안에 있거나 물 근처에 아이를 두지 않는다. • 핀, 단추, 동 등과 같은 작은 물체가 마루나 아이들의 손이 쉽게 닿을 수 있는 곳에 있는지 주의깊게 체크한다

2) 영유아 심리발달 특성과 안전

(1) 에릭슨의 자아발달단계와 안전

에릭슨(Erikson)의 자아발달 8단계에서 안전사고와 관련하여 중요한 단계는 2, 3단계로 볼 수 있다.

① 제2단계 : 자율성 의혹(걸음마기, 2~3세)

에릭슨에 따르면, 이 단계는 약 1년 이후부터 3세까지를 말하는데, 이 시기의 유아는 여러 개의 상반되는 충동 사이에서 스스로 선택을 하게 되며, 이러한 과정을 통하여 자신의 의지를 나타내고자 한다. 즉, 자율성을 가지려고 한다는 것이다.

자율성에 대한 추구는 신체 성숙과 운동조정 능력의 발달과 관련되어 있다. 이 단계의 영아는 근육발달로 인하여 소변의 통제가 가능하게 되며, 자기 발로 서서 걷게 되면서부터 자기 주위를 혼자서 열심히 탐색하게 되고, 음식도 남의 도움을 받지 않고 자신의 힘으로 먹으려고 한다.

즉, 걸음마기 영아들은 그들이 세계를 조절할 수 있는 능력을 갖고 있으며 지금까지 상상하지 못했던 힘을 갖고 있다는 생각을 하며 이를 시험해 보고자 한다. 그러므로 자신의 발달된 근육을 사용하여 모든 것을 스스로 해보려고 노력한다. 예를 들어, 숟가락을 사용하여 혼자 먹고, 누구를 붙잡지 않고 혼자 걷기도 하고 계단을 오르기도 하며, 의자를 딛고 올라가 자기 키보다 높은 곳에 있는 물건을 잡거나 꺼

내려 하고, 혼자 힘으로 열쇠를 자물쇠에 끼우고, 전기 스위치를 누르고, 옷의 단추를 잠그려 한다.

이 시기의 영아들은 자신의 판단을 믿고 그것을 어머니나 다른 양육자의 판단대신 사용하기 시작한다(물론 이런 영아들의 판단은 안전하고 이상적인 것이 아니므로 자신의 판단으로 일어난 행위에 대해 수치심을 느끼기도 한다. 그러나 이 수치심을 통해 영아는 사회의 합리적인 규칙과 생활방법을 배우게 된다). 따라서 손, 발, 머리 등이 어딘가에 끼는 사고가 이 시기의 영아들에게 종종 일어난다.

(2) 피아제의 인지발달과 안전

피아제(Piaget)가 구분한 네 단계의 인지발달과정은 감각운동기, 전조작기, 구체적조작기, 형식적 조작기이다. 네 단계의 인지발달은 개인의 지능이나 사회환경에 따라 각 단계에 도달하는 개인 간 연령의 차이는 있을 수 있으나, 발달 순서는 결코 뒤바뀌지 않는다고 가정하고 있다. 아울러 각 단계는 주요 행동양식으로 설명될 수 있는 전체적인 심리구조로 특징 지워진다.

① 감각운동기(Sensorimotor Period) : 출생~2세

이 시기의 영아는 새로운 정보를 얻기 위해 자신의 감각을 사용하고 새로운 경험을 찾기 위해 운동능력을 사용하고자 애쓴다. 그 결과 반사활동에서부터 제법 잘 조직된 활동을 할 수 있기까지 간단한 지각능력이나 운동능력이 이 시기에 발달한다.

이 시기의 영아가 자신의 감각이나 손가락을 입에 넣고 빠는 등의 운동을 통해서 자신의 주변 세계를 탐색하는데, 이는 독물중독에 대한 안전과 연관지어 볼 수 있으며, 영아 주변에 단추, 구슬, 동 등의 작은 물체나 작은 장난감은 두지 않으며, 무독성 장난감을 제공하여야 한다.

② 조작기(Preoperational period) : 2~7세

이 시기의 아동의 특징으로는 자기중심성을 들 수 있다. 이 시기에는 자신의 입장에서만 상황을 판단하고 타인의 입장에서는 판단하지 못한다. 즉, 자기중심적인 경향 때문에 다른사람과 자신의 관점을 구분하지 못한다. 이렇게 자기중심성이 강한 영유아들은 자신의 관점에서만 상황을 판단하고 전체적인 관점에서 파악하지 못하기 때문에 위험에 노출될 가능성이 많다.

유치원이나 어린이집에서 교통안전교육을 할 때, 차도를 건널 경우에 손을 들고 건너야 한다는 것만 강조하여 배운 영아들은 자신이 손을 들면 언제나 차가 멈출 것이라고 생각한다. 자기가 가고자 하는 방향만을 보고 좌우의 차는 보지 않는 경우가 많다. 예를 들면 공이 굴러가는 것을 잡으려고 하는 아동이 굴러가는 공을 잡으려고 차도에 뛰어들 수도 있으며, 맞은편 가게에 간다든가 맞은편에 있는 친구나 어머니 등을 보고 쫓아가기도 한다. 따라서 영아들이 안전한 장소에서 놀도록 하고, 위험 상황이 나타날 수 있다는 것에 대해 가르쳐야 하며, 안전한 횡단방법을 습관화하도록 해야 한다.

3) 주요 안전관리

(1) 놀이안전

① 2세 미만 영아의 놀이 안전

만 2세 미만은 생의 가장 극적인 성장과 발달이 진행되는 시기로 출생 직후의 본능적 반사운동 능력이 사라지고 신체 협응력과 운동능력이 급속하게 발달하면서 기고, 앉고, 서고, 이동하는 등 운동적 행동이 많이 나타난다. 또 무엇이든 입에 넣는 본능이 있기 때문에 위험한 물질을 삼켜 질식사고의 위험이 높고, 이동 중 떨어지거나 부딪히는 사고가 빈번하게 일어난다. 교사는 놀잇감을 안전하게 사용하도록 영아가 삼킬 수 없을 정도로 크고 모서리가 날카롭지 않은, 독성이 없는 놀잇감을 제공하여 영아가 안전하게 탐색하도록 지도한다. 영아는 주변에 놓인 놀잇감이나 작은 물건에 호기심을 가지고 만지려하며 입에 넣으려 한다. 놀잇감이나 작은 물건을 입에 넣어 잘못하여 삼키게 되면 질식 사고가 생길 수 있다. 영아에게 제공하는 놀잇감은 영아의 입보다 커야 하는데, 직경 3.2cm, 높이 5.7cm 정도보다 크기가 작은 놀잇감을 주어서는 안 된다. 또 놀잇감이나 작은 물건을 입에 넣어 삼키지는 않더라도 영아의 침이 묻거나 더러운 손으로 만진 놀잇감이나 물건을 다시 만지게 되면 위생상 안전하지 못하다. 교사는 영아에게 놀잇감을 입에 넣거나 삼키는 일이 없도록 주의를 주어야 하며, 놀이 후에는 세척하여 청결하게 관리하도록 한다.

② 2세 영아의 놀이 안전

만 2세는 다양한 이동능력과 대·소근육의 발달이 진행됨과 동시에 인지적 변화가 일어나 이전의 의존적인 존재에서 좀 더 독립적인 존재로 이행해 가는 과도기적인 시기이다. 그러나 아직까지 자아중심적인 성향이 강하고, 놀잇감이나 놀이기구를 혼자만 사용하려 하고, 또래와 공유하는 데 어려움을 느낀다. 교사는 영아가 차례대로 놀이기구를 이용하고, 또래에게 놀잇감을 던지지 않고, 놀잇감 사용 후 제자리에 정리하기 등 놀이에 규칙이 있음을 이해하도록 지도한다. 점차 규칙에 따라 놀이함으로써 영아 스스로 안전하게 놀이하는 태도를 갖도록 지도한다. 또 놀잇감이나 놀이기구의 올바른 사용방법을 알게 하고 올바르게 사용하지 않았을 때 일어날 수 있는 안전사고의 위험에 대해 생각해 보게 하여 안전한 방법으로 놀이하도록 지도해야 한다. 또한 이 시기의 영아는 새로운 것을 시도해 보려고는 하지만 위험에 대해서는 알지 못하므로 놀잇감을 원래의 의도와 다른 방법으로 다루거나 놀이기구를 안전하지 않은 방법으로 이용할 수 있다. 교사는 흥미영역별 안전점검표와 실외놀이터 안전점검표에 따라 영아가 가지고 노는 놀잇감에 부서진 곳은 없는지 확인하고, 놀이터에 깨진 유리나 동물의 배설물, 쓰레기가 있는지 정기적으로 점검해야 한다. 모래영역이나 모래상자를 사용하지 않을 때에는 덮어놓고, 놀이터가 도로와 접해 있어서 위험하다면 놀이터 주변에 울타리를 설치한다.

(2) 시설안전

① 2세 미만 영아의 시설 안전

영아는 주변을 탐색하고자 하는 열의와 호기심이 많기 때문에 주변 환경이 안전하지 못하면 안전사고에 노출되기 쉽다. 따라서 영아에게 위험한 물건이나 장소를 인식하게 하여 안전사고를 예방해야 한다. 이를 위해 위험한 것이 무엇인지 알려주고, 위험한 물건(칼, 가위, 작은 이물질 등)과 위험한 장소(높은 곳, 물 주변, 화기 근처 등)에 대해 알게 하여 함부로 만지거나 가까이 가지 않는 습관을 들이도록 지도한다. 교사는 영아 주변에 칼이나 가위와 같은 날카로운 물건을 두지 않고 단추, 구슬, 동전 등은 영아의 손에 닿지 않는 곳에 보관하며, 작은 부품으로 나눠지는 놀잇감은 질식의 위험이 있으므로 영아에게 주어서는 안 된다. 그리고 교사는 위험한 장소나 물건의 주변에는 보호대를 두르고 계단의 위, 아래 그리고 복도나 현관에 안전문을 설치한다. 이때 안전문은 아코디언 문이나 미닫이여서는 안 된다. 1층 이상의 모든 창문에는 창문 보호대를 설치하고, 욕조에 영아 혼자 두지 않으며, 온수의 온도는 49℃ 이하로 유지한다. 뜨거운 라디에이터나 수로 파이프는 영아의 손이 닿지 않도록 감싸거나 손이 닿지 않게 하고 만져도 뜨겁지 않게 한다. 정수기의 뜨거운 물로 화상을 입지 않도록 온수가 나오지 않게 고정해 놓거나 영아의 힘으로 열 수 없도록 안전장치를 해야 한다(보건복지부, 2008).

② 2세 영아의 시설 안전

영아의 주변 환경은 모두 사고요인이 될 수 있으므로 보육시설에서는 사고 발생의 원인과 우려를 제거하기 위해 정기적으로 시설과 물품의 안전상태를 점검해야 한다. 구체적으로는 연간, 월간, 주간, 일일 안전점검표에 따라 보육시설 실내·외의 위험요소를 관찰하고 점검하여 사고를 미연에 방지하도록 한다. 문이나 창문에 손끼임 방지대를 설치하고, 전기 콘센트에는 안전커버를 씌우거나 가구로 막아서 영아의 손이 닿지 않게 하여야 하며, 모서리 보호대를 부착하고, 미끄러지기 쉬운 화장실 바닥에는 미끄럼 방지 깔개를 깔거나 물기나 비눗기를 수시로 제거하고, 벽

모서리나 가구의 뾰족한 부분에는 보호대를 설치하여야 한다.

교사는 영아에게 시설물 때문에 발생할 수 있는 위험을 알려준다. 즉, 문이나 창문을 닫을 때 손이 낄 수 있고, 전기 콘센트에 이물질을 넣거나 만지면 위험하며, 실내에서 뛰거나 부주의하게 다니다가 미끄러지거나 부딪힐 수 있음을 알려주어야 한다. 또 시설과 설비의 위험을 알고 영아 스스로 안전하게 이용하는 습관을 기르도록 지도한다. 화재의 위험에 대해 화기의 위험과 화재의 결과를 이해하도록 지도한다. 또 화재의 위험요인을 알려주어 영아 스스로 조심하는 버릇을 들이도록 지도한다(보건복지부, 2008).

(3) 안전교육

① 2세 미만 영아의 안전교육

영아기는 환경에 대한 호기심이 증가되고 운동기술과 조작능력이 증가하면서 강한 독립의지와 자율성으로 활동 반경이 넓어지는 시기이다.

영아기 안전교육은 영아가 다양한 위험 상황을 알고 스스로 안전하게 생활하는 습관을 기르도록 하는 것이 중요하다. 예를 들면 화재의 위험에 대해서는 화기의 위험과 화재의 결과를 이해하도록 지도하고 영아 스스로 조심하는 습관을 들이도록 지도한다.

교사는 매달 1회 이상 화재 안전교육을 실시하여 화재 상황에서 안전하게 대피할 수 있도록 지도하고, 대피훈련을 했던 날짜와 시간을 기록한다. 한편으로는 보육시설 전체 층에 연기(열) 감지기를 설치하고 각 층이나 주방 근처에는 작동하는 ABC 유형의 소화기를 구비한다. 소화기에는 이용 지침과 소화기 구입 날짜가 부착되어 있어야 한다. 위험물질에 대해 약품류, 세제류, 살충제 등 여러 가지 위험물질을 알게 하고, 영아가 먹거나 만지지 않도록 지도한다. 영아에게 어른이 주는 약만 먹도록 지도하고 영아 혼자서 함부로 약을 먹지 않도록 가르친다. 교사는 영아에게 약을 먹일 경우 부모의 투약 의뢰서에 따라 복용량과 복용시간을 지키고, 약을 먹인 다음에는 투약 보고서를 작성한다. 3개월에 1회 이상(연간 10시간 이상) 약물

오·남용 교육을 실시하여 약물중독 사고를 예방하도록 한다(보건복지부, 2008).

② 2세 영아의 안전교육

영아는 움직이지 않으면 계속해서 움직이지 않을 것이라 생각하고, 주차되어 있는 차가 움직일 수 있음을 이해하지 못한다. 따라서 차가 멈춘 후에 차에 오르거나 내려야 하며, 주차되어 있던 차도 움직일 수 있음을 알려주고, 주차장이나 자동차 뒤에서 놀지 않도록 지도한다. 또 탈것의 위험을 알고 스스로 조심하는 안전태도를 취하도록 지도하며, 교통사고의 위험을 알려주고 길가나 도로에 혼자 나가지 않도록 한다.

교사는 영아에게 차가 다니는 길과 사람들이 다니는 인도가 있음을 알게 하고 신호등의 의미를 알도록 지도한다. 점차 신호에 맞추어 어른과 함께 안전하게 횡단보도를 건너는 방법을 익혀서 실천하도록 지도한다. 영아 혼자 길가나 도로에 나가서는 안 되며, 어른이 영아의 손을 잡고 신호등을 보고 좌우를 살피면서 횡단보도를 건너도록 한다. 그리고 두 달에 한 번 이상(연간 12시간 이상) 교통안전교육을 실시하여 영아로 하여금 기본적인 교통규칙을 익혀서 안전하게 행동하도록 한다(보건복지부, 2008).

참고문헌

국내문헌

강문희, 정정옥, 김승경(2006). **영유아발달의 이해**. 서울: 신정.

강희경 외(2002). **아동건강간호학**. 서울: 정담.

곽금주 역(1989). **아동의 인지발달**. 중앙적성출판사.

곽금주, 김경은, 장유경, 심화옥, 이지연, 김수정, 배기조(2005). **한국영아발달연구**. 서울: 학지사.

김경중, 류왕효, 류인숙, 박은준, 신화식, 유구종, 정갑순, 조경미, 조희숙, 주리분, 최인숙, 최재숙(1998). **아동발달심리**. 서울: 학지사.

김익균, 김혜금(2005). **아동발달**. 서울: 교문사.

김혜리(1997). 아동의 마음에 대한 이해 발달: 틀린 믿음에 대한 이해로 살펴본 마음-이론의 발달. **한국심리학회지: 발달**, 10, 74-91.

김혜숙(1993). **모유의 신비**. 에드텍: 서울.

대한소아과학회(2002). 예방접종표.

대한특수교육학회(2000). **특수교육 용어사전**. 대구: 대구대학교 출판부.

박낭자, 강숙현, 박경희 역(2007). **아동발달**. 경기: 정민사.

박성연, 도현심(2003). **아동발달**. 서울: 동문사.

보건복지부(2008). **연령별 보육프로그램 총론**. 서울: 육아정책개발센터.

성현란(1978). 낯가림의 시작 시기에 관한 연구. 고려대학교 대학원 석사학위논문.

송길연, 장유경, 이지연, 양돈규(2001). **발달심리학**. 서울: 시그마프레스.

송명자(2011). **발달심리학**. 서울: 학지사.

신양재(1995). 朝鮮時代 敎訓書에 나타난 아동 年齡 期待에 관한 연구. **아동학회지**, 26(1), 183-195.

양옥승, 조유나, 나은숙, 김호인, 신복영(2012). **영아의 발달과 보육**. 서울: 신정.

우수경, 정원주, 박수희, 신혜경, 이정미(2013). **영아발달**. 경기: 공동체.

위키백과(2008). 인간의 뇌.
유구종, 조희정(2012). **영유아 보육학개론**. 경기: 공동체.
유안진(1990). **한국전통사회의 유아교육**. 서울: 서울대학교출판부.
유효순, 원혜경, 김정희(2013). **영아발달**. 서울: 창지사.
윤서영(1999). 아버지의 역할수행과 아동의 사회적 적응과의 관계. 고려대학교 대학원 석사학위 논문.
이순영 외(2013). **영유아 건강교육**. 서울: 학지사.
이승복(1994). **어린이를 위한 언어획득과 발달**. 경기: 정민사.
이옥형(1997). **아동발달**. 서울: 집문당.
장숙(2011). 영아 수면 관리 프로그램 개발과 효과. 삼육대학교 간호학과 석사학위논문.
장영미(1978). 유아의 낯가림 성질에 관한 실험연구. 이화여자대학교 대학원 석사학위 논문.
정미라, 배소연, 이영미(1999). **유아건강교육**. 서울:양서원.
정옥분(2005). **아동발달의 이해**. 서울: 학지사.
정옥분(2006). **사회정서발달**. 서울: 학지사.
정옥분(2012). **영아발달**. 서울: 학지사.
정옥분(2013). **영아발달의 이해**. 서울: 학지사.
정윤경, 곽금주(2005). 영아기 공동 주의 발달에 대한 단기 종단연구: 어머니와 자유놀이에서의 주의상태와 가리키기 행동을 중심으로. **한국심리학회지: 발달**, 18(1), 137-154.
정현주, 조여원, 배종우(1998). 장기간에 걸친 DHA 보충이 영아의 신체발육 및 두뇌발달에 미치는 영향. **한국영양학회지**, 31(8), 1295-1306.
조복희, 정옥분, 유가효(2002). **인간발달**. 서울: 교문사.
최경숙, 박영아(2005). **아동발달**. 서울: 창지사.
최경숙(2007). **아동발달심리학**. 서울: 교문사.
최기영, 우수경, 양진희, 이학선, 이인권(2008). **유아사회교육**. 서울: 교문사.
최한순(1995). 아버지의 자녀양육 참여도와 유아의 사회적 능력과의 관계. 이화여자대학교 대학원 석사학위논문.
한국영양학회(2005). 한국인 영양섭취권장기준.
홍강의(1990). 아동기 정신장애의 개념과 분류. **한국학교보건학회지**, 3(2), 31-34.
홍계옥, 정옥분(1995). 유아의 기질 및 어머니의 양육행동과 모자 애착 행동간의 관계. **아동학회지**, 16(1), 99-112.
홍길회, 황정해(2012). **결혼과 가족관계**. 서울: 동문사.
홍길회, 정미자(2014). **영유아 건강교육**. 서울: 동문사.
홍순정, 강경희, 박정자, 오윤례, 이숙희, 전방실, 정미자(2013). **전생애 인성교육**. 경기: 양서원.

홍창의(1994). **소아과학**. 서울: 대한교과서(주).
EBS 성장보고서 제작팀(2009). **EBS 특별기획 다큐멘터리 아기성장보고서**. 서울: 예담.
KBS 뉴스. 2009년 8월 23일자.

국외문헌

Accardo, p., & Whitman, B. (1996). *Dictionary of developmental disabilities terminology*. Sydney: Macclennan & Petty.

Adams, V. (1981). The sibling bond. In H. E. Fitzgerald & T. H. Carr (Eds.), *Human Development* (pp. 228-234). MI: The Dushkin Publishing Group.

Adamson, L. B., Bakeman, R., & Deckner, D. J. (2004). The development of symbol-infused joint engagement. *Child Development*, 75(4), 1171-1189.

Ahadi, S. A., & Rothbart, M. K. (1994). Temperament, development, and the big five. In C. F. Halverson, Jr., G. A. Kohnstamm, & R. P. Martin(Eds.), *The developing structure of temperament and personality from infancy to adulthood*(pp. 189-207). Hillsdale, NJ: Erlbaum.

Ainsworth, M. D.. Bell, S. M., & Stayton, D. J. (1971). Individual Differences in the strange situation behavior of one- year-olds. In H. R. Schaffer(Ed.), *The origins of burman social relations*(pp. 17-58). San diego, CA: Academic Press.

Ainsworth , M. D. S. (1978). The development of infant-mother attachment. In B. M. Caldwell, & H. N. ricciuti(Eds.), *Review of child development research*, 3, 1-94.

Ainsworth, M. D. S., & Erichberg, C. G. (1992). Effects on infant-mother attachment of mother' s unresolved loss of an attachment figure or other traumatic experience. In P. Marris, J. Stevenson- Hindle, & C. Parkes(Eds.), *Attachment across the life cycle*. New York: Routledge.

Allen, J. P., & Capute, A. J. (1986). Assessment of early of early auditory and visual abilities of extremely premature infants. *Developmental, Medicine and Child Neurology*, 28, 458-466.

Als, H., Lester, B., Tronick, E. Z., & Brazelton, T. B. (1982). Towards a research instrument for the assessment of preterm infant' s behavior(A.P.I.B.). In H. E. Fitzgerald, B. M. Lester, & M. W. Yogman(Eds.), *Theory and research in behavioral pediatrics*(Vol. 1, pp. 85-132). New York: Plenum.

Apgar, V. (1953). A proposal for a new method of evaluation of the newborm infant. *Current Researches in Anesthesia and Analgesia*, 32, 260-267.

Astington, J. W. (1993). *The child's discovery of the mind*. Cambridge, MA: Harvard University Press.

Ault, R L.(1982). *Children's Cognitive Development*. New York Oxford University Press.

Baddock, S. A., Galland, B. C., Taylor, B. J., & Bolton, D. P. (2007). Sleeping arrangements and behavior of bed-sharing families in the home setting. *Pediatrics*, 194, e200-e207.

Bakeman, R., & Adamson, L. B. (1984). Coordinating attention to people and objects in mother-infant and peer-infant interaction, *Child Development*, 55(4), 1278-1289.

Barkley, R. A. (1990). Attention deficit disorders: History, definition, and diagnosis. In M. Lewis & S. M. Miller(Eds.), *Handbook of development psychology*(pp. 65-75). NY: Plenum.

Barrera, M. E., & Maurer, D. (1981). The perception of facial expression by the three-month-old. *Child Development*, 52, 203-206.

Baumrind, D. (1973). The Development of instrumental competence through socialization. In A. Pick(Ed.), *Minnesota Symposium on Child Psychology*(Vol. 7). Minneapolis: University of Minnesota Press.

Baurinrd, D. (1991). The influence of parenting style on adolescent competence and substance use. *Journal of Early Adolescence*, 11(1), 56-95.

Bayley, N. (1949). Consistency and variability in the growth of intelligence from birth to eighteen tears. *The Pedagogical Seminary and Journal of Genetic Psychology*, 75, 165-196.

Bayley, N. (1969). *Manual of Bayley Scales of Infant Development*. NY: The Psychological Corporation.

Bee, H. (1997). *The Development Children*(8th ed.). NY:Longman.

Belsky, J., Hsieh, K. H., & Crnic, K. (1996). Infant positive and negative emotionality: One dimension or two? *Development Psychology*, 32, 289-298.

Belsky, J., & Steinberg, L. D. (1978). The effects of day care: A critical review. *Child Development*, 49, 929-949.

Benn,P. A. (1998). Preliminary evidence for associations between second-trimester human chorionic gonadotropin and unconjugated oestriol levels with pregnancy outcome in Down syndrome pregnancies. *Prenatal Diagnostics*, 18, 319-324.

Berk, L. E. (1999). *Infants and children: Prenatal through middle childhood*. Allyn and Bacon.

Berk, L. E. (2002). *Infant and children: Prenatal through middle childhood*(4th ed.).

Berk, L. E. (2008). *Child development*(5th ed.). Boston, MA: Allyn and Bacon.

Berk, L. E. (2012). *Child development*(9th ed.). Boston, MA: Pearson.

Bertenthal, B. I. (1993). Perception of biomechanical motions by infants. In C. Granrud (Ed.), *Visual perception and cognition infancy*. Hillsdale, NJ: Erlbaum.

Blanck & Blanck. (1986). *Beyond ego psychology: developmental object relations theory*. New York: Columbia University Press.

Bornstein, M. H., & Lamb, M. E. (1992). *Development in infancy: An introduction*. New York: McGraw-Hill.

Bowlby, J. (1958). The nature of the child' s tie to his mother. *International Journal of Psychologysis*, 39, 35.

Brandenburg, N. A., Friedman, R. M., & Silver, S. E. (1990). The epidemiology of childhood psychiatric disorders: Prevalence findings from recent studies. *Journal of the American Academy of Child and Adolescent Psychiatry*, 29, 46-83.

Braungart-Rieker, J. M., Garwood, M. M., Powers, B. P., & Wang, X. (2001). Parental sensitivity, infant effect, and effect regulation: Predictors of later attachment. *Child Development*, 72(1), 252-270.

Bretherton, I., & Beeghly, M. (1982). Talking about internal states: The aquisition of an explicit theory of mind. *Developmental Psychology*, 18, 906-921.

Brody, G. H., Stoneman, Z., & McKinnon, C. E. (1982). Role asymmetries in interactions among school-ages children, their younger siblings, and their friend. *Child Development*, 53, 1364-1370.

Bronfenbrenner, U.(2002), *Making human beings human: Bioecological perspectives of development*. Sage Publications. 97.

Bronson, M. B. (1995). *The right stuff for children birth to 8*. Washington, DC: National Association for the Education of Young Children.

Buss, A. H., & Plomin, R.(1984). *Temperament: Early development personality traits*. Hillsdale, NJ: Erlbaum.

Butterworth, G. (1991). The ontogeny and phylogeny of joint visual attention. In A. Whiten(Ed.), *Natural theories of mind: Evolution, development and simulation of everyday mindreading Cambridge*, MA: Blackwell Publishers.

Campos, J. J., Langer, A., & Krowitz, A. (1970). Cardiac reponses on the visual cliff in prelocomotor human infants. *Science*, 170, 196-197.

Capatider, J., Collins, C. C., & Bennett, L., (1996). *Peer interaction in toddlers: Parallel play revisited. Paper presented at the conference: Ask Child: Why, When, and How?* New York: Teachers College Press.

Caplan, F., & Caplan, T. (1983). *The Second Twelve Months of Life*. NewYork: Bantam/ GRosset and Dunlap, INc.

Carpenter, M., Nagell, K., & Tomasello, M. (1998). Social cognition, joint attention, and communicative competence from 9 to 15 months of age. *Monographs of the Society for Research in Child Development*, 255.

Cssidy, J. (1988). Child- mother attachment and the self in six-year-olds. *Child Development*, 59, 121-134.

Chase-LAnsdale, P. L., & Owen, M. T. (1987). Maternal employment in a family context: Effects on infant-mother and infant-father attachments. *Child Development*, 58, 1505-1512.

Chen, Z., Sanchez, R. P., & Campbell, T. (1997). From beyond to Within their grasp: The rudiments of analogical problem solving in 10-to 13-month-olds. *Developmental Psychology*, 33, 790-801.

Clark, J. E., Truly, T. L. & Phillips, S. J. (1993). On the development of Walking as a limit-cycle system. In L. B. Smith & E. Thelen (Eds.), *A Dynamic systems approach to development: Applications*(pp. 71-93). Cambridge, MA: Mit Press.

Claudy, J. G. (1984). The onlty child as a young adult: Results from project talent. In T. Falbo(Ed.), *The single-child family*(pp. 211-252), New York: Guilford.

Cicirelli, V. G. (1977). Relationship of siblings to the elderly person' s feeling and concerns. *Journal of Gerontology*, 12(3), 317-322.

Cohn, D. A. (1990). Child-mother attachment of 6-year-olds and social competence at school. *Child Development*. 61, 152-162.

Collie, R., & Hayne, R.(1999). Deferred imitation by 6- and 0-month-old infants: More evidence for declarative memory. *Developmental Psychology*, 35, 83-90.

Crandall, M., Chiu, B., & Sheehan, K.(2006). Injury in the first year of life: Risk factors and solutions for high-risk families. *Journal of Surgical Research*, 133, 7-10.

Cssidy, J. (1988). Child-mother attachment and the self in six-year-olds. *Child Development*, 59, 121-134.

DeStefano, C. T., & Mueller, E. (1998). Environmental determinants of peer social activity in 18-month-old males. *Infant Behavior and Development*, 5, 175-183.

Dilalla, L. F., Kagan, J., & Reznick, J. S. (1994). Genetic etiology of behavioral inhibition among 2-tear-old children. *Infant Behavior and Development*, 17, 405-412.

Dunham, P., & Dunham, F. (1996). The semantically reciprocating robot: Adult influences on children' s early conversational skills. *Social Development*, 5, 261-274.

Dunn, J. (1985). *The Beginnings of social understanding*. Oxford: Basil Blackwell.

Ellsworth, c. P., Muir, D. W., & Hains, S. M. J. (1993). Social competence and person-object differentiation: An analysis of still-face effect. *Developmental Psychology*, 29, 63-73.

Etaugh, C. (1980). Effects on nonmaternal care on children: Research evidence and popular views. *American Psychologist*, 35, 309-319.

Fagan, J. F.(1973). Infants delayed recognition memory and forgetting. *Journal of*

Experimental Child Psychology, 16, 425-450.

Fagard, J.,& Jacquet, A. (1989). Onset of bimanual coordination and symmetry versus asymmetry of movement. *Infant Behavior and Development*, 12, 229-235.

Fantz, R. L. (1964). Visual experience in infants: Decreased attention to familiar pattern relative to novel ones. *Science*, 146, 668-670.

Falbo T., & Polit, D. F. (1986). Quantitative review of the only child literature: Research evidence and theory development. *Psychological Bulletin*, 100, 176-189.

Field, T, (1990). *Infancy*. Cambridge, MA: Harvard University Press.

Fogel, A. (2001). *Infant, family, and society*(4th ed.). Pacific Grove, CA: Wadsworth.

Franco, F. (2005). Infant Pointing: Harlequin, Servant of Two Masters. In N. Eilan, C. Hoerl, T. McCormack, & . Roessler (Eds.), *Joint attention: communication and other minds*(pp. 129-164). Oxford: Oxford University Press.

Gergely, G., Bekkering, H., & Kiraly, I.(2002). Rational imitation in preverbal infants. *Nature*, 415, 755.

Gesell, A.(1946). *The embryology of behavior*. New York : Harper and Row.

Gibson, E. J., & Walker, R. D.(1960). The "visual cliff." *Scientific American*, 202, 64-71.

Gibson, E. J.(1969). *Principles of peceptual learning and development*. East Norwork, CT: Applton Century-Crofts.

Gies, F., & Gies, J.(1987). *Marriage and the family in the Middle Ages*. New York: Harper & Row.

Girolametto, L., (2000). Directiveness in teacher's language input to toddlers and preschoolers in daycare. *Journal of Speech, Languages, and Hearing Research*, 43(5), 1101.

Goldstein, M. H., King, A. P., & West, M. J.(2003). Social interaction shapes babbling: Testing parallels between birdosong speech. *Proc Natl Acad Sci USA*, 100(13), 8030-8035.

Golinkoff, R. M.(1993). When is communication a "Meeting of minds?" *Journal of child Language*, 20, 199-207.

Greenough, W. T., Black, J. E., & Wallace, C. S. (1987). Experience and brain development. *Child Development*, 58, 539-559.

Harris, P. L. (1992). From simulation to folk psychology: The case for development. *Mind and Language*, 7, 120-144.

Hart B., & Risley, T. R. (1999). *The social world of children learning to talk*. Baltimore: P. H. Brookes.

Harter, S. (1998). The development of self-representations. In W. Damon(Series Ed.) & Nancy Eisenberg(Vol. Ed.), *Handbook of child psychology, Vol, 3, Social, emotional, and personality development*(5th edition, pp. 553-617). NY: Wiley.

Hartup, W. (1983). Peer relations. In E. M. Hetherington(Ed.), *Handbook of child psychology: Vol. 4. Socialization, personality, and social development*(pp. 103-196). New York: Wiley.

Hertherington, E. M., & Parke, R. D. (1993). *Child psychology: A contemporary viewpoint*(4th ed.). New York: McGraw-Hill.

Honing H. S., & Brophy, H. E. (1996). *Talking with your baby: Family as a fist school*. Syracuse: Syracuse University Press.

Howes, C. (1988). Can the age of entry and the quality of infant child care predict behaviors in kindergarten? *Paper presented at the International Conference on Infant Studies*, Washington, DC.

Howes, C., Unger, O.. & Seidner, L. (1989). Social pretend play in toddlers: Parallels with social play and with solitary pretend. *Child Development*, 60, 77-84.

Howes, C. (2000). Social development, family, and attachment relationships. In D. Cryer & T. Harms (Eds.), *Infants and toddlers in out-of-home care*. Baltimore: P. H. Brookes.

Hurlock, E. B. (1978). *Child development*(3th Ed.). NY: McGraw-Hill.

Izard, C. E. (1978). Emotions and emotion-cognition relationship. In M. Lewis & L. A., Rosenblum (Eds.), *The Development of affect*(pp. 389-413). New York: Plenum Press.

Johnson, M. H., Dziurawiec, S., Ellis, H., & Morton, J. (1991). Newborns' preferential traking of face-like stimuli and its subsequent decline. *Cognition*, 40, 1-19.

Johson, M. A. (1998). The neural basis of cognitive development. In D. Kuhn & R. S. Siegler (Ed.), *Handbook of child psychology: Vol. 2. Cognition, perception, and language*(5th ed.), 1-49. New York: Wiley.

Johnson, J. E., Christie, J, F., & Wardle, F.(2005). *Play, Development and Early Education*. Pearson Education Inc.

Kagan, P. W., Kearsley, R., & Zelazo, P.(1978). *Infancy: Its place in burman development*. Cambridge, MA: Harvard University Press.

Kagan, J. (1994). *Galen's prophecy*. New York: Basic Books.

Katz, J., & Snow, C. (2000). Language development in early childhood: The role of social interaction. in D. H. Cryer(Ed.), *Infants and Toddlers in out-if-home care*(pp49-86). Baltimore: P. H. Brookes.

Katz, J. (2004). Building peer relationships in talk: Toddler's peer conversations in child care. *Discourse Studies*, 6(3), 329-347.

Kerr, M., Lambert, W. W., Stattin, H., & Klackenberg-Larsson, I. (1994). Stability of inhibition in a swedish longitudinal sample. *Child Development*, 65, 138-146.

Kestenbaum, R., Farber, E. A., & Sroufe, L. A. (1989).Individual differences in empathy among preschoolers: Relation to attachment history. *New Directions in child Development*, 44, 21-64.

Koops, W. (1996). Historical developmental psychology: The sample case of paintings. *International Journal of Behavioral Development*, 19(2), 393-413.

Kuhl, P. K. (2007). Is speech learning 'gated' by the social brain? *Development Science*, 10, 110-120.

Lamb, M. E. (1981). *The role of the father in child development*. NY: Wiley.

Lamb, M. E. (1988). Social and emotional development in infancy. In M. H. Bornstein & M. E. Lamb(Eds.), *Social, emotional, and personality development*(pp. 359-411). Hillsdale, NJ: Eribaum.

Lamb, M. E. (1997). The development of parental preferences in the first two year of life. *Sex Roles*, 3, 445-451.

Legerstee, M. (1991). The role of person and object in eliciting early imitation. *Journal of Experimental Child Psychology*, 51, 423-433.

Lewis, M. & Brooks-Gunn, J. (1979). Why "Mama" and "Papa":The development of social labels. *Child Development*, 50, 1203-1206.

Loeber, R. (1990). Development and risk factors of juvenile antisocial behavior and delinquency. *Clinical Psychology Review*, 10, 1-41.

Lyons-Ruth, K., Zeanah, C., & Benoit, D.(2003). Disorder and risk for disorder during infancy and toddlerhood. In E. Mash & R. Barkley (Eds.), *Child psychopathology*(pp. 457-491). New York: Guilford.

Maccoby, E. E., & Martin, J. A. (1983). Socialization in the context of the family: Parent-child interaction. In P. H. Mussen & E. M. Hetherington(Ed.), *Handbook of child psychology*(Vol. 4, pp. 1-102). New York: Willey.

Mahler, M. S., Pine, F., & Bergman, A. (1975). *The psychological birth of the human infant-symbiosis and individualization*. 이재훈 역(1997). 유아의 심리적 탐색. 한국심리치료연구소.

Malatesta, C. Z.(1985). Developmental course of emotion express in the human infant. In G. Zivin(Ed.), *The development of express behavior: Biology-environment interaction*. Orlando, FL: Academic press.

Main, M, (1973). Exploration play and level of cognitive functioning as related to child-mother attachment. Unpublished doctoral dissertation, Johns Hopkins University, Baltimore, MD.

Main, M., Kaplan, N., & Cassidy, J. (1985).Security in infancy, childhood, and adulthood:

A move to the level of representation. In I. Bretherton & E. Waters (Eds.), Growing points of attachment theory and research. *Monographs of the Society for Research in Child Development*, 50(Serial No. 209), 66-104.

Main, M., & Cassidy, J. (1988). Categories of response with the parent at age 6: Predicted from infant attachment classifications and stable over a one- month period. *Developmental Psychology*, 24, 415-426.

Main, M., & Solomon, J. (1990). Procedures for identifying infants as disorganized/ disoriented during the Ainsworth Strange Situation. In M. T. Greenberg, D. Cicchetti, & E. M. Cummings(Eds.), *Attachment in the preschool years: Theory, research, and intervention*(pp. 121-160). Chicago: University of Chicago Press.

Martin, R. P., Wisenbaker, J., & Huttunen, M. (1994). Review of factor analytic studies of temperament measures based on the Thomas-Chess structureal model: Implications for the Big Five. In C. F. Halverson, Jr., G. A. Kohnstamm, & R. P. Martin (Eds.), *The developing structure of temperament and personality from infancy to adulthood*(pp. 157-172). Hillsdale, NJ: Erlbaum.

Mckenzie, B. E., Skouteries, H., & Day, R .H., Hartman, B., & Yonas, A. (1993). Effective action by infants to contact object by reaching and learning. *Child Development*, 64, 415-429.

McDevitt T. M., & Ormrod, J. E. (2002). *Child development and education*. Upper Saddle River, NJ Merrill/ Prentice Hall.

McDonough, l., & Mandler, J. M.(1998). Induced generalization in 9-and 11-month-olds. *Developmental Science*, 1, 227-232.

Meltzoff, A., & Borton, R. W.(1979). Intermodal matching by human neonates. *Nature*, 282, 403-404.

Meltzoff, A., & Moore, M.K. (1994). Imitation of facial and manual gestures by human neonates. *Science*, 198, 75-78.

Minnett, A., Vandell, D., & Santrock, J. (1983).The effects of sibling status on interaction: Influence of birth order, age spacing, sex of the child, and sex o the sibling. *Child development*, 54, 1064-1072.

Moore, K. L., & Persauad, T. V. N. (1993). *Before we are born*(4th Ed.), Philadelphia: W. B. Saunders Company.

Nelson, L. A. (1987). The recognition of facial expressions in the first two years of life: mechanisms of development. *Child Development*, 58, 889-909.

NICHD Early Childhood Research Network.(2001a). Child care and children's peer interaction at 24 and 35 months. *Child Development*, 72(5), 1478-1501.

Nilson, L., & Hanberger, L. (1990). *A child is borm*. NJ: Delacorte.

Papalia, D., Gross, D., & Feldman, R. D. (2003). *Child Development*. New York: Mcgraw- Hill.

Parke, R. D. (1981). *Fathering*. Cambridge, MA: Harvard University Press.

Parke, R. D., & Buriel, R. (2006). Socialization in the family: Ethnic and ecological perspectives. In N. Eisenberg (Vol. Ed.), *Handbook of child psychology: Vol. 3. Social, emotional, and personality development*(pp. 429-504). Hoboken, NJ: Wiley.

Piaget, J. (1954). *The construction of reality in the child*(M. Cook, Trans.). New York Ballantine. (Original work published 1937).

Piaget, J.(1962). *Play, dreams, and imitation in childhood*. New York: Norton

Piaget, J., & Inhelder, B. (1969). *The Psychology of the child*. New York: Basic Books.

Pines, M. (1979). Good samaritans at age two? *Psychology Today*, 66-73.

Premack, D., & Woodruff, G. (1978). Does the chimpanzee have a theory of mind? *Behavioral and Brain Sciences*, 1, 515-526.

Press, B., & Greenspan, S. I. (1985). The toddler group: A setting for adaptive social/ emotional development of disadvantaged one-and two-year-olds in a peer group. *Zero to Three*, 5(4), 61-11.

Quartz, S. R., & Sejnowski, T. J. (1997). The neural basis of cognitive development: A constructivist manifesto. *Behavioral and Brain Sciences*, 20, 537-596.

Robinson, J. L., & Acevedo, M. C. (2001). Infant reactivity and reliance on mother during emotion challenges: Prediction of cognition and language skills in a low-income sample. *Child Development*, 72(2), 420-416.

Rochat, P. (2001). *The Infant's World*. Cambridge: Harvard University Press.

Rothbart M. K. (1989). Temperament in childhood: A framework. In G. A. Kohnstamm, J. E. Bates, & M. K. Rothbart(Eds.), *Temperament in childhood*. New York: Wiley.

Ross, H. S.. & Lollis, S. P. (1989). A social relations analysis of toddler peer relationships. *Child Development*, 60(5), 1082-1092.

Rovee-Collier, C. (1999). The development of infant memory. *Current Direction in Psychological Science*, 8, 80-85.

Sameroff, A. J., & Chandler, M. (1975). Reproductive risk and the continuum of caretaking casually. In F. Horowitz, M. Hetherington, & S. Scar-Salaperk(Eds.), *Review of child development research*(Vol. 4, pp 187-244). Chicago: University of Chicago Press.

Sameroff, A. J., & Feise, B. H. (2000). Transactional regulation: The development ecology of early intervention. In J. P. Shonkoff & S. J. Meisels(Eds.), *Handbook of early childhood intervention*(2nd ed., pp. 135-159). New York: Cambridge University Press.

Samerof,f, A. J., & MacKenzie, M. J. (2003). A quarter-century of the transactional model: How have thing changes?. *Zero to Three*, 24(1), 14-22.

Sanson, A. V., Pedlow, R. Cann, W., Prior, M., & Oberklaid, F. (1996). Shyness ratings: Stablity and correlates in early childhood. *International Journal of Behavioural Development*, 19, 705-724.

Sanson, A., & Rothbart, M. K. (1995). Child temperament and parenting. In M. Bornstein(Ed.), *Handbook of parenting*. Hillsdale, NJ: Erlbaum.

Santrock, J. W. (2001). *Child Development*(9th ed). NewYork : McGraw-Hill.

Santrock, J. W. (2003). *Child Development*(10th ed.). New York: McGraw-Hill.

Santrock, J. W. (2004). *Child Development*(11th ed.). New York: McGraw-Hill.

Scaife, M., & Bruner, J. S. (1975). The capacity for joint visual attention in the infant. *Nature*, 253, 265-266.

Sears, W., & Sears, M. (2001). *Attachment parenting: A commonsense guide to understanding and nurturing your baby*. New York: Little, Brown.

Segal, M., Bardige, B., Woika, M. J., & Leinfelder, J. (2006). *All about child care and early education: A comprehensive resource for child care professionals*. New York: Allyn & Bacon.

Shaffer, H. R., & Emerson, P. E. (1964). The development of social attachments in infancy. *Monographs of the Society for Research in Child Development*, 29(3, Serial No. 94)

Shaffer, D. R. (2002). *Developmental psychology childhood and adolescence*(6th ed.). Wadsworth/Thomson Learning.

Shaffer, D. R.(1999). *Developmental Psychology: Childhood and adolescence*(6th ed.). Belmont, CA:Wadsworth Publishing.

Shafer, H. H., & Kuller, J. A. (1996)). Increased maternal age and prior anenploid conception. In J. A. Kuller, N. C. Cheschier, & R. C. Cefalo (Eds.), *Prenatal diagnosis and reproductive genetics*(pp. 23-28). St. Louis: Mosby.

Shonkoff, H. P., & Phillips, D. A.(2000). *From neurons to neighborhoods: The science of early development*. Washington, DC: National Academy Press.

Shore, R. (1977). *Rethinking the brain: New insights into early development*. Mew York: Families and Work Institute.

Sidman, R. L., & Rakic, P. (1973). Neuronal migration with special reference to developing human brain: A review. *Brain Research*, 62, 1-35.

Spelke, E., & Owsley, C. (1979). Intermodal exploration and knowledge in infancy. *Infant Behavior and Development*, 2, 13-27.

Sroufe, L. A.(1983). Infant-care-giver attachment and patterns of adaptation in preschool:

The roots of maladaptation and competence. In M. Perlmutter(Ed.), *Development and policy concerning children with special needs, Minnesota symposia on child psychology*(Vol. 16, 41-79). Hillsdale, NJ Erlbaum.

Steinberg, L., Lamborn, S. D., Darling, N., Mounts, N. S., & Dornbusch, S. M. (1994). Over-time changes in adjustment and competence among adolescents from authoritative, authoritarian, indulgent, and neglectful families. *Child Development*, 65, 754-770.

Suess, G. L. (1987). Consequences of early attachment experiences on competence in preschool. Unpublished doctoral dissertation. Universitat Regensberg: West Germany.

Tomas, A., & Chess, S. (1977). *Temperament and development*. New York: Brunner/ Mazel.

Tomas, A., & Chess, S. (1986). The New York Longitudinal Study: From Infancy to early adult life. In R. Plomin and J. Dunn(Eds.). *The study of temperament: Changes, continuities, and challenges*. Hillsdale, NJ: Lawrence Erldaum.

Tomasello, M., & Farrar, M. J. (1986). Joint attention and language. *Child Development*, 57, 1454-1463.

Turnbull, H. R. (2005). Individuals With Disabilities Education Act Reauthorization: Accountability and personal responsibility. *Remedial and Special Education*, 26(6), 320-326.

Van IJzendoorn, M. H., & Kroonenberg, P. M. (1988). Cross-cultural patterns of attachment: A meta-analysis of the Strange Situation. *Child Development*, 59, 147-156.

Weiss, G. (1983). Long-term outcome: Findings, concepts, and practical implications. In M. Rutter (Ed.), *Developmental Neuropsychiatry*(pp. 422-436). NY: Guilford.

Wellman, H. M. (1990). *The child's theory of mind*. Cambridge MA: MIT Press.

Wertheimer, M. (1985). The evolution of the concept of development in the history of psychology. In G. Eckardt, W. G. Bringmann, & L., Sprung(Eds.), *Contributions to a history of developmental psychology*. Berlin: Mouton.

Wessel, M. A., Cobb, J. C., Jackson, E. B., Harris, G. S., & Detwiler, A. C. (1954). Paroxysmal fussing in infancy, sometimes called 'Colic'. *Pediatrics*, 14, 421-433.

Wilcox, A. J., Weinerg, C. R., O'Connor, J. F., Baird, D. D., Schlatterer, J. P., Canfield, R. E., Armstrong, E. G., & Nisula, B. C. (1988). Incidence of early loss of pregnancy. *New england Journal of Medicine*, 319, 189-194.

Williams, H. G.(1993). *Perceptual and Motor Development*. Prentice-Hall Inc.

Willatts, P. (1999). Development of Means-End Behavior in Young Infants: Pulling a

Support to Retrieve a Distant Object. *Developmental Psychology*, 35, 651-667.
Wittmer, D. (2005). Infant, mobile infant, and toddler peer social sequences. Unpublished paper, University of Colorado at Denver and Health Services Center.
Wittmer, D. S., & Peterson, S. H. (2006). *Infant and Toddler Development and Responsive Program Planning: A Relationship-Based Approach*. Pearson Merrill Prentice Hall.
Wolff, P. (1987). *The development of behavioral states and the expression of emotions in infancy*. Chicago: University of Chicago Press.
Wolfson, J. C. (1996, January 15). Women with cystic fibrosis defy the odds by having babies. *Newsday*, B17-B18.
Woodward, A. (1998). Infants selectively encode the goals of a human actor. *Cognition*, 69, 1-34.

웹사이트

국민건강보험공단홈페이지 http://hi.nhis.or.kr.
국민생활체육협의회 http://www.sportal.or.kr/index.do
한국인지과학회 http://www.cogsci.or.kr/
http://navercast.naver.com/contents.nhn?rid=21&contents_id=5812
http://navercast.naver.com/contents.nhn?rid=21&contents_id=6034
http://www.misodent.com/x/dent/page3-1.htm
http://www.koreahealthlog.com/1462
http://ditqyd.tistory.com/4694
http://health.naver.com

저자 소개

홍길회　동남보건대학교 유아교육과 교수

한경님　안산대학교 사회복지과 교수

박애경　동남보건대학교 유아교육과 교수

영아발달의 이해

초판 1쇄 인쇄　2015년 2월 16일
초판 1쇄 발행　2015년 2월 27일

지 은 이 | 홍길회 · 한경님 · 박애경
펴 낸 이 | 김기섭
책임편집 | 이윤미
펴 낸 곳 | 창지사 www.changjisa.com
153-802 서울시 금천구 가산디지털1로 83 파트너스타워 1차 9층
전화 (02) 719-2211~3
팩스 (02) 701-9386
등　 록 | 1977년 4월 28일 · 제1-421호

ISBN 978-89-426-0817-1 (93370)

값 16,000원

이 도서의 국립중앙도서관 출판예정도서목록(CIP)은 서지정보유통지원시스템 홈페이지(http://seoji.nl.go.kr)와 국가자료공동목록시스템(http://www.nl.go.kr/kolisnet)에서 이용하실 수 있습니다.(CIP제어번호: CIP2015005215)